高职经管类精品教材

基础会计

主　　编　宋风长
副 主 编　陈继林　高　云
编写人员　（以姓氏笔画为序）
孙永辉　宋风长　李华兵
张俊如　陈继林　高　云
高荣明

20会计2班
牛子君

1770210921

中国科学技术大学出版社

内容简介

本教材以最新的企业会计准则和财税政策为依据，从会计基本原理、会计核算方法和会计工作组织三个方面展开论述，按照会计确认、计量、记录、报告工作循环的要求，具体包括会计基本理论、会计要素及相互关系、会计科目与账户、复式记账与借贷记账法、借贷记账法在产品制造企业会计中的运用、成本计算、会计凭证、会计账簿、财产清查、财务会计报告、账务处理程序、会计工作组织等十二章内容。各章均设计了若干个小思考及相对应的思考提示，引导读者发散思维。同时，为了便于读者学习，书后还附有若干法律法规等内容。整部教材内容全面、体例规范、结构清晰、实用性强。

本教材可供高职高专会计及相关经济管理类专业学生使用，也可供会计及相关行业在职人员学习参考。

图书在版编目(CIP)数据

基础会计/宋风长主编. —合肥：中国科学技术大学出版社，2012.8(2016.6重印)
ISBN 978-7-312-03061-1

Ⅰ.基…　Ⅱ.宋…　Ⅲ.会计学　Ⅳ.F230

中国版本图书馆CIP数据核字(2012)第157988号

出版　中国科学技术大学出版社
安徽省合肥市金寨路96号，230026
网址：http://press.ustc.edu.cn
印刷　合肥市宏基印刷有限公司
发行　中国科学技术大学出版社
经销　全国新华书店
开本　787 mm×1092 mm　1/16
印张　18.75
字数　480千
版次　2012年8月第1版
印次　2016年6月第2次印刷
定价　32.00元

前　言

会计是经济管理的重要组成部分，经济越发展，会计越重要。新的企业会计准则的实施与完善，为会计教材的改革带来了机遇与挑战。为满足高职院校会计教学及改革的需要，我们编写了这部《基础会计》教材。本教材也是安徽省省级会计精品（示范）专业建设的重要成果之一。

本教材以最新的企业会计准则和财税政策为依据，在内容体系上具有以下四个特色：

1. 体例新颖。各章均按学习目标、教材正文、本章小结、关键概念、知识训练（包括理论知识训练和业务技术训练两部分）体系来编写。此外，各章节内容中还设计了若干个小思考及对应的思考提示，特色鲜明，较好地体现了高职教学的职业性、实用性和可操作性。

2. 内容全面。本教材包括会计基本理论、会计要素及相互关系、会计科目与账户、复式记账与借贷记账法、借贷记账法在产品制造企业会计中的运用、成本计算、会计凭证、会计账簿、财产清查、财务会计报告、账务处理程序、会计工作组织等方面的内容。为方便读者的学习，书后还附录了《中华人民共和国会计法》、《企业财务会计报告条例》、《会计基础工作规范》、《会计电算化工作规范》等内容。本教材特别设有关于成本计算的内容，虽然现有的其他相关教材多没有涉及，但作为会计核算的重要组成部分，应该让初学者树立成本意识，了解成本计算的基本原理，为进一步学习打下基础。

3. 通俗易懂。本教材编写成员根据多年的会计教学经验，结合学生对教材使用的合理建议，认真揣摩每一个概念与知识点，力求对会计原理的释义清晰明了，对会计方法的分析通俗实用。

4. 重点突出。本教材在体现内容全面的基础上，对主要概念、基本原理与关键知识点进行重点分析说明，对一般内容只作总括说明，引导学生把握学习方法，提高学习效率。

本教材由省级会计专业带头人、合肥职业技术学院宋风长副教授担任主编，负责拟定教材、编写大纲,并对全书内容进行修改与总纂。全书具体编写分工如下:第一、二两章由高云编写,第三、七两章由张俊如编写,第四、十两章由陈继林编写,第五、六两章由宋风长编写,第八、十二两章由李华兵编写,第九章由高荣明编写,第十一章由孙永辉编写。

由于编写成员的倾力合作,本教材才得以如期完成。尽管编写成员在教材建设上付出了很多心血,做出了很大的努力,但由于高职教育的快速发展,广大读者对教材建设的要求也越来越高,教材中不足之处在所难免,恳请广大读者将使用中发现的问题及时告知,以便再版时充实改进。请发邮件至 songfengchang@126. com。

编　者

2012 年 5 月

目　　录

第一章　会计基本理论

学习目标

了解会计的概念与特点；理解会计的职能与工作对象；明确会计核算的基本前提和会计信息质量要求，为进一步学习会计专业知识打下基础。

第一节　会计的本质

一、会计的产生、发展与我国会计制度的沿革

会计是经济管理的重要组成部分，是顺应人类社会生产实践和经济管理的需要而产生的，并随着生产的不断发展而发展。

（一）会计产生的必然性

物质资料的生产是人类社会存在和发展的基础，人类要生存，就要进行生产活动。人们进行生产活动，一方面创造物质财富，取得一定的劳动成果；另一方面又会消耗一定的人力、物力。人们总是希望以尽可能少的劳动消耗取得尽可能多的劳动成果，做到所得大于所耗，产出大于投入，从而使经济效益最大化。为了实现这一目标，人们除了不断改进生产技术，还要加强生产过程的管理与分析。因此，需要对生产耗费和劳动成果进行记录和计算，并将二者进行比较和分析，取得生产过程和结果的经济信息，据以总结过去、了解现在和预测未来。正是出于这样的需要，会计应运而生，并随着经济的发展而发展。

（二）会计的发展

1. 我国会计的发展

原始社会末期，由于生产力水平的提高，出现了剩余产品，出于计量和记录劳动成果的需要，“刻石计数”、“结绳记事”等原始计算记录的方法应运而生，这便是会计的萌芽。但这时的会计只是“生产职能的附带部分”，即“在生产时间之外附带地把收支记载下来”，有的单个商品生产者甚至仅仅用头脑记账。当社会生产力发展到一定水平，出现了大量剩余产品，出现了社会分工和私有制，特别是商品经济有了一定的发展以后，会计才逐渐从生产职能中分离出来，成为独立的职能。

据史料记载，在我国西周时期，“会计”一词就已出现，当时设有专门核算官方财赋收支的官职——司会，对财物收支采取“月计岁会”的办法，其基本含义是“零星算之为计，总合算之为会”。在西汉时期，出现了名为“计簿”或“簿书”的账册，用以登记会计事项。以后各朝代都设有官吏管理钱粮、赋税和财物的收支。在宋代官厅中，办理钱粮报销或移交，要编造《四柱清册》，通过“旧管（期初结存）+新收（本期收入）=开除（本期支出）+实在（期末结存）”的平衡公式进行结账，结算本期财产物资增减变化及其结果，为我国遵行的收付记账法奠定了基础，这是我国会计学科发展过程中的一个重大成就，是中式会计方法的精髓。

明末清初，手工业和商业趋于繁荣，为适应计算盈亏的需要，出现了以“四柱”为基础的“龙门账”。它把全部账目分为“进”（各项收入）、“缴”（各项支出）、“存”（各项资产）、“该”（资本和各项负债）四大类，运用“进－缴＝存－该”的平衡公式计算盈亏，分别编制“进缴表”（相当于现在的“利润表”）和“存该表”（相当于现在的“资产负债表”），实行双轨计算盈亏，在两表中计算求出的盈亏数应当相等，称为“合龙门”，以此勾稽全部账目的正误。

清代，商品经济进一步发展，处于资本主义萌芽阶段，出现了“四脚账”，其记账方法是一切账项都要在账簿上记录两笔，既登记“来账”，又登记“去账”，以反映同一账项的来龙去脉。在这种方法下，账簿采用垂直书写，直行分为上、下两格，上格记收，称为“天”，下格记付，称为“地”，上、下两格所登记的数额必须相等，即所谓“天地合”，故又称“天地合账”。“龙门账”与“四脚账”都是我国复式记账方法的雏形。

19世纪中叶以后，以借贷复式记账法为主要内容的“英式会计”、“美式会计”传入我国，我国会计学者也致力于“西式会计”的传播。这对改革中式簿记，推行近代会计，促进我国会计的发展起到了一定的作用。

2. 国外会计的发展

会计在国外的发展也有着悠久的历史。据史料记载，公元1 000年左右，世界文明古国古巴比伦、古埃及、古印度等，就有了简单的经济计算和记录，在远古的印度公社中，已经有了农业记账员。国外会计的发展大致经历了三个阶段，即古代会计阶段、近代会计阶段和现代会计阶段。

(1) 古代会计阶段

古代会计阶段，从时间上说，就是15世纪以前这段漫长的时期。从会计所运用的技术方法上来看，主要涉及原始计量记录法、单式账簿法和初创时期的复式记账法等。这个期间的会计所进行的计量、记录、分析等工作一开始是同其他计算工作混合在一起的，经过漫长的发展过程后，才逐步形成一套具有自己特征的方法体系，最终成为一种独立的管理工作。

(2) 近代会计阶段

近代会计阶段指从15世纪末到20世纪50年代，其最大的标志是复式记账理论的产生和运用。在12～15世纪期间，地中海沿岸的佛罗伦萨、热那亚、威尼斯等城市的商业、金融业和手工业有了飞速的发展，商业和金融业的繁荣，使得来自银行业的复式记账法被广泛用于商业会计核算中。1494年，意大利数学家卢卡·巴其阿勒(Luca Pacioli)在威尼斯出版了《算术·几何及比例概要》一书，书中专设的一篇《簿籍论》，第一次系统地介绍了复式记账法，并从理论上作了阐述。《簿籍论》的问世，标志着近代会计阶段的开始，“1494年”被视为会计发展史上的重要里程碑，卢卡·巴其阿勒也因此被称为“现代会计之父”。其间，在会计的方法技术与内容上有两点重大发展：其一是复式记账法的不断完善和推广；其二是成本会计的产生和迅速发展，继而成为会计学中管理会计分支的重要基础。

（3）现代会计阶段

自20世纪50年代初至今，会计处于迅速发展的现代会计阶段，此间会计方法技术和内容的发展有两个重要标志：一是在会计核算手段方面有了质的飞跃，即现代电子技术与会计融合产生了“会计电算化”；二是会计伴随着生产和管理科学的发展而分化为财务会计和管理会计两个分支。随着资本主义商品经济的发展，生产日益社会化，生产规模日趋扩大，股份公司、企业集团等新的生产组织和经营方式不断出现，企业内部组织结构更为复杂，会计理论、方法和技术也有了很大的发展。特别是第二次世界大战结束后，资本主义的生产社会化程度得到了空前的发展，现代科学技术与经济管理科学的发展突飞猛进。受社会政治、经济和技术环境的影响，传统的财务会计不断充实和完善，财务会计核算工作更加标准化、通用化和规范化。与此同时，会计学科在20世纪30年代成本会计的基础上，紧密配合现代管理理论和实践的需要，逐步形成了为企业内部经营管理提供信息的管理会计体系，从而使会计工作从传统的事后记账、算账、报账，转为事前的预测与决策、事中的监督与控制、事后的核算与分析。从此，现代会计形成了财务会计和管理会计两大分支。管理会计的产生与发展，是会计发展史上的一次伟大变革。随着现代化生产的迅速发展，经济管理水平的提高，电子计算机技术广泛应用于会计核算，使会计信息的搜集、分类、处理、反馈等操作程序摆脱了传统的手工操作，大大地提高了工作效率，实现了会计科学的根本变革。

综上所述，会计的产生与发展经历了由低级到高级、由简单到复杂的发展过程。会计最初是生产职能附带的部分，是在生产活动之外附带的计量与记录的行为。后来，随着社会经济的不断发展，生产力的不断提高，会计作为生产过程附带的职能逐步成为独立的职能，会计计量与记录的内容、方法等方面也发生了很大的变化。会计由简单的计量与记录的行为逐步发展成为具有完整方法体系的一门综合性学科。

（三）我国会计制度的沿革

自19世纪20年代起，我国会计学家积极引进西方会计，推动了我国会计事业的逐步发展。

新中国成立后，国家在财政部设置了主管全国会计事务的会计司。实行高度集中的计划经济体制，引进了与此相适应的苏联计划经济会计模式，对中国以前的会计制度与方法进行改造与革新。从20世纪50年代起，根据不同时期经济发展的要求，我国先后制定了一系列按照不同所有制性质和不同经营方式划分的企业会计制度。

1985年，国家制定并公布了我国第一部《会计法》。随着经济体制改革的不断深入，在1992年至1993年期间，我国进行了会计制度的重大改革，于1992年11月公布了《企业财务通则》和《企业会计准则——基本准则》，以及分行业的企业财务会计制度（简称“两则两制”），确立了六大会计要素，树立了资本的概念，实现了由计划经济模式向市场经济模式的转换，使我国会计核算制度向着“国际通用商业语言”的方向迈进了一大步。1993年末，八届人大常委会第五次会议对《会计法》进行了修订。1998年，财政部制定并发布了《股份有限公司会计制度》，该制度为规范股份有限公司的会计核算和信息披露起到了良好作用。

2000年12月29日，财政部发布了《企业会计制度》，于2001年1月1日起在股份制企业施行，随后逐步扩大到其他企业全面执行。2000年后，又陆续对《企业会计准则》的基本准则和具体准则进行了补充修订，同时还制定了《小企业会计制度》、《金融企业会计制度》、《专业核算办法》等制度和办法。

2006年2月15日，财政部正式发布了新修订的《企业会计准则——基本准则》和38项具体准则，同年10月30日又发布了《企业会计准则——应用指南》，自2007年1月1日起在上市公司范围内施行，并鼓励其他企业执行，这是我国会计为适应经济全球化，提高我国企业会计信息在全球经济中的可比性，推进我国会计国际化的发展战略，全面提高我国对外开放水平的又一次较大改革。

我国企业会计准则体系由基本准则、具体准则、会计准则应用指南和解释等组成。其中，基本准则在整个企业会计准则体系中扮演着概念框架的角色，起着统驭作用；具体准则是在基本准则的基础上，对具体交易或者事项进行会计处理的规范；应用指南是对具体准则的一些重点、难点问题作出的操作性规定；解释是随着企业会计准则的贯彻实施，就实务中遇到的实施问题而对准则作出的具体解释，2007年11月16日、2008年8月7日和2009年6月11日财政部已分别印发了第1号、第2号和第3号企业会计准则解释。

在我国现行企业会计准则体系中，基本准则类似于国际会计准则理事会的《编报财务报表的框架》和美国财务会计准则委员会的《财务会计概念公告》，它规范了包括财务目标、会计基本假设、会计信息质量要求、会计要素的定义及其确认、计量原则、财务报告等在内的基本问题，是会计准则制定的出发点和制定具体准则的基础。其作用主要表现在以下两个方面。

一是统驭具体准则的制定。随着我国经济的迅速发展，会计实务问题层出不穷，会计准则需要规范的内容日益增多，体系日趋庞杂。在这样的背景下，为了确保各项准则的制定建立在统一的理论基础之上，基本准则就需要在其中发挥核心作用。我国基本准则规范了会计确认、计量和报告等一般要求，是准则的准则，可以确保各具体准则的内在一致性。为此，我国基本准则第三条明确规定："企业会计准则包括基本准则和具体准则，具体准则的制定应当遵循本准则（即基本准则）。"在企业会计准则体系的建设中，各项具体准则也都严格按照基本准则的要求加以制定和完善，并且在各具体准则的第一条中作了明确规定。

二是为会计实务中出现的、具体准则尚未规范的新问题提供会计处理依据。在会计实务中，由于经济交易事项的不断发展和日益复杂，具体准则的制定有时会出现滞后的情况，会出现一些新的交易或者事项在具体准则中尚未规范但又急需处理的现象。这时，企业不仅应当对这些新的交易或者事项及时进行会计处理，而且在处理时应当严格遵循基本准则的要求，尤其是基本准则关于会计要素的定义及其确认与计量等方面的规定。因此，基本准则不仅扮演着具体准则制定依据的角色，也为会计实务中出现的、具体准则尚未作出规范的新问题提供了会计处理依据，从而确保了企业会计准则体系对所有会计实务问题的规范作用。

在我国现行企业会计准则体系中，具体准则包括存货、投资性房地产、固定资产等38项准则。各项准则规范的内容和有关国际财务报告准则的内容基本一致。

企业会计准则体系发布后，于2007年1月1日起首先在上市公司施行，并逐步扩大实施范围。经过各方的共同努力，新准则较好地实现了新旧转换和平稳实施，在社会上得到了较好反响。在此基础上，经过多次磋商和谈判，2007年12月6日，中国内地与中国香港签署了两地会计准则等效的联合声明，实现了两地会计准则的等效。2008年11月14日，由欧盟成员国代表组成的欧盟证券委员会就第三国会计准则等效问题投票决定，自2009年至2011年底前的过渡期内，欧盟将允许中国证券发行者在进入欧洲市场时使用中国会计准则。欧盟的这一决定，表明其已认可中国会计准则与国际财务报告准则，实现了等效。

二、会计在现代社会中的作用

会计是现代企业的一项重要的基础性工作，通过一系列会计程序，提供决策有用的信息，并积极参与企业经营管理，提高企业经济效益，服务于市场经济的健康有序发展。具体来说，会计在现代社会中的作用，主要包括以下三个方面：

1. 有助于提供决策有用的信息，帮助会计信息使用者作出合理决策

会计通过其反映职能，提供有关企业财务状况、经营成果和现金流量方面的信息，是包括投资者和债权人等会计信息使用者进行决策的依据。例如，作为企业的投资者，为了选择投资对象、衡量投资收益及其风险，需要了解企业的毛利率、总资产收益率、净资产收益率等盈利能力和发展趋势方面的会计信息；作为债权人的银行，为了选择贷款对象、衡量贷款风险、作出贷款决策，需要了解企业的流动比率、速动比率、资产负债率等短期偿债能力和长期偿债能力等会计信息；作为社会经济管理者的政府部门，为了制定经济政策、进行宏观调控、配置社会资源，需要从总体上掌握企业的资产负债结构、损益状况和现金流转情况等会计信息，从宏观上把握经济运行的状况和发展变化趋势。所有这一切，都需要会计提供有助于他们进行决策的信息，高质量的会计信息有助于作出正确、合理的决策。

2. 有助于企业加强经营管理，提高经济效益，促进可持续发展

企业经营管理水平的高低直接影响着企业的经济效益、经营成果、竞争能力和发展前景，在一定程度上决定着企业的前途和命运。为了满足企业内部经营管理对会计信息的需求，现代会计已经渗透到了企业内部经营管理的各个方面。例如，企业会计通过分析和利用有关企业财务状况、经营成果和现金流量方面的信息，可以全面、系统、总括地了解企业生产经营活动情况、财务状况和经营成果，并在此基础上预测和分析未来的发展前景；可以通过发现在过去经营活动中存在的问题，找出存在的差距及原因，并提出改进措施；可以通过预算的分解和落实，建立起内部经济责任制，从而做到目标明确、责任清晰、考核严格、赏罚分明。总之，会计通过真实地反映企业的财务信息，参与经营决策，为处理企业与各方面的关系、考核企业管理人员的经营业绩、落实企业内部管理责任奠定基础，有助于发挥会计工作在加强企业经营管理、提高经济效益方面的积极作用。

3. 有助于考核企业管理层经济责任的履行情况

企业接受了包括国家在内的投资者和债权人的投资，就有责任按照其预定的发展目标和要求，合理利用资源，加强经营管理，提高经济效益，接受考核和评价。会计信息有助于评价企业的业绩，有助于考核企业管理层经济责任的履行情况。例如，作为企业的投资者，需要了解企业当年度经营活动成果和当年度的资产保值、增值情况，需要将利润表中的净利润与上年度进行对比，以了解企业的盈利发展趋势；需要将其与同行业进行对比，以了解企业在与同行业竞争时所处的位置，从而考核企业管理层经济责任的履行情况。作为社会经济管理者的政府部门，需要了解企业执行计划的能力，需要将资产负债表、利润表和现金流量表中所反映的实际情况与预算进行对比，考察企业预算的执行情况。所有这一切，都需要借助于相关会计信息，以帮助有关各方考核企业管理层经济责任的履行情况。

三、会计的概念与特点

(一) 会计的概念

会计作为经济管理的重要组成部分，一方面对生产过程中人力、物力的消耗及劳动成果的数量进行记录和计算；另一方面还要对生产过程的耗费和劳动成果进行比较、分析，以促使企业单位节约劳动耗费，提高经济效益。所以，会计的概念可概括为：会计是经济管理的重要组成部分，是以货币为主要计量单位，对经济活动进行连续的、完整的、系统的和综合的反映和监督，并运用专门方法，对经济活动进行价值管理，借以提高经济效益的一种管理活动。

(二) 会计的特点

1. 会计是以货币作为主要的计量尺度

会计为了从数量上反映经济活动的过程，就需要运用实物量度（吨、米、千克、升、件、台等）、劳动量度（劳动日、工时等）和货币量度（元、角、分等）三种计量尺度，但是货币量度始终是会计最基本的、统一的、主要的计量尺度。因为，只有借助于统一的货币量度，才能取得管理上所必需的连续、系统、综合的会计资料。所以，在会计上，对于各种经济业务即使已按实物量度或劳动量度进行了计算和记录，最后仍需要按货币量度综合加以反映。

2. 会计具有连续性、系统性、全面性和综合性

会计对经济活动过程进行核算和监督，按照经济业务发生的时间先后顺序连续地、不间断地进行登记，对每一项经济业务都必须全面地、准确地记录下来，不能任意取舍，做到全面完整。在日常登记时，要进行分类整理，使之系统化，而不能杂乱无章，并通过价值量进行综合、汇总，以完整地反映经济活动的过程和结果。

3. 会计严格地以会计凭证为核算依据

会计的任何记录和计量都必须以会计凭证为依据，这就使会计信息具有真实性和可验证性。只有经过审核无误的原始凭证（凭据）才能据以编制记账凭证，登记账簿并进行加工处理。这一特征也是其他经济管理活动所不具备的。

4. 会计的本质是一种管理活动

充分利用会计信息参与经营决策，是现代会计的特点。无论是会计核算，还是会计控制、分析、检查和预测、决策，都是以价值管理为基本内容，从而达到提高经济效益的目的。

小思考

什么是会计？有人说：在财务部门工作的人就是会计；有人说：会计就是记账、算账、报账。你怎么看？

思考提示

会计的含义包括三个方面：会计是一种管理活动，这是会计的本质；会计对经济活动进行核算和监督，这是会计的基本职能；会计以货币计量为基本形式，这是会计的特点。

第二节 会计工作对象及职能

一、会计工作对象

（一）会计工作对象的含义

会计工作对象即会计的对象，是指会计所要核算和监督的内容。简单地说，会计的对象就是社会再生产过程中的经济活动。由于会计是以货币计量的，因此，会计所反映的只能是以货币表现的那部分经济活动的内容。任何再生产过程都是由生产、分配、交换、消费四个相互关联的环节构成的，经济活动的具体内容虽各有不同，但它们所涉及的财产物资都是以货币形式表现出来的，并在生产经营和收支活动中不断发生变化。财产物资的货币表现以及货币本身称为资金，所以，会计的对象也就是社会再生产过程中的资金运动。

（二）会计工作对象的内容

企业与机关、事业单位的经济活动不同，其会计对象的内容也有所不同。

企业的经济活动内容主要是生产经营活动。企业的资金随着生产经营活动的进行而不断发生变化，经过供应、生产、销售三个阶段，周而复始地循环周转。在资金循环周转过程中所发生的一切经济活动就是会计对象的具体内容，即资金运动。由于各个企业的经营业务不同，其经济活动也不同，资金运动的表现也有所区别。现以工业生产企业为例说明。

工业生产企业的经营活动主要是制造产品、销售产品，在生产经营过程中，其资金运动从货币资金形态开始，依次经过供应、生产和销售三个阶段，不断改变其形态，最后又回到货币资金形态，这是一个资金循环过程。在这个循环过程中，企业的资金运动过程如下所述：

1. 资金投入

企业要进行生产经营活动，首先要从企业外部筹集一定的资金，投入生产经营活动。企业新建时，一般由所有者投入资金，在经营过程中除了投资者继续投入资金外，还会向各种债权人如银行等金融机构筹集资金。企业筹集来的资金，进入企业后的占用形式可能是货币资金形态，也可能是各种实物如固定资产、存货或无形资产等形式。

2. 供应阶段

供应阶段是为生产经营活动做准备。企业取得资金后，通过购买、建造等过程，形成各种生产资料，即企业用货币资金兴建房屋和建筑物、购置机器设备等形成各种固定资产，购入生产所需的原材料、燃料等劳动对象，从而使资金由货币资金转化为储备资金。

3. 生产阶段

在生产过程中，企业利用劳动手段将原材料投入生产，引起了原材料的消耗、固定资产的折旧、工资的支付和生产费用的开支，使储备资金和一部分货币资金转化为生产资金，产品完工后，生产资金又转化为成品资金。

4. 销售阶段

在销售过程中，产品销售出去取得销售收入，成品资金又转化为货币资金，同时支付销售费用。

5. 资金的分配和退出

企业取得销售收入、扣除相关成本和费用后为营业利润，上交所得税后，剩余部分为净利润。净利润提取盈余公积后向投资者分配。用以补偿生产费用的资金，又从货币资金开始，继续参加生产周转；上交国家的税金和支付给投资者利润的资金则退出了企业的生产经营活动。

在企业生产经营活动过程中，货币资金依次不断改变其形态，称为资金循环，周而复始地不断循环，称为资金周转。企业对净收入进行分配时，一部分资金就退出了循环。其具体过程如图 1.1 所示。

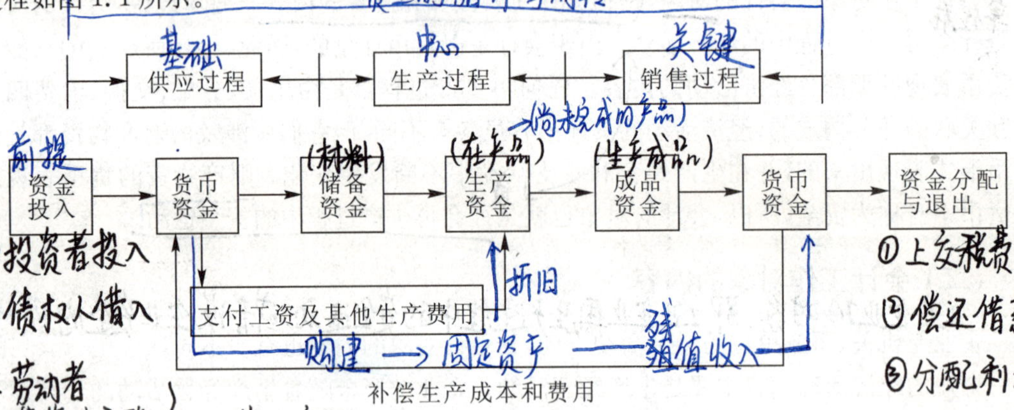

图 1.1 工业生产企业的资金运动过程

行政机关、事业单位会计对象的具体内容与企业有所不同，它们的经济活动是执行国家预算过程中的预算收入和预算支出。因此，行政机关、事业单位的会计对象可以概括为社会再生产过程中的预算资金收支。对于一些兼有经营业务、实行企业管理的事业单位，由于财务管理上的双重性质，既有预算资金收支的活动，也有经营资金循环的活动，因此，其会计对象的具体内容可概括为预算资金收支和经营资金循环。

二、会计的职能

会计的职能是指会计在经济管理中所具有的功能。马克思所说的"对生产过程的控制和观念总结"，就是指会计对经济活动的核算和监督，这是对会计职能的科学概括。随着经济的不断发展，经济关系的复杂化和管理水平的不断提高，会计职能的内涵也不断地得到充实，并开拓了新的领域。会计的职能主要包括会计核算、会计监督、会计预测、会计决策、会计控制和会计分析，其中会计核算和会计监督是会计的基本职能。

(一) 会计的基本职能

1. 会计的核算职能

会计的核算职能也称反映职能，是指会计通过确认、计量、记录和报告，从数量上反映企业和行政事业单位已经发生或完成的经济活动，为经营管理提供经济信息的功能，这是会计最基本的职能。会计核算贯穿于经济活动的全过程，是会计的基础工作，它把个别的、大量的经济业务，通过记录、分类、计算、汇总，转化为一系列经济信息，使其正确地、综合地反映企业单位的经济活动过程和结果，为经济管理提供数据资料。

与统计核算和业务核算相比较，现代会计的核算职能具有以下四个特点：

(1) 会计核算主要是利用货币计量，综合反映各单位的经济活动情况，为经济管理提供可靠的会计信息；

(2) 会计核算不仅记录已发生的经济业务，还应面向未来为各单位的经营决策和管理控制提供依据；

(3) 会计核算应具有完整性、连续性和系统性；

(4) 会计核算会随着物资条件的改善而进一步演化，逐步改变其表现方式。

2. 会计的监督职能

会计的监督职能是指会计具有按照一定的目的和要求，利用会计核算所提供的经济信息，对企业和行政事业单位的经济活动进行控制，使之达到预期目标的功能。其具有以下三个主要特点：

(1) 会计监督主要是利用核算职能提供的价值指标进行的货币监督，主要包括：审核会计核算资料、检查遵纪守法情况等内容；

(2) 会计监督是在会计反映各项经济活动的同时进行的，包括事前、事中和事后的监督；

(3) 会计监督主要是以国家的财经法规、政策、制度、纪律和会计信息为依据，对将进行和已经进行的经济活动进行合理合法的监督，促使企业处理好与国家、其他单位和内部职工的关系，改善经济管理水平，提高企业经济效益。

会计核算和会计监督两项基本职能的关系十分密切，二者相辅相成，核算是监督的基础，没有核算就无法进行监督，只有正确地核算，监督才有真实可靠的依据；监督是核算的延续和深化，如果只有核算而不进行监督，就不能发挥会计应有的作用，只有严格地进行监督，核算提供的数据资料，才能在经济管理中发挥更大的作用。

(二) 会计的其他职能

会计除了具有核算和监督两大基本职能外，还具有预测、决策、控制、分析等职能。会计预测是指根据已有的会计信息和其他信息资料，对客观经济过程及其发展趋势进行的估计、判断和测算。会计决策是在会计预测的基础上，对未来一定时期经济活动可能采取的各种备选方案中，选择最优方案的过程。会计控制是按照管理的目的和要求，通过组织、指挥、协调企业的经济活动，对经济活动进行必要的干预，使其按照固定的轨道有序地进行。会计分析是以会计核算提供的信息资料为主要依据，结合计划，对经济活动过程和财务成果进行分析、评价，总结经验，发现问题，找出原因，挖掘潜力和改进工作的过程。

第三节 会计核算

一、会计核算的含义

会计核算也称会计反映，是以货币为计量单位，运用专门的会计方法，对企业、机关、事业单位或其他经济组织的生产经营活动或者预算执行过程及其结果进行连续、系统、全面地记录、计算和分析，定期编制并提供财务会计报告和其他一系列内部管理所需的会计资料，为经营决策和宏观经济管理提供依据的一项会计活动。会计核算往往渗透到生产经营活动的全过程，包括对经济业务事项的事前预测、事中控制和事后核算。

会计核算是会计工作的基础。在我国，会计核算必须遵守《中华人民共和国会计法》和有关财务制度的规定，符合有关会计准则和会计制度的要求，力求会计资料真实、正确、完整，保证会计信息的质量。《中华人民共和国会计法》明确规定，下列事项必须办理会计手续，进行会计核算：

(1) 款项和有价证券的收付；

(2) 财物的收发、增减和使用；

(3) 债权债务的发生和结算；

(4) 资本、基金的增减；

(5) 收入、支出、费用、成本的计算；

(6) 财务成果的计算和处理；

(7) 需要办理会计手续、进行会计核算的其他事项。

二、会计核算的基本前提

会计核算的基本前提也称会计基本假设，是进行会计核算工作必须具备的前提条件。会计核算所处的社会环境极为复杂且变化不定，核算前必须对会计工作所处的环境作出判断，即对会计核算所处的时间、空间环境等作出合理的设定。会计核算对象的确定、会计政策的选择、会计数据的搜集都要以这些假设为依据。只有作出了这些假设，会计核算才能得以正常进行。会计基本假设包括会计主体假设、持续经营假设、会计期间假设、货币计量假设。

(一) 会计主体假设

会计主体又称会计实体，是会计工作为之服务的特定单位或组织。会计主体假设是指会计所反映的是一个特定单位的经营活动，它限定了会计确认、计量、记录和报告的空间范围。

会计核算的对象是企业生产经营活动，一个单位的经营活动总是与其他单位的经济活动相联系。会计核算首先需要确定核算的范围，明确哪些经济活动应当予以反映，哪些经济活动不包括在核算的范围内。在会计主体假设下，企业应当对其本身发生的交易或者事项进行确认、计量、记录和报告，反映企业本身所从事的各项生产经营活动。明确界定会计主体是开展会计确认、计量、记录和报告工作的重要前提。

首先，明确会计主体，才能划定会计所要处理的各项交易和事项的范围。在会计工作中，它要求会计核算区分自身的经济活动与其他单位的经济活动，只有那些影响企业本身经济利益的各项交易或者事项才能加以确认、计量、记录和报告，那些不影响企业本身经济利益的各项交易或者事项则不能加以确认、计量、记录和报告。

其次，明确会计主体，才能区分会计主体的交易或者事项与会计主体所有者的交易或者事项以及其他会计主体的交易或者事项。企业核算的只是企业自身的经济活动，而不涉及投资者的经济活动。这样才能正确反映会计主体的资产、负债和所有者权益情况，才能准确衡量会计主体的收入、费用和经营成果，才能提供信息使用者所需要的会计信息。

会计主体与法律主体不是同一个概念。一般来说，一个法律主体，其经济上是独立的，需要进行独立核算，因而必然是会计主体。但是，会计主体不一定是法律主体。例如，任何一个企业，都是一个会计主体，甚至一个较大规模的法人企业的分支机构，也可以作为一个会计主体；在控股经营的情况下，母公司与子公司组成的企业集团是多个法律主体，但在编制合并财务报表的情况下，也可以作为一个会计主体；由企业管理的证券投资基金、企业年金基金等，尽管不属于法律主体，但属于会计主体，应当对每项基金进行会计确认、计量、记录和报告。因此，会计主体可以是法人，也可以是非法人；可以是一个企业，也可以是企业内部的一个部门或分支机构；可以是单一企业，也可以是几个企业组成的企业集团。

【例 1.1】 某母公司拥有 5 家子公司，母、子公司均属于不同的法律主体，但母公司对子公司拥有控制权，为了全面反映由母、子公司组成的企业集团整体的财务状况、经营成果和现金流量，就需要将企业集团作为一个会计主体，编制合并财务报表。

【例 1.2】 某基金管理公司管理了 10 只证券投资基金。对于该公司来讲，一方面公司本身既是法律主体，又是会计主体，需要以公司为主体核算公司的各项经济活动，以反映整个公司的财务状况、经营成果和现金流量；另一方面每只基金尽管不属于法律主体，但需要单独核算，并向基金持有人定期披露基金财务状况和经营成果等。因此，每只基金也属于会计主体。

(二) 持续经营假设

持续经营是指某一企业在可以预见的未来，将会按照当前的规模和状态继续经营下去，不会停业，也不会大规模削减业务。在持续经营前提下，会计确认、计量、记录和报告应当以企业持续、正常的生产经营活动为前提。持续经营限定了会计确认、计量、记录和报告的时间范围。

任何一个企业都可能有两种前途：一种是能够持续经营；一种是可能破产、倒闭。两种情况下所用的核算方法不同，企业必须选择一种作为前提。因为绝大多数企业是能够持续经营的，所以一般会计主体都以持续经营为前提。企业会计准则体系是以企业持续经营为前提制定和规范的，涵盖了从企业成立到清算(包括破产)的整个期间的交易或者事项的会计处理。

企业是否以持续经营为前提，在会计原则和会计方法的选择上有很大差别。假定企业能够持续经营，会计核算才能运用历史成本对资产进行计价，才能按照正常的情况使用它所拥有的各种经济资源,才能按照偿还条件偿还企业的负债,才可以在机器设备的使用年限内,按照其价值和使用价值进行折旧核算等。如果持续经营的前提不存在了,上述一系列的会计原则和会计方法将会失去存在的基础,也就是不能采用通常的方式提供会计信息了,否则会误导会计信息使用者的经济决策。

【例 1.3】 某企业购入一台设备,预计使用寿命为 10 年,考虑到企业将会持续经营下去,因此可以假定企业的固定资产会在持续经营的生产经营过程中长期发挥作用,并服务于生产经营过程,即不断地为企业生产产品,直至生产线使用寿命结束。为此,固定资产就应当根据历史成本进行记录,并采用折旧的方法,将历史成本分摊到预计使用寿命期间所生产的相关产品成本中。

(三) 会计分期假设

会计分期是指将一个企业持续不断的生产经营过程划分为一个个连续的、长短相同的期间。会计分期的目的在于通过会计期间的划分,将持续进行的生产经营过程划分成连续的、相等的期间,据以结算盈亏,按期编报财务报告,从而及时向财务报告使用者提供有关企业财务状况、经营成果和现金流量的会计信息。

会计分期假设是以持续经营假设为前提条件的。只有假定企业是持续经营的,才有可能和有必要将连续不断的经营过程分成一个个会计期间。根据持续经营的假设,一个企业将会按照当前的规模和状态继续经营下去。但是,无论是企业的生产经营决策还是投资者、债权人等的决策都需要及时的信息,都需要将企业持续的生产经营过程划分为一个个连续的、长短相同的期间,分期确认、计量、记录和报告企业的财务状况、经营成果和现金流量。会计分期假设也是对企业会计核算时间上的界定。明确会计分期假设意义重大。由于会计分期,才产生了当期与以前期间、以后期间的差别,才使不同类型的会计主体有了记账的基准,进而出现了折旧、摊销、预收、预付、应收、应付等会计处理方法。会计期间分为年度和中期。中期是指短于一个完整的会计年度的报告期间,包括月度、季度、半年度等会计期间。

(四) 货币计量假设

货币计量是指会计主体在财务会计确认、计量、记录和报告时以货币计量,反映会计主体的生产经营活动。

企业的生产经营活动多数表现为实物运动,如厂房、机器设备和其他财物的增减等。由于这些实物的计量单位千差万别,有重量、长度、体积等,无法在量上进行比较,不便于管理和会计计量、计算,为全面、综合地反映企业生产经营活动的各种业务和事项,会计核算需要有一种统一的计量单位作为各种实物的计价量度。在商品经济条件下,货币作为商品的一般等价物,是衡量一般商品价值的共同尺度,因此,基本准则规定,会计确认、计量、记录和报告选择货币作为计量单位。《会计法》以法律形式明确规定我国境内各单位的会计核算以人民币为记账本位币,业务收支以人民币以外的货币为主的单位,可以选定其中一种货币作为记账本位币,但是,编制的财务报告应当折算为人民币。

在有些情况下,统一采用货币计量也有缺陷,某些影响企业财务状况和经营成果的因素,如企业经营战略、研发能力、市场竞争力等,往往难以用货币衡量,这些信息对于使用者来说也很重要,企业可以在财务报告中补充披露有关非财务信息以弥补上述不足。

三、会计核算方法

会计方法，是指从事会计工作所采用的各种技术方法，是用来核算和监督会计对象要素、完成会计任务的技术手段。

会计方法包括会计核算方法、会计分析方法、会计检查方法、会计预测和会计决策方法等具体方法，共同构成会计的方法体系。其中，会计核算方法是最基本的方法。

会计核算方法，是对经济业务进行完整的、连续的、系统的记录和计算，为经营管理提供必要的会计信息所应用的方法，一般包括设置会计科目与账户、复式记账、填制与审核会计凭证、登记会计账簿、成本计算、财产清查和编制财务会计报告七种方法，它们相互构成一个完整的、科学的方法体系。

（一）设置会计科目与账户

设置会计科目与账户是对会计核算对象的具体内容进行归类、核算和监督的一种专门方法。由于会计核算对象十分复杂，为了系统地、连续地进行核算和监督，企业除了设立会计科目进行分类以外，还必须根据规定的会计科目开设账户，分别登记经济业务，以便分类提供核算指标，并随时加以分析、检查和监督。

（二）复式记账

复式记账是对每一项经济业务，都要以相等的金额在相互联系的两个或者两个以上账户中进行登记的一种专门方法。在经济活动中，每项经济业务的发生，都会引起至少两个方面资金的增减变动。例如，以银行存款购买材料，一方面引起材料增加，另一方面引起银行存款的减少；又如以现金支付水电费，一方面引起费用的增加，另一方面引起库存现金的减少。采用复式记账，就可以全面地、相互联系地反映资金增减变化情况，并掌握它的来龙去脉。

（三）填制与审核会计凭证

在会计核算中要以会计凭证作为记账的依据，填制与审核会计凭证是保证会计记录完整、真实和可靠，审查经济活动是否合理、合法的一种专门方法。会计凭证是交易或者事项的书面证明，是登记账簿的依据，对每一项交易或者事项填制会计凭证，并加以审核，可以保证会计核算的质量，并明确责任。

（四）登记会计账簿

登记账簿是根据会计凭证，在账簿上连续地、系统地、完整地记录交易或者事项的一种专门方法。按照记账的方法和程序登记账簿并定期进行对账、结账，可以提供完整的、系统的会计资料，也是编制财务报告的依据。

（五）成本计算

成本计算是按一定的成本计算对象，对生产、经营过程中发生的成本、费用进行归集，以确定各该对象的总成本和单位成本的一种专门方法。通过准确计算成本，可以掌握成本构成情况，考核成本计划的完成情况，了解生产经营活动的成果，促使企业加强核算，节约支出，提高经济效益。

（六）财产清查

财产清查是对各项财产物资进行实物盘点、账面核对以及对各项往来款项进行查询、核对，以保证账账相符、账实相符的一种专门方法。通过财产清查，可以查明各项财产、物资、债权债务、所有者权益情况，加强物资管理，监督财产是否完整，并为正确核算损益提供正确的资料。

（七）编制财务会计报告

编制财务会计报告是定期向财务会计报告使用者提供与企业财务状况、经营成果和现金流量等有关会计信息，反映企业管理层受托责任履行情况的一种专门方法。编制财务会计报告有助于财务会计报告使用者作出经济决策。

以上七种专门方法，相互联系、相互配合，共同形成一个完整的会计核算方法体系。当一笔经济业务发生时，首先要审核原始凭证并填制记账凭证；然后按照规定的账户用复式记账法在有关的账簿中进行登记；月末，根据账簿记录的资料，计算成本，进行财产清查，在账账相符、账实相符的基础上编制财务会计报告（见图 1.2）。这七种方法环环相扣，任何一环没有做好，都会影响会计核算工作的顺利进行。

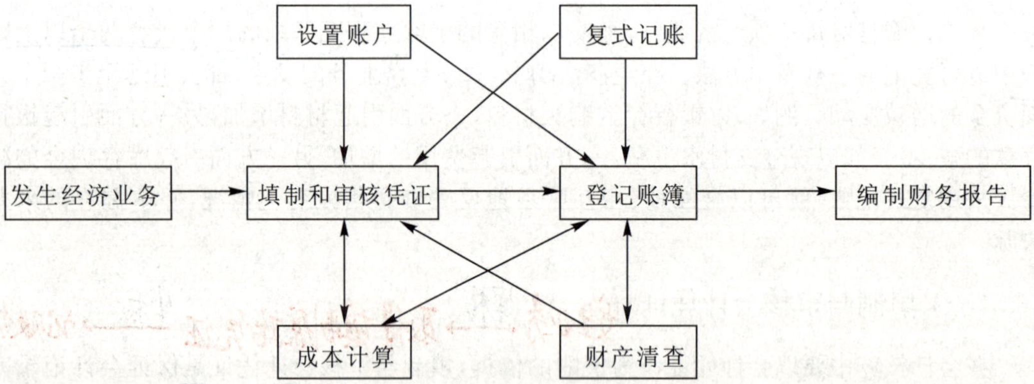

图 1.2　会计核算工作一般程序图

四、会计核算要求

会计核算要求包括会计确认与计量要求和会计信息质量要求。

（一）会计确认与计量要求

1. 会计确认基础

由于会计核算工作要分期进行，这就经常会产生在同一会计期间内各项收入和费用的发生与款项的实际收入和支出在时间上不尽一致的情况。对此，在会计处理上有两种确认原则，即“权责发生制”和“收付实现制”。

企业会计的确认、计量和报告应当以权责发生制为基础。权责发生制又称应收应付制，是指按收入的权利和支出的义务是否属于本期来确认收入、费用的入账时间，而不管现金的收支是否发生在本期。权责发生制要求：凡是当期已经实现的收入和已经发生或应负担的费用，不论款项是否收付，都应当作为当期的收入和费用；凡是不属于当期的收入和费用，即使款项已经在当期收付，也不应当作为当期的收入和费用。权责发生制实质是根据权利和义务的归属期来确认企业的收入和费用，因而能较准确地反映企业的经营成果。

与权责发生制相对应的确认基础是收付实现制，又称实收实付制，它是以款项的实际收付为标准来确认本期收入和费用的一种原则。其主要内容是：凡是在本期收到和付出的款项，不论是否属于本期的收入和应负担的费用，都作为本期的收入和费用处理。这种处理原则比较简单，但对各期盈亏的核算不够合理，因此在经营性的企业中一般不采用。

目前，我国行政单位采用收付实现制，事业单位除经营业务采用权责发生制外，其他业务也采用收付实现制。

2. 会计计量属性

会计计量是为了将符合确认条件的会计要素登记入账并列报于财务报表而确定其金额的过程。企业应当按照规定的计量属性进行计量，确定相关金额。计量属性是指所予计量的某一要素的特性方面，如跑道的长度、矿石的重量、教室的面积等。从会计角度来看，计量属性反映的是会计要素金额的确定基础，主要包括历史成本、重置成本、可变现净值、现值和公允价值等。

(1) 历史成本

历史成本又称实际成本，是取得或制造某项财产物资时所实际支付的现金或其他等价物。在历史成本计量下，资产按照购置时支付的现金或者现金等价物的金额，或者按照购置资产时所付出的对价的公允价值计量。负债按照因承担现时义务而实际收到的款项或者资产的金额，或者承担现时义务的合同金额，或者按照日常活动中为偿还负债预期需要支付的现金或者现金等价物的金额计量。

(2) 重置成本

重置成本又称现行成本，是指按照当前市场条件，重新取得同样一项资产所需支付的现金或现金等价物金额。在重置成本计量下，资产按照现在购买相同或者相似资产所需支付的现金或者现金等价物的金额计量。负债按照现在偿付该项债务所需支付的现金或者现金等价物的金额计量。

(3) 可变现净值

可变现净值是指在正常生产经营过程中，某项资产以预计售价减去进一步加工成本和预计销售费用以及相关税费后的净值。在可变现净值计量下，资产按照其正常对外销售所能收到现金或者现金等价物的金额扣减该资产至完工时估计将要发生的成本、估计的销售费用以及相关税费后的金额计量。

(4) 现值

现值是指对未来现金流量以恰当的折现率进行折现后的净值，是考虑货币时间价值等因素的一种计量属性。在现值计量下，资产按照预计从其持续使用和最终处置中所产生的未来净现金流入量的折现金额计量。负债按照预计期限内需要偿还的未来净现金流出量的折现金额计量。

(5) 公允价值

公允价值是指在公平交易中，熟悉情况的双方自愿进行资产交换或者债务清偿的金额。在公允价值计量下，资产和负债按照在公平交易中，熟悉情况的交易双方自愿进行资产交换或者债务清偿的金额计量。

企业在对会计要素进行计量时，一般应当采用历史成本。在某些情况下，为了提高会计信息质量，实现财务报告目标，企业会计准则允许采用重置成本、可变现净值、现值、公允价值计量，但应当保证所确定的会计要素金额能够取得并可靠计量。如果这些金额无法取得或者无法可靠地计量，则不允许采用其他计量属性。

(二) 会计信息质量要求

1. 可靠性

可靠性也称真实性、客观性，是关乎会计信息质量最重要的一个要求。

可靠性要求企业应当以实际发生的交易或者事项为依据进行会计确认、计量、记录和报告，如实反映符合确认和计量要求的各项会计要素及其相关会计信息，保证会计信息真实可靠、内容完整。

会计信息是投资者、债权人、政府有关部门及企业内部经营管理进行决策的依据，如果会计数据不能真实地、客观地反映企业经济活动的实际情况，会计工作就失去了存在的意义，甚至会误导会计信息使用者，导致决策失误。

2. 相关性

相关性，也称有用性，是指企业提供的信息应当与投资者等财务报告使用者的经济决策需要相关，有助于财务报告使用者对企业过去、现在或者未来的情况作出评价或预测。

会计信息是否有用，是否具有价值，关键是看其与使用者的决策需要是否相关，是否有助于决策或者提高决策水平。相关会计信息应当能够有助于使用者评价企业过去的决策，证实或者修正过去的有关预测，因而具有反馈价值。相关的会计信息还应当具有预测价值，有助于使用者根据财务报告所提供的会计信息预测企业未来的财务状况、经营成果和现金流量。

相关性要求，需要企业在确认、计量、记录和报告会计信息的过程中，充分考虑使用者的决策模式和信息需要。相关性以可靠性为基础，两者之间并不矛盾，不应将两者对立起来。即会计信息在可靠性的前提下，尽可能做到相关性，以满足投资者等财务报告使用者的决策需要。

3. 可理解性

可理解性，也称明晰性，是指企业提供的会计信息应当清晰明了，便于投资者等财务报告使用者理解和使用。

提供会计信息的目的在于信息的使用，要使用会计信息就必须使会计信息使用者能理解会计信息的内涵，弄懂会计信息的内容。如果所提供的会计信息含糊不清或发生错误，将会影响信息使用者的理解和使用。

可理解性要求会计记录应当准确、清晰。填制会计凭证、登记会计账簿时必须做到依据合法、账户对应关系清楚、文字摘要完整；编制财务报表时，项目勾稽关系清楚，项目完整，数字准确。

会计信息毕竟是一种专业性较强的信息产品，在强调会计信息的可理解性要求的同时，还应假定使用者具有一定的有关企业经营活动和会计方面的知识，并且愿意付出努力去研究这些信息。对于某些复杂的信息，如交易本身较为复杂或者会计处理较为复杂，但其对使用者的经济决策相关的，企业就应当在财务报告中予以充分披露。

4. 可比性

可比性要求企业提供的会计信息应当相互可比，主要包括以下两层含义。

(1) 同一企业不同时期可比

为了便于投资者等财务报告使用者了解企业财务状况、经营成果和现金流量的变化趋势，比较企业在不同时期的财务报告信息，全面地、客观地评价过去、预测未来，从而作出决策，会计信息质量的可比性要求同一企业不同时期发生的相同或者类似的交易或者事项，应当采用一致的会计政策，不得随意变更。但是，满足会计信息可比性要求，并非表明企业不得变更会计政策。如果按照规定或者在会计政策变更后可以提供更可靠、更相关的会计信息，可以变更会计政策。有关会计政策变更的情况，应当在附注中予以说明。

企业发生的交易或者事项具有复杂性和多样性，对于某些交易或者事项可以有多种会计核算方法。如固定资产的折旧方法有多种，如果企业在不同期间采用不同的方法，将不利于会计信息使用者对信息的理解。因此，在会计核算中坚持不同时期可比的会计政策，除了有利于提高会计信息的使用价值以外，还可以制约和防止会计主体通过随意变更会计处理方法，在会计核算上弄虚作假，粉饰财务报表。

(2) 不同企业相同会计期间可比

为了便于投资者等财务报告使用者评价不同企业的财务状况、经营成果和现金流量及其变动情况，会计信息质量的可比性要求不同企业同一会计期间发生的相同或类似的交易或者事项，应当采用规定的会计政策，确保会计信息口径一致，相互可比，以使不同企业按照一致的确认、计量、记录和报告要求提供会计信息。

不同的企业可能处于不同行业、不同地区，经济业务发生于不同时点，为了保证会计信息能够满足决策的需要，便于比较不同企业的财务状况、经营成果和现金流量，只要是相同的交易或者事项，就应当采用相同的会计处理方法。强调可比性的实质在于通过不同企业之间的比较分析确定先进与落后、经营成绩的优与劣，从而发现问题、寻找原因、提出改进措施。

5. 实质重于形式

实质重于形式要求企业应当按照交易或者事项的经济实质进行会计确认、计量、记录和报告，而不应仅仅以交易或者事项的法律形式为依据。

企业发生的交易或者事项在多数情况下，其经济实质和法律形式是一致的，但在有些情况下也会出现不一致。在这种情况下，如果仅仅根据其形式反映，其结果将不仅不利于会计信息使用者决策，反而会误导会计信息使用者的决策。例如，以融资租赁方式租入的资产，虽然从法律形式来讲企业并不拥有其所有权，但是由于租赁合同中规定的租赁期相当长，接近于该资产的使用寿命；租赁期结束时承租企业有优先购买该资产的选择权；在租赁期内承租企业有权支配资产并从中受益等。因此，从其经济实质来看，企业能够控制融资租入资产所创造的未来经济利益，在会计确认、计量、记录和报告上就应当将以融资租赁方式租入的资产视为企业的资产，列入企业的资产负债表。

6. 重要性

重要性要求企业提供的会计信息应当反映与企业财务状况、经营成果和现金流量等有关的所有重要交易或事项。

在实务中，如果财务报告中提供的会计信息的省略或者错报会影响投资者等财务报告使用者作出决策的，该信息就具有重要性。重要性的应用需要依赖职业判断，企业应当根据其所处的环境和实际情况，从项目的性质和金额的大小两方面加以判断。凡是对会计信息使用者的决策有较大影响的交易或者事项，应作为会计确认、计量、记录和报告的重点；对于不重要的经济业务则可以采用简化的处理程序和方法，也不必在财务报表上详细列示。

7. 谨慎性

谨慎性要求企业对交易或者事项进行会计确认、计量、记录和报告时，应当保持应有的谨慎，不应高估资产或者收益、低估负债或者费用。

在市场经济环境下，企业的生产经营活动面临许多风险和不确定性，如应收款项的可收回性、固定资产和无形资产的使用寿命、售出存货可能发生的退货或者返修等。谨慎性要求企业在面临不确定性因素的情况下作职业判断时，需保持应有的谨慎，充分估计到各种风险和损失，既不高估资产或者收益，也不低估负债或者费用。例如，要求企业对发生减值的资产计提资产减值准备、对期末存货估价采用成本与可变现净值孰低法计价、对售出商品可能发生的保修义务等确认预计负债等做法，都体现了谨慎性的要求。

8. 及时性

及时性要求企业对已经发生的交易或者事项，应当及时进行会计确认、计量、记录和报告，不得提前或者延后。

会计信息具有时效性，特别是在市场经济条件下，市场瞬息万变，企业竞争日趋激烈，各方面对会计信息的及时性要求越来越高。如果企业的会计核算不能及时进行，会计信息不能及时提供，就无助于经济决策，会计工作将失去意义。

在会计核算中坚持及时性原则，一是要求及时收集会计信息，即在经济业务发生之后，及时收集整理各种原始单据或者凭证；二是要求及时处理各种信息，即按照会计准则的规定，及时编制财务报告；三是要求及时传递会计信息，即按照国家规定的时限及时将财务报告传递给财务报告使用者，便于其及时使用或者决策。

本章小结

会计是经济管理的重要组成部分，它是以货币为主要计量单位，对企业、事业、行政单位的经济活动进行连续、系统、完整地核算和监督，借以加强经济管理，提高经济效益的一种管理活动。核算、监督是会计的基本职能。

会计的对象是社会再生产过程中的资金运动。

会计的方法包括会计核算、会计分析、会计检查、会计预测和会计决策等具体方法。其中，会计核算方法是最基本的方法，包括设置会计科目与账户、复式记账、填制和审核会计凭证、登记账簿、成本计算、财产清查和编制财务会计报告等七种方法。

会计核算的基本前提又称会计基本假设，是对会计核算环境的空间和时间的假定，其内容包括会计主体、持续经营、会计分期和货币计量等四个方面。

会计核算的基本要求包括会计基础和会计信息质量要求。会计基础包括会计确认基础和计量属性。企业会计的确认、计量、记录和报告应当以权责发生制为基础。会计计量属性包括：历史成本、重置成本、可变现净值、现值、公允价值。

会计信息质量要求有可靠性、相关性、可理解性、可比性、实质重于形式、重要性、谨慎性、及时性等八个方面。

关键概念 会计 会计核算 会计监督 资金运动 会计假设 会计核算方法 权责发生制

知识训练

理论知识训练

一、单项选择题

1. 会计核算是以( )为主要计量单位的。

A. 货币量度 B. 实物量度 C. 劳动量度 D. 时间量度

2. 确定会计工作空间范围的前提条件是( )。

A. 会计主体 B. 持续经营 C. 会计分期 D. 货币计量

3. 会计的一般对象是( )。

A. 社会再生产过程中发生的经济活动

B. 社会再生产过程中全部的经济活动

C. 企业、行政事业单位的经济活动

D. 社会再生产过程中发生的、能以货币表现的经济活动

4. 企业会计核算的确认基础是( )。

A. 收付实现制 B. 现金收付制 C. 权责发生制 D. 现收现付制

5. 会计的基本职能是( )。

A. 记录和计算 B. 预测和决策 C. 核算和监督 D. 分析和考核

6. 下列项目不属于会计核算方法的是( )。

A. 复式记账 B. 成本分析 C. 登记账簿 D. 财产清查

7. 我国企业以( )为一个会计年度。

A. 生产周期 B. 企业开始设立的那一天到次年的同一天

C. 日历年度 D. 企业开始设立的那一天到终止的那一天

8. 企业对融资租入的设备作为自有设备入账并按期计提折旧的核算方法,符合( )的要求。

A. 重要性 B. 谨慎性 C. 明晰性 D. 实质重于形式

9. 下列不属于会计核算三项工作的是( )。

A. 记账 B. 算账 C. 报账 D. 查账

10. 下列说法不正确的是( )。

A. 会计主体假设规定了会计工作的空间范围

B. 会计主体就是企业的投资者

C. 会计主体是会计工作为之服务的特定单位

D. 典型的会计主体是企业

二、多项选择题

1. 会计的计量单位有( )。

A. 实物量度 B. 劳动量度 C. 货币量度 D. 容积量度

2. 会计通过(　　)等环节,对特定主体的经济活动进行记账、算账和报账。

A. 确认　　B. 记录　　C. 计量　　D. 报告

3. 以下属于会计核算方法的有(　　)。

A. 设置会计科目　　B. 权责发生制　　C. 填制和审核凭证　　D. 成本计算

4. 下列可以作为会计主体的有(　　)。

A. 事业单位　　B. 政府部门　　C. 企业内部的部门　　D. 企业集团

5. 不属于会计最基本职能的有(　　)。

A. 计划职能　　B. 核算职能　　C. 监督职能　　D. 预算职能

6. 会计计量的属性主要有(　　)。

A. 历史成本　　B. 公允价值　　C. 可变现净值　　D. 可收回金额

7. 下列哪些做法符合谨慎性要求?(　　)。

A. 对固定资产计提减值准备

B. 对应收账款计提坏账准备

C. 对融资租入固定资产视为自有固定资产进行核算

D. 对固定资产加速折旧

8. 我国的会计期间划分为(　　)。

A. 会计年度　　B. 会计季度　　C. 会计月度　　D. 会计半年度

9. 以下会计处理方法中,符合权责发生制确认基础的有(　　)。

A. 产品已销售,货款未收到也应确认其收入

B. 产品销售后,必须收到现金方能确认收入

C. 工资支出即使本期未付也应计入本期的费用

D. 工资支出只能计入支付当期的费用

10. 企业的生产经营过程包括(　　)。

A. 供应过程　　B. 生产过程　　C. 创办过程　　D. 销售过程

三、判断题

1. 会计监督是会计核算的基础,没有监督就难以保证核算所提供信息的真实性、合法性和合理性。(　　)

2. 企业会计的对象就是企业发生的各种经济活动。(　　)

3. 一般来讲,法律主体是会计主体,但是会计主体不一定是法律主体。(　　)

4. 根据权责发生制,凡是不属于当期的收入和费用,即使款项在当期收付,也不应当作为当期的收入和费用。(　　)

5.《会计法》规定,会计核算必须以人民币为记账本位币。业务收支以人民币以外的货币为主的单位,也应当以人民币为记账本位币。(　　)

6. 会计主体假设确定了会计核算的空间范围,会计分期假设确定了会计核算的时间范围。(　　)

7. 可比性要求企业会计核算方法前后各期应当保持一致,不得变更。(　　)

8. 中期财务报告仅指半年度财务会计报告。(　　)

9. 实质重于形式是指企业应当按照交易或事项的经济实质进行会计核算,而不应当仅仅按照它们的法律形式作为会计核算的依据。(　　)

10. 会计核算和会计监督是会计工作的两项重要内容,在实际工作中应该严格区分开

来，单独进行。 （ ）

四、思考题

1. 什么是会计？会计有哪些特点？
2. 会计有哪些职能？简述其基本职能及相互关系。
3. 什么是资金运动？简述工业企业资金运动的过程。
4. 会计核算的基本前提有哪些？其具体内容是什么？
5. 会计核算有哪些专门的方法？试说明其相互之间的关系。
6. 会计的基本假设有哪些？其内容是什么？
7. 简述会计核算的基本要求是什么？
8. 简述会计信息质量要求，各项要求的具体内容是什么？

业务技术训练

【训练目的】

练习会计的确认基础。

【训练资料】

某企业 2011 年 1 月份发生如下经济业务：

(1) 以银行存款支付全年的财产保险费 12 000 元(按月平摊)；

(2) 销售产品一批总计 18 000 元，货款尚未收到；

(3) 收回上月销货款 20 000 元；

(4) 预收下月销售定金 25 000 元；

(5) 现金支付本月工资 20 000 元；

(6) 销售产品一批收到款项 15 000 元，存入银行。

【训练要求】

试分别用权责发生制和收付实现制计算该月企业的收入和费用。

第二章　会计要素及相互关系

学习目标

知道会计要素的概念，了解会计要素的内容和特点；明确各个会计要素之间的关系，并进一步理解会计等式及其应用。

第一节　会 计 要 素

一、会计要素的含义

会计的对象是社会再生产过程中的资金运动，但资金的运动形式多种多样，引起的交易或者事项纷繁复杂，为了对这些交易或者事项的内容进行确认、计量、记录和报告，有必要根据交易或者事项的经济特征将其进一步分类，划分为各项会计要素。会计要素是根据交易或者事项的经济特征对会计对象的基本分类，是会计对象的具体化，包括资产、负债、所有者权益、收入、费用和利润。其中，资产、负债、所有者权益要素侧重于反映企业的财务状况，收入、费用和利润要素侧重于反映企业的经营成果。会计要素的界定和分类可使财务会计核算更加科学严密，为投资者、债权人等会计信息使用者提供更加有用的信息。

二、会计要素的内容

(一) 资产

1. 资产的定义

资产是指由过去的交易或者事项形成的、由企业拥有或者控制的，预期会给企业带来经济利益的资源。它是企业从事生产经营活动的物质基础，具有以下三方面的特征。

(1) 资产是一项由过去的交易或者事项形成的资源

这里所指的企业过去的交易或者事项，包括购买、生产、建造行为或其他交易或者事项。资产必须是现实的资产，而不能是预期的资产，即预期在未来发生的交易或者事项不形成资产。例如，企业通过购买、自行建造等方式形成某项设备，会形成企业的资产；但企业预计在未来某一时点将要购买的设备，由于相关的交易或者事项尚未发生，就不能作为企业的资产。

(2) 资产必须是由企业拥有或控制的

一项资源要作为企业的资产,企业必须享有该项资源的所有权,并可以自行使用或处置。但在某些情况下,对一些特殊方式形成的资源,企业虽然不享有其所有权,但该资源能被企业所控制。例如,融资租入的固定资产,按照实质重于形式的要求,也应将其作为企业资产予以确认。

(3) 资产预期会给企业带来经济利益

预期会给企业带来经济利益,是指直接或间接导致现金和现金等价物流入企业。资产必须具有交换价值和使用价值。没有交换价值和使用价值,不能给企业带来未来经济利益的资源不能确认为企业的资产。例如,待处理财产损失或已失效、已毁损的存货,已经不能给企业带来未来的经济利益,就不应该再作为资产列示于资产负债表中。

按照企业会计准则,符合上述资产定义的资源,还要在同时满足以下条件时,才能确认为资产:① 与该资源有关的经济利益很可能流入企业;② 该资源的成本或者价值能够可靠地计量。不能确认和计量其价值的,不能确定为资产,如企业的人力资源,因难以计量其价值,往往不能确认为资产。

企业会计准则还进一步规定:符合资产定义和资产确认条件的项目,应当列入资产负债表;符合资产定义、但不符合资产确认条件的项目,不应当列入资产负债表。

2. 资产的分类

资产是会计要素中最主要的要素,它以各种具体形态分布或占用在生产经营过程的各个环节。按照不同的分类标准,资产可以分为不同的类别:按其是否具有实物形态,可分为有形资产和无形资产;按其流动性,通常可分为流动资产和非流动资产。非流动资产根据具体形式,还可以进一步的分为长期投资、固定资产、无形资产、长期待摊费用等类别。

(1) 流动资产

流动资产是指在一年或者超过一年的一个营业周期内变现或耗用的资产。一般行业的营业周期都小于一年,其资产可按年划分为流动资产和非流动资产。某些特殊行业,如造船、重型机器制造等,其营业周期往往超过一年,其资产可按营业周期划分为流动资产和非流动资产。

流动资产包括库存现金、银行存款、交易性金融资产、应收账款、预付账款、存货等。

① 库存现金:是指企业存放在财务部门的库存现金。

② 银行存款:是指企业存入银行或其他金融机构的各种款项。

③ 交易性金融资产:是指企业以赚取差价为目的所持有的各种债券、股票投资、基金投资等金融资产。

④ 应收账款:是指企业因销售商品或提供劳务而应向客户收取的款项。

⑤ 预付账款:是指企业按照合同的规定预先支付给供货方的订货款。

⑥ 存货:是指企业在日常活动中持有以备出售的产成品或商品、处在生产过程中的在产品、在生产过程或提供劳务过程中占用的材料和物料等。

(2) 非流动资产

非流动资产是指一年或超过一年的一个营业周期以上变现或耗用的资产。非流动资产包括长期投资、固定资产、无形资产、长期待摊费用等。

① 长期投资:是指企业出于某种特定的目的而准备长期持有的投资,包括长期股权投资、持有至到期投资、可供出售金融资产等。

② 固定资产：是指为生产商品、提供劳务、出租或经营管理而持有的，使用寿命超过一个会计年度的有形资产，包括房屋、建筑物、机器设备、运输设备、工具器具等。

③ 无形资产：是指企业拥有或者控制的没有实物形态的可辨认的非货币性资产，包括专利权、商标权、著作权等。

④ 长期待摊费用：是指企业已经支出，但摊销期限在一年以上的各项支出。

(二) 负债

1. 负债的定义

负债是指由过去的交易或者事项形成的、预期会导致经济利益流出企业的现时义务，是企业所承担的能以货币计量、需要以资产或劳务偿付的债务。

负债反映的是企业作为债务人与债权人的关系，是企业对内和对外所承担的经济责任，负有偿还的义务。企业运用负债所形成的资金，通常需要支付报酬，如借款利息支出等。负债是债权人的权益，它代表债权人对企业资产的要求权，债权人不能参与企业利润分配。

负债具有以下三个基本特征：

(1) 负债是企业承担的现时义务

负债必须是企业承担的现时义务，它是负债的一个基本特征。其中，现时义务是指企业在现行条件下已承担的义务，未来发生的交易或者事项形成的义务，不属于现时义务，不应当确认为负债。

(2) 负债的清偿预期会导致经济利益流出企业

预期会导致经济利益流出企业是负债的本质特征，只有企业在履行义务时会导致经济利益流出企业的，才符合负债的定义。清偿负债导致经济利益流出企业的形式多种多样，如用现金偿还或以实物资产偿还；以提供劳务偿还；部分转移资产、部分提供劳务偿还；将负债转为资本等。

(3) 负债是由过去交易或事项形成的

负债应当由企业过去的交易或者事项所形成，过去的交易或者事项包括购买货物、接受劳务、向银行借入款项等。即只有过去的交易或者事项才形成负债，企业对未来发生的承诺、签订的合同等交易或者事项，不形成负债。

按照企业会计准则，将一项现时义务确认为负债，首先应当符合负债定义。此外，还应当同时满足以下两个条件：① 与该义务有关的经济利益很可能流出企业；② 未来流出的经济利益的金额能够可靠地计量。

企业会计准则还进一步规定：符合负债定义和负债确认条件的项目，应当列入资产负债表；符合负债定义、但不符合负债确认条件的项目，不应当列入资产负债表。

2. 负债的分类

负债按其偿还期限可分为流动负债和非流动负债。

(1) 流动负债

流动负债是指将在一年或者超过一年的一个营业周期内偿还的债务，包括短期借款、应付账款、预收账款、应付职工薪酬、应交税费、应付股利等。

① 短期借款：是指企业为维持正常生产经营所需资金或为抵偿债务而向银行或其他金融机构借入的、偿还期限在一年以内(含一年)的各种借款。

② 应付账款：是指企业因购买材料、物资、商品或接受劳务供应等而应该支付给供货方

或提供给劳务方的款项。

③ 预收账款:是指企业按照合同规定预先从购货方收取的订货款。

④ 应付职工薪酬:是指企业根据有关规定应支付给职工的各种薪酬,如职工工资、职工福利费、社会保险费、住房公积金等。

⑥ 应付股利:是指企业应该支付给投资者的利润或股利。

(2) 非流动负债

非流动负债是指偿还期在一年或一年以上的一个营业周期以上的债务,包括长期借款、应付债券等。

① 长期借款:是指企业向银行或其他金融机构借入的、偿还期限在一年以上的各种借款。

② 应付债券:是指企业为了筹集资金,按照规定程序向社会发行,按约定日期还本付息的企业债务凭证。

(三) 所有者权益

1. 所有者权益的定义

所有者权益是指企业资产扣除负债后由所有者享有的剩余权益,其金额为资产减去负债后的余额,故又称净资产。其实质是企业从投资者手中所吸收的投入资本及其增值。股份有限公司的所有者权益称为股东权益。

所有者权益具有以下四个基本特征:

(1) 所有者权益反映的是产权关系,即企业净资产归谁所有;

(2) 企业运用所有者投入的资本,一般情况下不需要支付费用;

(3) 投资者不得中途随意抽回资本,只有在企业清算时,清偿负债后,才能将净资产返还(或部分返还)给投资者;

(4) 投资者可以参与企业的利润分配。

所有者权益金额取决于资产和负债的多少。所有者权益项目应当列入资产负债表。

2. 所有者权益的来源及构成

所有者权益从其来源和形成看,一般包括所有者投入的资本、直接计入所有者权益的利得和损失、留存收益三大方面,其具体构成包括:

(1) 实收资本或股本:是指企业投资者投入企业的资本数额。

(2) 资本公积:是指企业来源于盈利以外的那部分积累。包括企业收到的投资者超出其在企业的实收资本或股本中所占份额的投资,以及直接计入所有者权益的利得和损失等。直接计入所有者权益的利得和损失,是指不应计入当期损益、会导致所有者权益发生增减变动的、与所有者投入资本或者向所有者分配利润无关的利得或者损失。其中,利得是指由企业非日常活动所形成的、会导致所有者权益增加的、与所有者投入资本无关的经济利益的流入。损失是指由企业非日常活动所发生的、会导致所有者权益减少的、与向所有者分配利润无关的经济利益的流出。直接计入所有者权益的利得和损失主要包括可供出售金融资产的公允价值变动额等。

(3) 盈余公积:是指企业按照规定从净利润中提取用于企业发展的积累资金。

(4) 未分配利润:是指企业保留待以后年度进行分配的结存利润。

小思考

负债与所有者权益的主要区别是什么？

思考提示

(1) 负债是企业对债权人所承担的经济责任，企业有偿还的义务，而所有者权益是企业对投资人所承担的经济责任，一般不需要归还。(2) 债权人只有按期收回本息的权利，无权参与企业的利润分配与经营管理，投资人则可参与企业的利润分配与经营管理。(3) 在企业清算时，负债拥有优先的求偿权，而所有者权益只有在清偿了所有的负债以后，才返还给投资者。

(四) 收入

1. 收入的定义

收入是指企业在日常活动中形成的、会导致所有者权益增加的、与所有者投入资本无关的经济利益的总流入。

收入具有以下两个基本特征：

(1) 收入是企业在日常活动中形成的

日常活动是指企业为完成其经营目标所从事的经常性活动以及与之相关的活动。如工业企业制造并销售产品、商业企业销售商品等。明确界定日常活动是为了将收入与利得相区分，因为企业非日常活动形成的经济利益的流入不能确认为收入，而应当计入利得。

(2) 收入是与所有者投入资本无关的经济利益的总流入

收入会导致经济利益的流入，从而导致资产的增加。但是，并非所有的资产增加都是收入，例如，股东追加投资、向银行取得借款等都会使企业资金流入，但这是资本或负债的增加，并不形成企业的收入。只有当企业为销售商品、提供劳务付出了某种代价而取得货币资金或取得收取款项的权利时，才可将其确认为收入。

按照我国的企业会计准则，收入的确认除了应当符合定义外，还应当满足严格的确认条件。收入只有在经济利益很可能流入企业，导致企业资产增加或者负债减少，且当经济利益的流入额能够可靠地计量时才能予以确认。

符合收入定义和收入确认条件的项目，应当列入利润表。

2. 收入的分类

收入按照其来源，可以分为销售商品收入、提供劳务收入、让渡资产使用权收入、建造合同收入等；按照日常活动在企业所处的地位，可以分为主营业务收入和其他业务收入。

(1) 主营业务收入：是指企业通过主要生产经营活动所取得的收入。在工业企业主要包括销售商品、对外提供劳务等所取得的收入。

(2) 其他业务收入：是指企业主营业务以外的，企业附带经营的业务所取得的收入。在工业企业主要包括出售原材料、出租固定资产、出租包装物、出租无形资产等业务所取得的收入。

(五) 费用

1. 费用的定义

费用是指企业在日常活动中发生的、会导致所有者权益减少的、与向所有者分配利润无关的经济利益的总流出。

费用具有以下三个基本特征:

(1) 费用是企业在日常活动中发生的

这些日常活动的界定与收入中涉及的日常活动的界定相一致。企业在日常活动中发生的费用通常包括销售成本(营业成本)、职工薪酬、折旧费等。将费用界定为日常活动中形成的目的是为了将其与损失相区分,企业非日常活动所形成的经济利益的流出不能确认为费用,而应当计入损失。

(2) 费用是与向所有者分配利润无关的经济利益的总流出

费用会导致经济利益的流出,从而导致资产的减少或负债的增加。鉴于企业向投资者分配利润也会导致经济利益流出,这是所有者权益的兑现,属于所有者权益的抵减项目,不应确认为费用,应将其排除在费用的定义之外。

(3) 费用会导致所有者权益减少

与费用相关的经济利益的流出最终导致所有者权益减少,不会导致所有者权益减少的经济利益的流出不符合费用定义,不应确认为费用。

按照企业会计准则,费用的确认除了应当符合定义外,还应当满足确认条件,即只有在经济利益很可能流出,导致企业资产减少或者负债增加,且经济利益的流出额能够可靠地计量时才能予以确认。因此,费用的确认至少应当符合以下条件:① 与费用相关的经济利益很可能流出企业;② 经济利益流出企业的结果会导致资产的减少或者负债的增加;③ 经济利益的流出额能够可靠计量。

符合费用定义和费用确认条件的项目,应当列入利润表。

2. 费用的构成

费用按其归属对象和归属期不同,可分为生产费用和期间费用。

(1) 生产费用

生产费用是指企业用于产品生产而发生的费用支出。其归属对象是企业所生产和制造的产品。生产费用一般包括直接费用和间接费用。

① 直接费用:是指企业直接计入某产品成本或劳务成本的费用。例如,企业为生产产品直接消耗的材料费、人工费等。

② 间接费用:是指企业与生产产品相关,但不能直接计入产品成本,而应通过分配的形式计入产品成本的各项费用。例如,各生产单位为组织和管理生产所发生的管理人员工资、福利费、固定资产折旧费、办公费、差旅费、水电费等。

(2) 期间费用

期间费用是指与会计期间相关,与产品生产无直接关系的费用,包括管理费用、销售费用和财务费用。期间费用直接计入当期损益。

① 管理费用:是指企业行政管理部门为组织和管理生产经营活动而发生的费用支出。例如,行政管理部门人员的工资、福利费、办公经费、固定资产折旧费、业务招待费等。

② 销售费用:是指企业在产品销售过程中所发生的各项费用。例如,运输费、包装费、

广告费等。

③ 财务费用:是指企业为了筹集生产经营所需要的资金而发生的各项费用。例如,借款手续费、利息支出等。

(六) 利润

1. 利润的定义

利润是指企业在一定会计期间的经营成果。

利润是企业生产经营的目标,它表现为一定会计期间内收入与费用配比的结果,这个结果会使企业所有者权益增加或减少。通常情况下,企业实现了利润,表明企业的所有者权益将增加,业绩得到提升;反之,如果出现了亏损,表明所有者权益将会减少,业绩下滑。因此,利润往往是评价企业管理层业绩的一项重要指标,也是投资者、债权人等会计信息使用者作出投资决策、信贷决策等的重要参考指标。

利润的确认主要依赖于收入和费用以及利得和损失的确认,其金额的确定也主要取决于收入和费用、直接计入当期利润的利得和损失金额的计量。

直接计入当期利润的利得和损失是指应当计入当期损益、会导致所有者权益发生增减变动的、与所有者投入资本或者向所有者分配利润无关的利得和损失。直接计入当期利润的利得,如企业接受捐赠的资产、罚款收入等;直接计入当期利润的损失,如企业发生意外灾害造成的损失、罚款支出等。

利润金额、利润项目应当列入利润表。

2. 利润的构成

利润包括三个层次,分别是营业利润、利润总额和净利润。

营业利润 = 营业收入 − 营业成本 − 营业税金及附加 − 资产减值损失 − 管理费用 − 销售费用 − 财务费用 + 投资收益(减投资损失) + 公允价值变动收益(减公允价值变动损失)

利润总额 = 营业利润 + 直接计入当期利润的利得 − 直接计入当期利润的损失

净利润 = 利润总额 − 所得税费用

第二节 会计等式

会计等式是在会计核算中反映各个会计要素数量之间关系的等式,又称会计方程式、会计平衡公式。企业的生产经营活动中,每发生一笔经济业务,都是资金运动的具体过程,任何资金运动过程都必然涉及到相应的会计要素的增减变化,这种增减变化可以通过会计等式表现出来,这便是会计平衡公式。

会计等式包括基本会计等式和扩展会计等式。

一、基本会计等式

(一) 反映资产、负债、所有者权益之间数量关系的等式

任何企业要从事生产经营活动,必须筹集到一定数量的资金。资金的拥有者可以用货币资金、实物等形式的资产投入企业,以供企业周转运用。这样,资金的拥有者便成为企业的投资人。投资人对企业资产拥有的要求权,称为权益。权益反映企业的产权关系,企业有多少资产,就有多大权益,权益是以企业资产的金额来计量的。因此,资产和权益在任何情况下总是保持着相等关系。这样就形成了最初的会计等式:

$$资产=权益$$

上式中的资产和权益,反映了同一资金的两个方面。一方面,资金表现为归企业持有或控制的各项资产;另一方面,资金的提供者享有对企业资产提出相应要求的权益。资产和权益的这种相互依存关系,决定了全部资产和全部权益在金额上必定相等。也就是说,有多少数额的资产,就必定有多少数额的权益;反之,有多少数额的权益,也必定有多少数额的资产。从任何一个时点来看,一个企业的资产总额和权益总额之间,必然保持数额相等的平衡关系。

企业资金的提供者有两种。一种是债权人,债权人直接向企业提供资金或者在业务往来中暂时提供企业资金,要求企业承诺定期偿还所欠的本金,通常还要按双方协定的利率取得利息。债权人对于企业资产拥有的要求权,称为债权人权益,在会计上称为负债。另一种是企业所有者,所有者向企业出资供企业长期使用,不规定归还期限,也不规定固定金额和比率的报酬,但要按企业经营的好坏参与利润分配。企业所有者在企业创办时投入的资本,在经营过程中追加的资本,以及企业所获得的利润留存于企业的部分,都会使企业资产增加。这些资产应属于企业所有者。所有者对企业资产拥有的要求权,称为所有者权益。这样,上述等式又可表达成:

$$\begin{aligned}资产&=债权人权益+所有者权益\\&=负债+所有者权益\end{aligned}$$

资产、负债、所有者权益,是反映企业财务状况的三个基本会计要素。"资产=负债+所有者权益"这一基本会计等式,明确了资产、负债、所有者权益三者之间的数量关系,是设置账户、复式记账和设计会计报表架构的基本依据。

表 2.1 是一张某企业 2011 年 6 月 30 日的资产负债表。

表 2.1 资产负债表

2011 年 6 月 30 日

资　产	金　额	负债及所有者权益	金　额
库存现金	2 000	短期借款	450 000
银行存款	450 000	应付票据	30 000
应收账款	100 000	应付账款	50 000
原材料	250 000	实收资本	500 000
固定资产	500 000	盈余公积	152 000
		未分配利润	120 000
合计	1 302 000	合计	1 302 000

表2.1说明，该企业拥有的资产总额为1 302 000元，该企业资金是从以下各方面取得的：向银行借款450 000元，因购买材料等分别以应付票据和应付账款方式暂欠供货单位30 000元和50 000元，投资者投入的资本（企业实收资本）500 000元，所获利润形成的盈余公积152 000元和未分配利润120 000元。前三项构成企业的负债，后三项则属于所有者权益，六项合计1 302 000元。而这些资金在企业表现为库存现金2 000元，银行存款450 000元，应收账款100 000元，原材料250 000元，固定资产500 000元。表2.1清晰地表明了资产和权益之间的数量相等关系。任何时点，企业的所有资产，无论其处于何种形态（如现金、银行存款、固定资产等），都必须有相应的来源，或者是借入的，或者是所有者投入的，或者是经营过程中所赚取的（这一部分也归所有者），即企业的所有资产都必定有相应的来源。这样，“资产＝负债＋所有者权益”这一等式，在任何情况下，其左右平衡的关系都不会被破坏，是企业资金运动的静态表现。

（二）反映收入、费用、利润之间数量关系的等式

企业的经营通常以获取利润为主要目的。要获取利润，企业必须支付一定的费用来生产产品或提供劳务，将产品或劳务提供给客户取得收入。收入减去费用，便是利润（或亏损）。

企业在一定时期内所获得的收入大于所发生的费用，其差额即为利润；若收入小于所发生的费用，其差额即为亏损，企业总是力求增加收入，减少费用，使利润达到最大化。企业获得的利润属于其所有者，发生的亏损最终也要由所有者承担。因此，利润的取得从性质上看是所有者权益的增加，亏损的发生则是所有者权益的减少。所以，收入将使所有者权益增加，而费用使所有者权益减少。

收入、费用与利润之间的数量关系如下：

收入－费用＝利润

上述会计等式是企业资金运动的动态表现，表明了经营成果与相应期间的收入、费用的内在关系，是编制利润表的理论依据。

“收入－费用＝利润”反映的是企业在一定会计期间经营成果的会计等式。因此，又称之为利润表等式。

二、扩展会计等式

上述两个会计等式从不同的方面反映了会计要素之间的数量关系。在企业发生的各项经济业务中，除了只涉及资产和权益的之外，还有不少业务是与收入、费用直接有关的。当企业实现了收入、发生了费用，“资产＝负债＋所有者权益”这一基本等式则无法全面反映企业资金运动的情况，需要借助于如下的扩展会计等式进行反映。

资产＝负债＋所有者权益＋（收入－费用）

＝负债＋所有者权益＋利润

平时企业取得的收入与发生的费用，在转化为利润之前，必须用上述的扩展会计等式才能完整表达各项会计要素之间的数量关系。到会计期末，企业将收入与费用结转后，收入与费用就转化为企业利润的组成部分，从而构成所有者权益。由此可以看出，收入、费用和利润这三个要素的变化实质上都可以表现为所有者权益内部的变化。此时，上述扩展等式又转化为“资产＝负债＋所有者权益”这一基本会计等式。

三、经济业务的发生对会计等式的影响

企业在生产经营过程中，发生的经济业务是千变万化、多种多样的。每一笔经济业务的发生，都会对会计要素产生等额变动，或者是在同一会计要素中某一项具体项目发生增减变动，其他有关项目也会随之等额变动，但不管如何增减变动，都不会破坏会计等式的平衡关系，其资产总量总是与权益的总量相等。归纳起来，会计要素的增减变动不外乎以下四种类型、九种情况：

（一）资产和权益同时等额增加

这类经济业务具体包括以下两种情况：

① 一项资产增加，一项负债增加，两者增加的金额相等；

② 一项资产增加，一项所有者权益增加，两者增加的金额相等。

（二）资产和权益同时等额减少

这类经济业务具体包括以下两种情况：

① 一项资产减少，一项负债减少，两者减少的金额相等；

② 一项资产减少，一项所有者权益减少，两者减少的金额相等。

（三）权益内部有增有减，增减金额相等

这类经济业务具体包括以下四种情况：

① 一项负债增加，一项所有者权益减少，增减的金额相等；

② 一项负债减少，一项所有者权益增加，增减的金额相等；

③ 一项负债增加，另一项负债减少，增减的金额相等；

④ 一项所有者权益增加，另一项所有者权益减少，增减的金额相等。

（四）资产内部有增有减，增减金额相等

这类经济业务仅有一种情况，即一项资产增加，另一项资产减少，增减的金额相等。

现对上述变化的九种情况举例说明，并进一步说明经济业务的发生不会破坏会计等式的平衡关系。

【例 2.1】 某企业 2011 年 7 月初的资产、负债、所有者权益情况如表 2.2 所示(单位:元)。

该企业 7 月份发生如下经济业务：

① 向供货单位购入原材料 50 000 元，货款暂欠。

这项经济业务的发生，使得资产“原材料”增加 50 000 元，同时使权益方的负债“应付账款”增加 50 000 元，资产和负债同增 50 000 元，会计等式保持平衡。

② 接受投资者以固定资产作为资本投入，经双方协议确认价值为 150 000 元。

这项经济业务的发生，使得资产“固定资产”增加 150 000 元，同时使权益方的所有者权益“实收资本”增加 150 000 元，资产和所有者权益同增 150 000 元，会计等式保持平衡。

③ 以银行存款归还短期借款 200 000 元。

这项经济业务的发生，使得资产“银行存款”减少 200 000 元，同时使权益方的负债“短

期借款"减少 200 000 元，资产和负债同减 200 000 元，会计等式保持平衡。

④ 经批准，以银行存款退还投资人张三投资款 100 000 元。

这项经济业务的发生，使得资产"银行存款"减少 100 000 元，同时使权益方的所有者权益"实收资本"减少 100 000 元，资产和所有者权益同减 100 000 元，会计等式保持平衡。

⑤ 经研究决定向投资者发放现金股利 60 000 元。

这项经济业务的发生，使得负债"应付股利"增加 60 000 元，同时使所有者权益"未分配利润"减少 60 000 元，一项负债增加 60 000 元，一项所有者权益减少 60 000 元，会计等式保持平衡。

⑥ 向银行借入的借款 100 000，由于到期无力偿还，经双方协商，将此笔借款转作银行对本企业的投资。

这项经济业务的发生，使得负债"短期借款"减少 100 000 元，同时使所有者权益"实收资本"增加 100 000 元，一项负债减少 100 000 元，一项所有者权益增加 100 000 元，会计等式保持平衡。

⑦ 向银行借入短期借款 30 000 元，偿还应付甲单位的应付票据款 30 000 元。

这项经济业务的发生，使得负债"短期借款"增加 30 000 元，同时使负债"应付票据"减少 30 000 元，负债内部一增一减，金额都是 30 000 元，会计等式保持平衡。

⑧ 用盈余公积 50 000 元转作资本。

这项经济业务的发生，使得所有者权益"实收资本"增加 50 000 元，同时使所有者权益"盈余公积"减少 50 000 元，所有者权益内部一增一减，金额都是 50 000 元，会计等式保持平衡。

⑨ 从银行提取现金 40 000 元。

这项经济业务的发生，使得资产"库存现金"增加 40 000 元，同时使资产"银行存款"减少 40 000 元，所有者权益内部一增一减，金额都是 40 000 元，会计等式保持平衡。

上述九项经济业务发生后，该企业 2011 年 7 月末的资产、负债、所有者权益情况如表 2.2 所示。

表 2.2 资产负债表

2011 年 7 月 31 日

资　产	金　额	负债及所有者权益	金　额
库存现金	2 000＋⑨40 000＝**42 000**	短期借款	450 000－③200 000－⑥100 000＋⑦30 000＝**180 000**
银行存款	450 000－③200 000－④100 000－⑨40 000＝**110 000**	应付票据	30 000－⑦30 000＝**0**
应收账款	**100 000**	应付账款	50 000＋①50 000＝**100 000**
原材料	250 000＋①50 000＝**300 000**	应付股利	＋⑤60 000＝**60 000**
固定资产	500 000＋②150 000＝**650 000**	实收资本	500 000＋②150 000－④100 000＋⑥100 000＋⑧50 000＝**700 000**
		盈余公积	152 000－⑧50 000＝**102 000**
		未分配利润	120 000－⑤60 000＝**60 000**
合计	1 202 000	合计	1 202 000

上例中，1月末，该企业资产总额为1 202 000元，负债总额为340 000元，所有者权益总额为862 000元，资产＝负债＋所有者权益。经济业务的发生没有破坏资产与权益之间的平衡关系，会计等式始终保持平衡。

例2.1中所发生的经济业务只涉及资产、负债、所有者权益三项会计要素，下面再看看如果发生的经济业务涉及收入、费用时，会计等式是否仍然保持平衡。

【例2.2】 仍沿用例2.1，如果该企业在2011年8月发生下列经济业务：

(1) 3日销售产品收入300 000元，款项已收存银行；

(2) 10日销售产品收入60 000元，款项尚未收到；

(3) 15日购买材料30 000元，款项已用银行存款支付；

(4) 28日以银行存款支付所欠货款50 000元；

(5) 本月销售产品的成本180 000元；

(6) 本月应交所得税为45 000元，税款尚未缴纳。

要求：

(1) 根据以上业务，将每笔经济业务的发生额填入表2.3；

(2) 根据本月发生的经济业务，计算本月的利润和净利润；

(3) 计算本月末的资产总额、负债总额、所有者权益总额，并验证“资产＝负债＋所有者权益”会计等式的平衡关系。

解答：

(1) 根据要求填表如下：

表2.3 经济业务的发生额

经济业务	资产		负债		所有者权益		收入	费用
	增加	减少	增加	减少	增加	减少		
1	300 000						300 000	
2	60 000						60 000	
3	30 000	30 000						
4		50 000		50 000				
5		180 000						180 000
6			45 000					45 000

(2) 本月利润总额＝300 000＋60 000－180 000＝180 000(元)

本月净利润＝180 000－45 000＝135 000(元)

(3) 资产总额＝1 202 000＋300 000＋60 000＋30 000－30 000－50 000－180 000

＝1 332 000(元)

负债总额＝340 000－50 000＋45 000＝335 000(元)

所有者权益总额＝862 000＋(300 000＋60 000－180 000－45 000)＝997 000(元)

因为，1332 000＝335 000＋997 000，

所以，资产总额等于负债总额与所有者权益总额之和。

结论：任何经济业务的发生，无论引起各项会计要素发生什么样的增减变动，都不会改变会计等式的平衡关系。

本章小结

会计要素是对会计对象进行的基本分类，是会计核算对象的具体化，包括资产、负债、所有者权益、收入、费用和利润六大会计要素。其中资产、负债、所有者权益是反映企业财务状况的会计要素，收入、费用、利润是反映企业经营成果的会计要素。

会计等式，也称会计方程式或会计平衡式，是对各会计要素的内在经济关系所作的概括表达。基本会计等式"资产＝负债＋所有者权益"反映的是企业在某一特定日期财务状况的会计等式，"收入－费用＝利润"反映的是企业在一定会计期间经营成果的会计等式。

关键概念　会计要素　资产　负债　所有者权益　收入　费用　利润　会计等式

知识训练

理论知识训练

一、单项选择题

1. 下列项目中，属于资产项目的是(　　)。

A. 预收账款　　B. 应收账款　　C. 应付账款　　D. 资本公积

2. 下列项目中，属于负债项目的是(　　)。

A. 应收账款　　B. 实收资本　　C. 应收票据　　D. 预收账款

3. 下列项目中，属于所有者权益项目的是(　　)。

A. 应付债券　　B. 无形资产　　C. 盈余公积　　D. 长期借款

4. 下列业务中，引起资产和负债同时增加的是(　　)。

A. 以银行存款购买材料　　B. 向银行借款存入银行存款户

C. 以无形资产向外单位投资　　D. 以银行存款偿还应付账款

5. 下列业务中，引起资产有增有减的是(　　)。

A. 向银行借款存入银行存款户　　B. 以现金支付职工工资

C. 收回前欠货款，存入银行　　D. 收到投资者投入的货币资金

6. 下列业务中，引起负债和所有者权益之间有增有减的是(　　)。

A. 购入原材料，货款尚未支付　　B. 以银行存款偿还长期借款

C. 将资本公积转作资本　　D. 将应付债券转作实收资本

7. 以银行存款交纳税金，所引起的变动是(　　)。

A. 一项资产减少，一项所有者权益减少　　B. 一项资产减少，一项负债减少

C. 一项所有者权益增加，一项负债减少　　D. 一项负债增加，一项所有者权益减少

8. 开出应付票据抵付应付账款，所引起的变动是(　　)。

A. 一项资产减少，一项所有者权益减少　　B. 一项负债增加，一项所有者权益减少

C. 一项负债减少，另一项负债增加　　D. 一项所有者权益增加，一项负债减少

9. 某企业资产总额为600万元，如果发生以下经济业务后，企业资产总额应为(　　)。

(1)收到外单位投资40万元存入银行

(2)以银行存款支付购入材料款12万元

(3)以银行存款偿还银行借款10万元

A. 630 万元　　B. 636 万元　　C. 650 万元　　D. 648 万元

10. 复式记账、账户试算平衡和编制资产负债表的理论依据是（　）。

A. 资产 = 负债 + 所有者权益　　B. 资产 = 负债 + 所有者权益 + 利润

C. 收入 − 费用 = 利润　　D. 资产 = 负债 + 所有者权益 +（收入 − 费用）

二、多项选择题

1. 下列项目中，属于企业流动资产的有（　）。

A. 银行存款　　B. 预收账款　　C. 应收账款　　D. 存货

2. 下列项目中，属于企业流动负债的有（　）。

A. 应付账款　　B. 短期借款　　C. 应付债券　　D. 实收资本

3. 下列项目中，属于企业所有者权益的有（　）。

A. 实收资本　　B. 固定资产　　C. 未分配利润　　D. 持有至到期投资

4. 下列项目中，正确的经济业务类型有（　）。

A. 一项资产增加，一项所有者权益减少　　B. 资产与负债同增

C. 一项负债增加，一项所有者权益减少　　D. 负债与所有者权益同时增加

5. 若一项经济业务发生后引起银行存款减少 20 000 元，则相应地可能引起（　）。

A. 存货增加 20 000 元　　B. 短期借款增加 20 000 元

C. 应付账款减少 20 000 元　　D. 库存现金增加 20 000 元

6. 下列经济业务发生后，使资产和权益总额不变的项目有（　）。

A. 以银行存款 3 000 元，偿还前欠购料款　　B. 从银行提取现金 800 元

C. 以银行存款购买材料 5 000 元　　D. 将资本公积转增资本

7. 企业的负债可以用（　）来偿还。

A. 产成品　　B. 提供劳务　　C. 举新债　　D. 货币资金

8. 下列各项是以会计恒等式为理论依据的有（　）。

A. 复式记账　　B. 成本计算

C. 编制资产负债表　　D. 试算平衡

9. 下列被选项中属于来源于非盈余部分的所有者权益的有（　）。

A. 实收资本　　B. 资本公积　　C. 盈余公积　　D. 利润分配－未分配利润

10. 以下属于收入的有（　）。

A. 原材料出售取得的收入　　B. 接受投资者投入的货币资金

C. 固定资产出租取得的租金收入　　D. 接受捐赠收到的货币资金

三、判断题

1. 权益是所有者权益的简称。（　）

2. 会计要素是对会计对象进行的基本分类，是会计核算对象的具体化，是用于反映会计主体财务状况，确定经营成果的基本单位。（　）

3. 企业的负债只能以货币资金来偿还。（　）

4. 导致所有者权益增加的因素只能是收入。（　）

5. 资产、利润、负债三项会计要素，表现资金运动的相对静止状态。（　）

6. 所有者权益是指企业投资者对企业全部资产的所有权。（　）

7. 在现值计量下，资产按照预计从其持续使用和最终处置中所产生的未来现金流入量的金额计量。（　）

8. 费用最终会减少企业的所有者权益。 （ ）

9. 利得和损失一定会影响当期损益。 （ ）

10. 过去的交易或事项所引起的潜在偿还义务，构成负债的基本特征之一。 （ ）

四、思考题

1. 什么叫会计要素？会计要素可以分为哪几类？

2. 简述资产、负责和所有者权益的定义及其特征。

3. 简述收入、费用和利润的定义及其特征。

4. 什么是会计等式？简述其含义。

业务技术训练

训练一

【训练目的】

练习资产、负债及所有者权益的分类。

【训练资料】

某企业 2011 年 6 月 30 日资产、负债及所有者权益情况如表 2.4 所示。

【训练要求】

根据表中项目内容，区分资产、负债及所有者权益，将三者的金额分别填入表中各栏，加计合计数并测算资产与权益是否平衡。

表 2.4　某企业资产负债及所有者权益情况

序号	项　　目	资产	负债	所有者权益
1	存在银行的款项 253 000 元			
2	库存的生产用 A 材料 156 000 元			
3	某企业投入的资本金 600 000 元			
4	应收东方公司货款 50 000 元			
5	生产车间使用的设备 650 000 元			
6	管理部门使用的计算机 70 000 元			
7	应付南方工厂的货款 48 000 元			
8	运输用的卡车 80 000 元			
9	某投资人投入的资本 400 000 元			
10	正在加工中的产品 56 000 元			
11	企业提取的盈余公积 150 000 元			
12	向银行借入短期借款 200 000 元			
13	库存的 B 材料 23 000 元			
14	预收光明工厂购货款 50 000 元			
15	暂付采购员差旅费 1 000 元			
16	财会部门库存现金 4 000 元			

续表 2.4

序号	项　　目	资产	负债	所有者权益
17	存放仓库里的产成品 180 000 元			
18	购入的华夏公司三年期的债券 120 000 元			
19	生产甲产品的专利权 120 000 元			
20	出借包装物收取的押金 2 000 元			
21	从银行借入的 3 年期借款 260 000 元			
22	本月实现的利润 68 000 元			
23	尚未交纳的税金 30 000 元			
24	应收三利工厂货款 15 000 元			
25	预付红星工厂货款 30 000 元			
	合计			

训练二

【训练目的】

练习经济业务的发生对会计等式的影响。

【训练资料】

1. 某企业 2011 年 5 月 1 日有关项目余额如表 2.5 所示：

表 2.5　项目余额表

资产项目	金　　额	权益项目	金　　额
库存现金	2 000	短期借款	120 000
银行存款	280 000	应付账款	30 000
应收账款	50 000	应交税费	10 000
原材料	150 000	长期借款	250 000
库存商品	180 000	实收资本	840 000
固定资产	588 000		

2. 5 月份发生有关经济业务如下：

(1) 以银行存款交纳上月税金 10 000 元；

(2) 从 A 公司购入原材料一批，已验收入库，货款 75 000 元以银行存款支付；

(3) 收回应收账款 20 000 元，存入银行；

(4) 以银行存款归还到期的长期借款 150 000 元；

(5) 从 B 公司购进原材料一批，已验收入库，货款 60 000 元尚未支付；

(6) 从银行借入短期借款 80 000 元，存入银行存款户；

(7) 以银行存款偿还前欠外单位货款 30 000 元；

(8) 接受外单位投入的设备一台，价值 135 000 元；

(9) 从银行提取现金 1 000 元备用。

【训练要求】

1. 根据资料1各项目所属类别，将相关内容填入表2.6第(1)、(2)、(6)、(7)栏；

2. 根据资料2计算每个项目本月增加发生额、本月减少发生额，并填入表2.6中的第(3)、(4)、(8)、(9)栏；

3. 根据表2.6中资料，计算每个项目的期末余额，并填入表中的第(5)、(10)栏，并检验会计等式的平衡关系。

表2.6 项目余额表

资产项目	月初余额	本月增加	本月减少	月末余额	权益项目	月初余额	本月增加	本月减少	月末余额
(1)	(2)	(3)	(4)	(5)	(6)	(7)	(8)	(9)	(10)
库存现金					短期借款				
银行存款					应付账款				
应收账款					应交税费				
原材料					长期借款				
库存商品					实收资本				
固定资产									
合计									

第三章　会计科目与账户

学习目标

知道会计科目与账户的概念；明确设置会计科目的原则要求；了解会计科目的类别与账户的结构；理解账户与会计科目之间的内在联系。

第一节　会计科目

企业在经济活动中，要发生各种各样的经济业务，每发生一笔经济业务，就要引起资金增减变化。如将现金 1 000 元存入银行，会引起库存现金减少 1 000 元，银行存款增加 1 000 元。这些经济活动中的各种经济业务，就是会计对象具体内容的表现。会计机构、会计人员要及时处理这些企业单位发生的经济业务，加强对其核算和监督。而对这些会计业务的处理就需要设置诸如库存现金、银行存款等会计科目来进行。设置会计科目是会计核算工作的起点，是确保会计核算与监督工作达到会计信息质量要求的基础。

一、会计科目的概念

会计科目是对会计要素的具体内容，按其不同的经济特点和经济管理需要，分类核算和监督的具体项目。资产、负债、所有者权益、收入、费用和利润等六大会计要素是会计核算和监督的内容。对一个企业来说，经济业务是复杂多样的，若会计只从六大会计要素的角度进行核算和监督，显得过于粗略，难以满足各有关方面对会计信息的需要。因此就有必要采用一定的形式，对每一会计要素所反映的具体内容作进一步分门别类的划分，设置会计科目。如企业的银行存款和企业销货的应收款都属于企业的资产，但它们的经济内容不同，应分别设置“银行存款”、“应收账款”科目对其进行分类核算。只有设置会计科目，才能全面、系统地反映和监督企业的各项经济业务，分门别类地为经济管理提供会计核算资料。

二、会计科目的分类

（一）按会计科目反映的内容分类

根据会计科目所反映和监督的经济内容不同，会计科目可分成六大类。

1. 资产类会计科目

资产类会计科目按其周转速度不同划分为四小类：

① 核算流动资产的会计科目，如“库存现金”、“原材料”等科目；

② 核算长期投资的会计科目，如“长期股权投资”、“长期应收款”等科目；

③ 核算固定资产的会计科目，如“固定资产”、“累计折旧”等科目；

④ 核算无形及其他资产的会计科目，如“无形资产”、“长期待摊费用”等科目。

2. 负债类会计科目

负债类会计科目按其偿还期限的长短可划分为两小类：

① 核算流动负债的会计科目，如“短期借款”、“应付账款”等科目；

② 核算非流动负债的会计科目，如“长期借款”、“应付债券”等科目。

3. 共同类会计科目

共同类会计科目按其核算内容的不同可划分为两小类：

① 核算企业衍生工具的公允价值及其变动的会计科目，如“衍生工具”等科目；

② 核算企业套期保值业务的会计科目，如“套期工具”、“被套期项目”等科目。

4. 所有者权益类会计科目

按所有者权益的构成内容不同可划分为三小类：

① 核算投资者投入资本的会计科目，如“实收资本”等科目；

② 核算企业公积金的会计科目，如“资本公积”、“盈余公积”等科目；

③ 核算企业利润及其分配情况的会计科目，如“本年利润”、“利润分配”等科目。

5. 成本类会计科目

成本类会计科目一般划分为两小类：

① 核算产品成本直接费用的会计科目，如“生产成本”等科目；

② 核算产品成本间接费用的会计科目，如“制造费用”等科目。

6. 损益类会计科目

按企业业务主次及损益的形成项目不同可划分为五小类：

① 核算主营业务损益的会计科目，如“主营业务收入”、“主营业务成本”等科目；

② 核算其他业务损益的会计科目，如“其他业务收入”、“其他业务成本”等科目；

③ 核算期间费用的会计科目，如“销售费用”、“管理费用”、“财务费用”等科目；

④ 核算投资损益的会计科目，如“投资收益”等科目；

⑤ 核算营业外损益的会计科目，如“营业外收入”、“营业外支出”等科目。

会计科目按经济内容进行分类，规范了会计科目的名称、含义、属性及核算内容范围，是会计科目的基本分类。

（二）按会计科目提供核算指标的详细程度分类

会计科目按其所提供信息的详细程度及其统驭关系不同，分为总分类科目和明细分类科目。

1. 总分类科目

总分类科目又称一级会计科目或总账科目，是对会计要素具体内容进行总括分类，提供总括信息的会计科目，是开设总账的依据。如“库存现金”、“应收账款”、“长期借款”、“实收资本”、“盈余公积”等。

2. 明细分类科目

明细分类科目又称明细科目、细目，是对总分类科目作进一步分类，提供更详细、更具体会计信息的科目。如应收账款、应付账款总分类科目应按具体的对方单位设置明细科目，反映应收、应付哪个单位的货款。但在有些经济业务比较复杂的情况下，在一级会计科目下设置二级会计科目，又在二级会计科目下设置三级科目（细目）进行核算。如在原材料总分类科目下设原料及主要材料、辅助材料、燃料等二级明细科目，在二级明细科目下再根据材料的品种、规格、型号等分设三级明细科目。我国现行会计法规一般只规定了一级科目和部分二级科目，企业可根据管理要求和核算的需要自行设置二级、三级明细科目。

总分类科目和明细分类科目是会计科目的不同级次，总分类科目对明细分类科目起统驭和控制作用，明细分类科目对总分类科目起补充和说明作用。

（三）按会计科目期末是否有余额分类

会计科目按期末是否有余额可分为两大类：

① 有余额的会计科目，如“银行存款”、“应付账款”、“实收资本”等资产、负债和所有者权益类会计科目；

② 无余额的会计科目，如“主营业务收入”、“管理费用”、“投资收益”等损益类会计科目。

三、设置会计科目的原则要求

科学、合理地设置会计科目，事关会计核算与监督工作能否顺利进行，会计信息质量能否达到《企业会计准则》的要求。企业如何设置会计科目，设置哪些会计科目，必须按照国家会计法律法规的要求，同时结合企业资金运动的规律以及经济管理的特点来决定。一般情况下，企业设置会计科目应遵行以下几项基本原则。

1. 合法性原则

该原则指所设置的会计科目应当符合会计法规的统一规定。为了保证会计信息的可比性，《会计准则应用指南》对会计科目及其使用作出了较为具体的规定，企业应当按照会计准则的要求来设置会计科目。

2. 相关性原则

该原则指所设置的会计科目应当为提供有关各方所需要的会计信息服务，满足对外报告与对内管理的要求。会计科目的设置，是企业分类核算经济业务的基础，也是生成会计信息的基础。设置会计科目应为提供有关各方所需要的会计信息服务，满足企业有关方面对其财务报告的要求。因此，企业必须考虑会计信息的使用者对本企业会计信息的需要，考虑会计信息相关性的要求，设置本企业所适用的会计科目。同时，企业也应当考虑到本企业内部管理的要求，考虑到强化内部经营管理和内部控制对会计信息的要求，为企业提高内部管理水平提供信息支持。

3. 实用性原则

该原则指所设置的会计科目应符合单位自身特点，满足单位实际需要。企业的组织形式、所处行业、经营内容及业务种类不同，在会计科目的设置上亦应有所区别。会计核算的目的在于客观真实地反映企业经营活动情况，提供会计信息。因此，在合法性的基础上，应根据企业自身特点,设置符合企业实际情况的会计科目。对于本企业的重要的经济业务,可以按照重要性原则的要求,对于会计科目进行细分,设置更为具体的会计科目,以细化对经济业务的核算;对于一些不是很重要或不经常发生的经济业务,也可以对会计科目进行适当的归并。

小思考

2011 年,两同窗好友各投入 100 000 元成立诚信会计咨询服务有限公司。2011 年 12 月 31 日,该公司拥有库存现金 10 000 元,银行存款 30 000 元,办公家具 60 000 元,新轿车一辆价值 150 000 元。该公司向银行借款 50 000 元。

(1) 如果你是会计,能分辨出该公司资产的各种不同占用形态及其权益是如何构成的吗?

(2) 2011 年 12 月份,该公司为客户提供一项会计服务,取得收入 100 000 元,款项存入银行,该项服务的成本为 50 000 元。你该如何核算这样一笔经济业务?

思考提示

该公司的资产总额为 25 万元,其中库存现金 1 万,银行存款 3 万,周转材料 6 万,固定资产 15 万,负债 5 万,所有者权益 20 万。即资产 = 负债 + 所有者权益 = 25 万。

12 月份,取得"主营业务收入"10 万,发生"主营业务成本"5 万,资产总额增加 5 万,所有者权益增加 5 万。这就是会计科目对企业资金运动及其规律的具体分类反映和监督。可见,设置会计科目是会计核算的一项重要方法。

四、会计科目表

根据《企业会计准则应用指南》,一般工商企业所使用的主要会计科目如表 3.1 所示。

表 3.1 会计科目参照表

总序	顺序	代号	科目名称	总序	顺序	代号	科目名称
			一、资产类	80	46	2202	应付账款
1	1	1001	现金	81	47	2203	预收账款
2	2	1002	银行存款	82	48	2211	应付职工薪酬
5	3	1012	其他货币资金	83	49	2221	应交税费
8	4	1101	交易性金融资产	84	50	2231	应付利息
10	5	1121	应收票据	85	51	2232	应付股利
11	6	1122	应收账款	86	52	2241	其他应付款
12	7	1123	预付账款	93	53	2401	递延收益
13	8	1131	应收股利	94	54	2501	长期借款
14	9	1132	应收利息	95	55	2502	应付债券
18	10	1221	其他应收款	100	56	2701	长期应付款

续表 3.1

总序	顺序	代号	科目名称	总序	顺序	代号	科目名称
19	11	1231	坏账准备	101	57	2702	未确认融资费用
26	12	1401	材料采购	102	58	2711	专项应付款
27	13	1402	在途物资	103	59	2801	预计负债
28	14	1403	原材料	104	60	2901	递延所得税负债
29	15	1404	材料成本差异	三、共同类			
30	16	1405	库存商品	107	61	3101	衍生工具
31	17	1406	发出商品	108	62	3201	套期工具
32	18	1407	商品进销差价	109	63	3202	被套期项目
33	19	1408	委托加工物资	四、所有者权益类			
34	20	1411	周转材料	110	64	4001	实收资本
40	21	1471	存货跌价准备	111	65	4002	资本公积
41	22	1501	持有至到期投资	112	66	4101	盈余公积
42	23	1502	持有至到期投资减值准备	114	67	4103	本年利润
43	24	1503	可供出售金融资产	115	68	4104	利润分配
44	25	1511	长期股权投资	116	69	4201	库存股
45	26	1512	长期股权投资减值准备	五、成本类			
46	27	1521	投资性房地产	117	70	5001	生产成本
47	28	1531	长期应收款	118	71	5101	制造费用
48	29	1532	未实现融资收益	119	72	5201	劳务成本
50	30	1601	固定资产	120	73	5301	研发支出
51	31	1602	累计折旧	六、损益类			
52	32	1603	固定资产减值准备	124	74	6001	主营业务收入
53	33	1604	在建工程	129	75	6051	其他业务收入
54	34	1605	工程物资	131	76	6101	公允价值变动损益
55	35	1606	固定资产清理	138	77	6111	投资收益
62	36	1701	无形资产	142	78	6301	营业外收入
63	37	1702	累计摊销	143	79	6401	主营业务成本
64	38	1703	无形资产减值准备	144	80	6402	其他业务支出
65	39	1711	商誉	145	81	6405	营业税金及附加
66	30	1801	长期待摊费用	155	82	6601	销售费用
67	41	1811	递延所得税资产	156	83	6602	管理费用
69	42	1901	待处理财产损益	157	84	6603	财务费用
二、负债类				159	85	6701	资产减值损失
70	43	2001	短期借款	160	86	6711	营业外支出
77	44	2101	交易性金融负债	161	87	6801	所得税费用
79	45	2201	应付票据	162	88	6901	以前年度损益调整

第二节　账　　户

会计科目仅仅是对会计对象的具体内容进行分类核算的项目，不涉及具体的格式与结构，不能把经济业务连续、系统地记录下来。因此，必须在账簿中开设具有一定格式和结构的账户，用来分类地、系统地反映和监督企业的各种经济业务事项。设置账户是会计记账、算账与会计监督的基础性工作。账户是会计信息的重要载体，没有账户，会计核算和监督就无法深入。

一、账户的概念

账户是根据会计科目来设置，用以分类核算和监督会计主体各项经济业务的增减变化及其结果的一种方式，是对会计信息进行记录、整理、加工的信息载体。每一个账户都有一个名称，用以说明该账户核算的经济内容。账户是根据会计科目设置的，因此账户的名称必须与会计科目一致。账户的设置也与会计科目的级次有关，即根据总分类科目开设总分类账户，根据明细分类科目开设明细分类账户。由于总分类账户提供的是总括核算指标，因而一般只用货币计量；明细分类账户提供的是明细分类核算指标，因而除用货币量度外，有时还用实物量度（个、件、公斤、吨等）辅助计量。

同会计科目分类相对应，账户按其经济内容分类，也可以划分为资产类、负债类、共同类、所有者权益类、成本类、损益类六大类账户；按提供核算指标的详细程度不同，也可分为总分类账户、明细分类账户。另外，账户还可以按用途和结构分类，较为复杂，将在以后的有关应用中加以介绍。

设置账户来记录经济业务是会计核算和监督的一种重要方法。没有账户就不能记录经济业务的过程和结果，也就没有依据进行会计监督和管理。另外，账户记录还是编制各种会计报表，进行会计分析、预测、决策的主要资料来源。因此，账户是进行会计核算与监督必不可少的重要手段和工具。

二、账户的结构

（一）账户的基本结构

为连续地、系统地记录各项经济业务的增减变化及其结果，账户除具有特定的名称和核算范围外，还应具备一定的格式和结构。账户的格式结构多种多样，不同的记账方法，不同属性的账户，都有不同的格式结构。一般而言，无论采用哪种格式，账户都应具备以下几个要素：

① 账户名称，即会计科目的名称；

② 业务日期，即业务实际发生的日期；

③ 凭证种类与号数，即登记账簿依据的记账凭证的种类与号数；

④ 业务摘要，即对经济业务的主要内容作扼要说明；

⑤ 金额，包括增加、减少的金额和余额。

在借贷记账法下，账户的一般格式如表3.2所示。

表3.2 账户名称(会计科目)

第　页

年		凭证		摘要	借方	贷方	借或贷	余额
月	日	字	号					

(二) 简化的"T"字型结构

为了方便教学，本教材多用简化的"T"字型账来说明账户的结构，它只保留左右两方，略去其他账户要素，余额写在下面。如图3.1所示。

左方(借方)　　账户名称(会计科目)　　右方(贷方)

图3.1 "T"型账户

账户的左右两方，分别记录该经济事项的增加额或减少额，增减额相抵后的差额，称为账户的余额。余额又分为期初余额和期末余额。可见，账户提供的金额指标包括期初余额、本期增加额、本期减少额和期末余额四种指标。

本期增加额又称本期增加发生额，一般包括账户记录的该经济事项在一定会计期间内的每笔增加发生额及期末累计增加发生额；本期减少额又称本期减少发生额，一般包括账户记录的该经济事项在一定会计期间内的每笔减少发生额及期末累计减少发生额；上期的期末余额结转到本期期初，即为本期的期初余额。期末余额是指某会计期末结出的该账户的余额。

账户所反映和监督的四项数据指标之间的紧密联系，可用如下公式表示：

本期期末余额＝本期期初余额＋本期增加发生额合计－本期减少发生额合计

账户的左右两方按相反方向来记录增加额和减少额。究竟哪方记录增加，哪方记录减少，取决于所采用的记账方法及账户的经济性质和用途。

一般情况下，账户余额的方向与其记录增加额的方向相同。

三、会计科目与账户的关系

账户与会计科目是既有区别又有联系的两个不同的概念。

二者的区别主要表现在：会计科目虽是账户的名称，但只是表明某项经济指标的名称、内容及核算范围，不具备一定的格式和结构，不能记录经济业务、监督经济活动，只是一项经济指标；而账户是记录该项指标的增减变化的过程与结果，监督相应经济事项的会计工具，是会计信息的载体和重要管理方法。

二者的联系主要表现在，账户是按会计科目设置的，两者的名称、属性、核算内容完全相同。没有会计科目，账户提供什么指标就无法确定；没有账户，就不能对会计科目所反映的经济业务内容进行连续地、系统地核算和监督。会计科目是设置账户的依据，账户是会计科目的具体运用。只有将设置的会计科目与设置账户紧密结合起来，才能达到会计对各项经济活动进行核算和监督的目标。但在实际工作中，对会计科目和账户往往不加以严格区分，而是相互通用。

小思考

沿用第一节"小思考"中的问题，假如你作为诚信会计咨询服务有限公司的会计，应该如何记录和监督该公司的资金运动及其规律？

思考提示

该公司应分别设置"库存现金"、"银行存款"、"周转材料"、"固定资产"等资产类账户分别记录各项资产的增减变化及其变化结果；设置"短期借款"账户反映负债的构成及其增减变化情况；设置"实收资本"账户记录投资人投入资本。为反映取得的主营业务收入与结转主营业务成本及实现利润情况，应设置"主营业务收入"、"主营业务成本"、"本年利润"等账户。

本章小结

会计科目是对会计要素的具体内容，按其不同的经济特点和经济管理需要，分类核算和监督的具体项目。每个科目都有其反映和监督的特定经济内容，并具有特定的名称、涵义、属性和特定核算范围。会计科目这一概念具有系统性、规范性和层次性等显著特征。设置会计科目是会计核算工作的起点，决定着账户设置、账簿组织及会计报告的项目内容，意义重大。一般情况下，设置会计科目应遵循以下几项原则：合法性原则、相关性原则和实用性原则。会计科目按反映的经济内容可分为资产类、负债类、所有者权益类、共同类、成本类和损益类六大类；按其所提供信息的详细程度及其统驭关系不同，分为总分类科目和明细分类科目；按期末是否有余额可分为有余额会计科目和无余额会计科目两大类。

账户是根据会计科目设置的，用以分类核算和监督会计主体各项经济业务的增减变化及其结果的一种方式，是对会计信息进行记录、整理、加工的信息载体。每个账户都有特定的基本要素，包括名称、内容、属性、格式、结构及特定的核算范围。账户与会计科目是既有区别又有联系的两个不同概念。会计科目只表明经济指标的名称、涵义、属性和核算内容，是设置账户的依据；账户则具有特定的格式和结构，是会计信息的载体和管理工具，是会计科目的具体运用。只有将设置会计科目与设置账户紧密结合起来，才能达到对各项经济活动进行核算和监督的目标。

关键概念 会计科目 总分类科目 明细分类科目 账户 账户基本结构

知识训练

理论知识训练

一、单项选择题

1. 会计科目是(　　)。

A. 会计要素的名称　B. 报表的名称　C. 账户的名称　D. 账簿的名称

2. 账户是根据(　　)设置的，具有一定格式和结构，用于分类反映会计要素增减变动情况及其结果的载体。

A. 会计科目　B. 企业需要　C. 下级需要　D. 上级规定

3. 下列会计科目中，属于负债类科目的是(　　)。

A. 管理费用　B. 资本公积　C. 劳务成本　D. 预收账款

4. 权益类账户的结构与资产类账户的结构(　　)。

A. 一致　B. 相反　C. 基本相同　D. 无关

5. 下列项目中，属于资产类科目的是(　　)。

A. 预付账款　B. 预收账款　C. 资本公积　D. 制造费用

6. 下列项目中，属于负债类科目的是(　　)。

A. 其他应收款　B. 预收费用　C. 应收票据　D. 应收账款

7. 下列项目中，属于所有者权益类科目的有(　　)。

A. 盈余公积　B. 生产成本　C. 库存现金　D. 应付债券

8. "应付账款"账户的期初余额为 8 000 元，本期增加额为 12 000 元，期末余额为 6 000 元，则该账户的本期减少额为(　　)元。

A. 10 000　B. 4 000　C. 2 000　D. 14 000

9. 一级会计科目和明细科目之间有密切关系，从性质上说，是(　　)的关系。

A. 相等　B. 无　C. 统驭和控制　D. 相辅相成

10. 把账户分为左、右两方，哪方记增加，哪方记减少取决于(　　)。

A. 记账规则　B. 记账时间

C. 核算方法　D. 账户的性质与经济业务的内容

二、多项选择题

1. 下列属于所有者权益类科目的有(　　)。

A. 本年利润　B. 实收资本　C. 利润分配　D. 盈余公积

2. 账户按所反映的经济内容划分，分为(　　)。

A. 资产类账户　B. 负债类账户和所有者权益类账户

C. 成本类账户　D. 损益类账户

3. 下列属于总分类科目的有(　　)。

A. 应收账款　B. 固定资产　C. 甲材料　D. 原材料

4. 会计科目设置的原则有(　　)。

A. 合法性原则　B. 重要性原则　C. 相关性原则　D. 实用性原则

5. 下列属于成本类科目的有(　　)。

A. 生产成本　B. 劳务成本　C. 制造费用　D. 管理费用

6. 负债类会计科目包括(　　)。

A. 交易性金融资产　B. 应付职工薪酬　C. 应付票据　D. 应付账款

7. 资产类会计科目包括(　　)。

A. 预收账款　B. 预付账款　C. 应收账款　D. 应付账款

8. 若一项经济业务引起银行存款减少 5 000 元,则对应地可能会引起(　　)。

A. 固定资产增加 5 000 元　B. 短期借款减少 5 000 元

C. 短期借款增加 5 000 元　D. 应付账款减少 5 000 元

9. 若一项经济业务引起管理费用增加 3 000 元,则对应地可能会引起(　　)。

A. 累计折旧增加 3 000 元　B. 应付职工薪酬增加 3 000 元

C. 短期借款减少 3 000 元　D. 原材料减少 3 000 元

10. 下列属于损益类会计科目的有(　　)。

A. 主营业务收入　B. 其他业务收入　C. 制造费用　D. 销售费用

三、判断题

1. 一般而言,费用(成本)类账户结构与权益类账户相同,收入(利润)类账户结构与资产类账户相同。(　　)

2. 账户可以分为资产类账户、负债类账户、所有者权益类账户、共同类账户、成本类账户和损益类账户。(　　)

3. 会计科目仅仅是账户的名称,不存在结构;而账户则具有一定的格式和结构。(　　)

4. 企业总分类账户的设置要符合国家有关会计准则的统一规定。(　　)

5. 对于明细科目较多的会计科目,可在总分类科目下设置二级或多级明细科目。(　　)

6. 设置了会计账户,会计科目则可有可无。(　　)

7. 会计科目具有明晰的级次,存在上下级科目间的隶属关系。(　　)

8. 账户的基本结构仅指增加、减少金额和余额。(　　)

9. 本期发生额即是本期增加额。(　　)

10. 账户一方记录增加额,另一方则必然是记录减少额。(　　)

业务技术训练

训练一

【训练目的】

熟悉会计科目的名称,对会计科目进行分类的选择,熟悉会计要素之间的关系。

【训练资料】

表 3.3　会计科目分类表

序号	经济事项	金　额	会计科目	资产、成本、费用类科目金额	负债、所有者权益、收入、利润类科目金额
1	库存现金	5 000			
2	银行存款	10 000			
3	厂房一栋	200 000			
4	库存原材料	85 000			
5	尚未收回的货款	70 000			
6	欠供应单位货款	40 000			

续表 3.3

序号	经济事项	金　额	会计科目	资产、成本、费用类科目金额	负债、所有者权益、收入、利润类科目金额
7	应交增值税	5 450			
8	投资者投资	200 000			
9	欠银行借款	90 000			
10	应交城建税	750			
11	车间电费	300			
12	购办公用品	500			
13	广告费	400			
14	生产设备一台	50 000			
15	生产完工产品	120 000			
16	销售产品收入	180 000			
17	产品销售成本	130 000			
18	本月销售利润	50 000			
19	生产工人工资	45 000			
20	上年未分配利润	60 000			
	合　　计				

【训练要求】

根据表 3.3 提供的资料写出每项经济业务对应的会计科目名称，并进行科目归类，检查两类科目的金额合计数是否平衡。

训练二

【训练目的】

练习账户发生额与余额的计算方法。

【训练资料】

表 3.4　账户发生额及余额表

账户名称	期初余额	本期增加额	本期减少额	期末余额
库存现金	500	200		400
银行存款	58 000	34 600	43 500	
原材料	39 200	112 000		41 000
应收账款	46 000		56 000	32 000
固定资产	200 000	100 000	50 000	
短期借款	150 000	0	50 000	
应付账款	62 000	13 500		66 000
应付职工薪酬	18 000	17 800	18 000	
实收资本	300 000	50 000	0	35 000
生产成本	78 000		125 000	65 000

【训练要求】

将表 3.4 中各账户的相关金额内容补充完整。

第四章　复式记账与借贷记账法

学习目标

了解记账方法的种类；明确复式记账法的基本原理与内容；掌握借贷复式记账法的记账规则；理解账户的对应关系、对应账户与会计分录等相关内容，并进一步学会借贷记账法的具体操作。

第一节　复式记账

为了核算和监督会计对象，揭示会计对象具体内容之间的本质联系，除了将会计对象的具体内容划分为六大会计要素，通过设置会计科目对会计要素作进一步分类外，还应在此基础上开立账户，以便连续地、系统地反映特定会计主体的经济活动及其结果。如何把会计要素的增减变动记录在账户中，必须明确所采用的记账方法。

一、记账方法及其种类

1. 记账方法的含义

记账方法是指将发生的经济业务记录在相应的账户中的方法。确定记账方法，必须明确以下两点：

① 每一项经济业务发生之后，应在哪几个账户中进行登记；

② 账户左方和右方的名称与登记的内容，以及账户余额的方向。

2. 记账方法的种类

记账方法按其登记每一项经济业务时涉及一个账户还是两个或两个以上账户，可分为单式记账法和复式记账法。

早期的记账方法属于单式记账法。它是一种比较简单、不完整的记账方法，是对经济业务引起的会计要素增减变动只在一个账户中进行记录的方法，主要是用于记录银钱收付和债权债务结算等，如以现金 100 元购买办公用品，在记账时只记现金减少，而对费用增加却不记录。这种记录方法造成账户之间的记录没有直接联系，不能全面揭示经济业务的来龙去脉，有很大的局限性。因此，单式记账法是一种不全面、不系统、不科学的记账方法。

二、复式记账法及其原理

1. 复式记账法的涵义

复式记账法是一种比较科学的记账方法，是从单式记账法发展而来的。它是指对发生的每一项经济业务，都必须以相等的金额在两个或两个以上相互联系的账户中进行登记。与单式记账法相比较，复式记账法具有以下两个优点：

① 可以了解经济业务的来龙去脉，完整反映经济活动的过程和结果；

② 对记录的结果可以进行试算平衡，以检查账户记录的正确性。

2. 复式记账法的种类

复式记账法包括借贷记账法、增减记账法、收付记账法等。目前各国普遍使用的是借贷记账法。我国《企业会计准则》规定，企业应当采用借贷记账法记账。

3. 复式记账法的基本原理

从复式记账法的涵义可知，它的核心有两点：一是采用相等的金额；二是需要在两个或两个以上的账户中反映。那么，经济业务发生后为什么必须用两个或两个以上的账户来记录？其客观依据又是什么呢？

从前面的阐述中可知，经济业务的发生使得会计要素发生增减变化，这种变化可以从两方面进行分析：

一方面是有些经济业务发生后，会使会计要素之间发生变化，会涉及会计等式两边的具体项目，或增加，或减少，即涉及两个方面的内容并且是以相等金额同时增加或减少。

另一方面是有些经济业务发生后，会使某会计要素内部项目发生变化，仅仅只涉及会计等式一边的各项目变化，或是资产具体项目，或是负债具体项目变化。但是，虽然这种经济业务只涉及等式一方的具体项目发生变化，但它同样是涉及到两个方面的内容：一个项目增加，另一个项目就必然减少，而不会只涉及一方面的内容。

通过以上分析可得出这样的结论：任何一项经济业务发生都会引起会计要素的变化，都客观地表现为两个方面，必须要用两个或两个以上的账户相互联系地加以记录，这就是复式记账建立的客观依据。

第二节 借贷记账法

一、借贷记账法的含义

所谓借贷记账法，是指以“借”、“贷”作为记账符号，以会计基本等式作为理论依据，以“有借必有贷，借贷必相等”作为记账规则，对每一项经济业务在两个或两个以上的账户中，以借贷相等的金额全面地、相互联系地进行记录的一种复式记账法。

借贷记账法的理论依据为：“资产＝权益”或“资产＝负债＋所有者权益”。根据该等式可确定借贷记账法的账户设置、记账方向、记账规则和试算平衡关系。

二、借贷记账法的内容

（一）记账符号

借贷记账法是以“借”、“贷”作为记账符号来记录会计要素的增减变动情况。

借贷记账法大约起源于13、14世纪资本主义萌芽时期的意大利。当时，它主要是从借贷资本家（即经营银钱业）的角度来解释的。当时借贷资本家的业务就是吸收存款，付出放款。因此，在吸收存款时，称为“贷”，记入贷主名下，表示欠人（债务）；付出放款时，称为“借”，记入借主名下，表示人欠（债权）。所以，当时的“借”、“贷”二字分别表示债权、债务的变化。

随着商品货币经济的发展和经济活动的日益复杂，借贷资本家不仅要记录存、放款业务，而且还要记录它所经营的商品、经营损益和经营资本等的变化。这些非银钱业务，也需要“借”、“贷”二字来记录，以保持账簿记录的统一。这样，“借”、“贷”二字逐渐失去原来的经济含义，而转化为纯粹的记账符号，成为会计学上的专门术语和国际商业语言。

（二）账户结构

在借贷记账下，任何账户的基本结构都分为借方和贷方两个部分，通常规定左方为“借方”，右方为“贷方”，并且所有账户的借方和贷方都要按相反的方向记录，即如果一个账户借方登记增加额，则贷方登记减少额；反之，贷方登记增加额，则借方登记减少额。至于哪一方登记增加，哪一方登记减少，则取于账户所反映的经济业务的内容或账户的性质。

为了保证记账的科学性和简明性，按惯例对借贷记账下的各类账户结构作了如下的规定。

1. 资产类账户的结构

资产的增加金额记入账户的借方，减少金额记入账户的贷方。账户若有余额，一般是在借方，表示期末的资产余额。每一会计期间借方所记录的金额合计称为借方本期发生额，贷方所记录的金额合计称为贷方本期发生额。资产类账户的期末余额可根据下列公式计算：

借方期末余额 = 借方期初余额 + 借方本期发生额 − 贷方本期发生额

资产类账户的结构见图4.1。

借方　　账户名称（会计科目）　　贷方

借方	贷方
期初余额	
本期增加额	本期减少额
本期增加额合计（本期发生额）	本期减少额合计（本期发生额）
期末余额	

图4.1　资产类账户结构

2. 负债类和所有者权益类账户的结构

负债类账户和所有者权益类账户的记录方法相同,即负债和所有者权益的增加金额记入账户的贷方,减少金额记入账户的借方。账户若有余额,一般为贷方余额,表示期末负债余额和期末所有者权益余额。负债类和所有者权益类账户的期末余额可根据下列公式计算:

贷方期末余额=贷方期初余额+贷方本期发生额-借方本期发生额

负债类和所有者权益类账户的结构见图4.2。

账户名称(会计科目)

借方	贷方
	期初余额
本期减少额	本期增加额
本期减少额合计(本期发生额)	本期增加额合计(本期发生额)
	期末余额

图4.2 负债类和所有者权益类账户结构

3. 收入类账户的结构

收入类账户的记录方法与负债类和所有者权益类账户基本相同,即收入的增加额记入账户贷方,收入的减少额记入账户的借方。会计期末,本期收入增加额减去本期收入减少额后的差额为转销额,转入"本年利润"。所以收入类账户一般没有期末余额。收入类账户的结构见图4.3。

账户名称(会计科目)

借方	贷方
本期减少额或转销额	本期增加额
本期减少额合计(本期发生额)	本期增加额合计(本期发生额)

图4.3 收入类账户结构

4. 费用类账户的结构

费用类账户的记录方法与负债类和所有者权益类账户相反,与资产类账户基本相同,即成本费用的增加额记入账户的借方,减少额记入账户的贷方,会计期末,本期费用增加额减去本期费用减少额的差额为转销额,转入"本年利润"账户,所以费用类账户一般没有期末余额,若有余额,必定为借方余额。费用类账户结构见图4.4。

账户名称(会计科目)

借方	贷方
本期增加额	本期减少额或转销额
本期增加额合计(本期发生额)	本期减少额合计(本期发生额)

图4.4 费用类账户结构

通过上面分析,各类账户的结构可归纳如下:

借方	贷方
资产(+)	资产(-)
负债(-)	负债(+)
所有者权益(-)	所有者权益(+)
收入(-)	收入(+)
费用(+)	费用(-)

值得一提的是:

(1) 借贷记账法下可以设置双重性质账户,既可反映资产又可反映负债。登记资产的增加和减少时,比照资产类账户结构进行记录;登记负债的增加和减少时,比照负债类账户结构进行记录;期末余额可能在借方,也可能在贷方。

(2) 上述账户余额方向只是一般情况,而非肯定状态,如"累计折旧"账户虽归为资产类,其余额却在贷方。

小思考

通常情况下,账户可提供的指标有期初余额、本期借方发生额、本期贷方发生额、期末余额。账户的本期期初余额与本期期末余额是否都在一个方向?

思考提示

对于多数账户来说是这样,但有些账户会出现不一致的情况,如应收账款、应交税费等账户。

(三) 记账规则

企业对于发生的各项经济业务所引起的会计要素变化,需借助于借贷记账法来反映、记录。然而,对于所发生的大量的、纷繁复杂的经济业务,在记录和记账时,是否有一定规律可循。也就是说,在处理企业众多的经济业务时,能否从中找出它们的共同点,总结出处理经济业务的一般规律性。

前已述及,经济业务发生引起会计要素增减变化的情况不外乎四种类型,而这四种类型中的每一种类型,都可以用借贷两方把它们记录下来。因此,在借贷记账法下,对于任何一项经济业务,不论只涉及资产类账户,或只涉及负债类账户与所有者权益类账户,或同时涉及资产和负债、所有者权益类账户,都必须以相等金额,记入一个(或几个)账户的借方和另一个(或几个)账户的贷方,这就是借贷记账法的记账规则,概括为"有借必有贷,借贷必相等"。

在实际运用借贷记账法的记账规则记录经济业务时,需考虑以下三个问题:

① 一笔经济业务发生,需在哪两个或两个以上账户中登记;

② 所涉及的账户是属于哪一类账户,是资产类还是权益类;

③ 根据不同性质账户的结构,确定经济业务的增加金额和减少金额的记账方位,即是记在借方还是贷方。

现举例说明借贷记账法的记账规则。

【例 4.1】 华强公司 7 月初有关账户的余额见图 4.5。

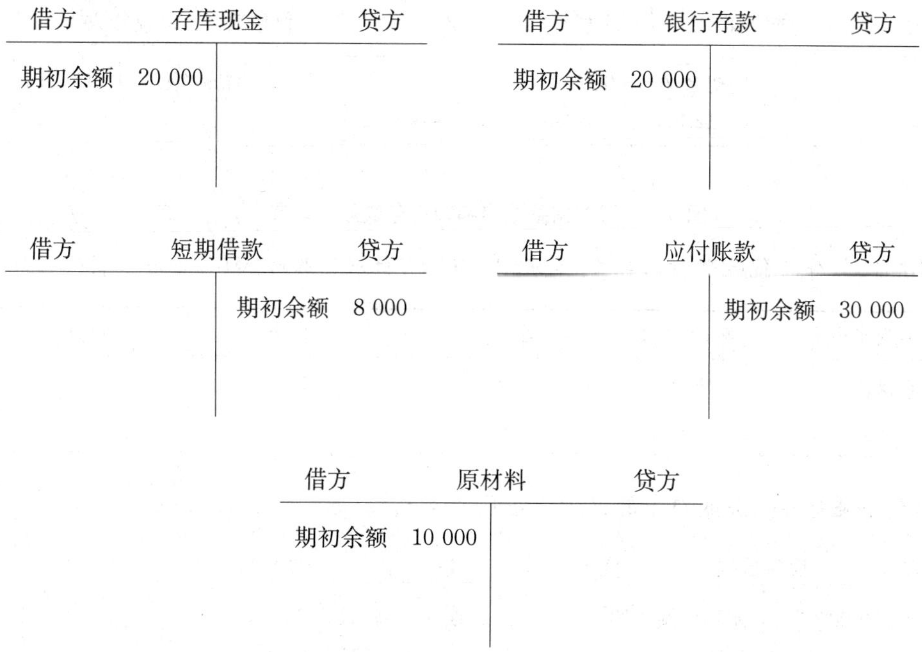

图 4.5 账户期初余额

华强公司 7 月份发生如下经济业务：

1. 3 日，从银行提取现金 1 500 元，备用。对这笔经济业务分析如下：

受影响账户	账户类别	金额变化	借方	贷方
库存现金	资产	增加	1 500	
银行存款	资产	减少		1 500

该笔经济业务在相关账户中的记录方法见图 4.6。

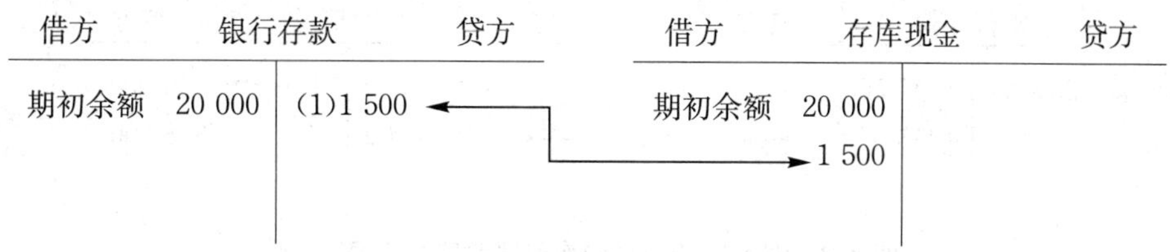

图 4.6 银行存款账户和库存现金账户记录

2. 8 日，向银行借款 12 000 元偿还前欠外单位货款。

受影响账户	账户类别	金额变化	借方	贷方
应付账款	负债	减少	12 000	
短期借款	负债	增加		12 000

该笔经济业务在账户中的记录方法见图 4.7。

借方　短期借款	贷方	借方　应付账款	贷方
	期初余额　8 000		期初余额　30 000
	(2)12 000　←→	(2)12 000	

图 4.7　短期借款账户和银行存款账户记录

3. 13 日，从外单位赊购材料一批，金额 8 000 元，材料已验收入库，货款未付。

受影响账户	账户类别	金额变化	借方	贷方
原材料	资产	增加	8 000	
应付账款	负债	增加		8 000

该笔经济业务在相关账户中的记录方法见图 4.8。

借方　应付账款	贷方	借方　原材料	贷方
(2)12 000	期初余额　30 000	期初余额　10 000	
	(3)8 000　←→	(3)8 000	

图 4.8　应付账款账户和原材料账户记录

4. 20 日，以银行存款 8 000 元偿还 13 日所欠货款。

受影响账户	账户类别	金额变化	借方	贷方
应付账款	负债	减少	8 000	
银行存款	资产	增加		8 000

该笔经济业务在相关账户中的记录方法见图 4.9。

借方　银行存款	贷方	借方　应付账款	贷方
期初余额　200 000	(1)1 500	(2)12 000	期初余额　30 000
	(4)8 000　←→	(4)8 000	(3)8 000

图 4.9　银行存款账户和应付账款账户记录

账户的对应关系与对应账户

在运用借贷记账法记录经济业务时，对每项经济业务都必须在两个或两个以上账户的借方和贷方相互联系地进行反映。因此有关账户之间就会形成应借、应贷的相互关系（或是一个账户的借方与另一个账户的贷方；或是几个账户的借方和一个账户的贷方；或是一个账户的借方与几个账户的贷方相互发生联系）。账户之间的这种相互关系，在会计上就被称为账户的对应关系。存在着对应关系的账户，就互为对应账户。

例如，以银行存款 8 000 元偿还所欠货款。这笔经济业务发生后，就要记入“应付账款”账户的借方和“银行存款”账户的贷方。那么，通过这笔经济业务，就使得“应付账款”和“银行存款”这两个账户形成应借、应贷的对应关系，并且这两个账户也就成为对应账户。可参见图 4.9。

此外，账户之间所形成的对应关系，客观上可以起到以下作用：

① 通过账户的对应关系，可以了解经济业务的内容和来龙去脉；

② 通过账户的对应关系，可以判明经济业务处理的合理性和合法性。

为了保证账户对应关系的正确性，有必要在把经济业务记入账户之前，首先对该项经济业务加以分析，正确确定该项经济业务所涉及的账户名称以及借贷方向和金额即编制会计分录。

所谓会计分录，就是对每项经济业务指明其应借、应贷的账户名称和金额的一种记录。会计分录主要包括三个基本要素：账户（包括明细账户）的名称、记账方向（借、贷）和业务发生额。

会计分录按照账户对应关系的复杂程度，可分为简单会计分录和复合会计分录。

简单会计分录是仅在两个账户之间发生对应关系的分录，即一借一贷的会计分录。

复合分录是在两个以上账户之间发生对应关系的分录，包括以一个账户的借方和另几个账户的贷方；或以一个账户的贷方和另几个账户的借方；或以几个账户的借方和几个账户的贷方，相对应而组成的会计分录。

【例 4.2】 接前例，根据 7 月份所发生的经济业务，可编制以下会计分录：

(1)借：库存现金	1 500	
贷：银行存款		1 500
(2)借：应付账款	12 000	
贷：短期借款		12 000
(3)借：原材料	8 000	
贷：应付账款		8 000
(4)借：应付账款	8 000	
贷：银行存款		8 000

小思考

会计分录是登记账户的依据，如果分录编制错误，会导致账户登记错误。因此，在编制会计分录时除了要对经济业务进行分析，确定应借、应贷的账户和金额外，还应注意哪些问题？

思考提示

在作会计分录时应注意先记借方后记贷方，并且贷记符号不能写在借记符号的同一行上，即贷记符号应写在借记符号的下面一行；贷记符号应在借记符号基础上向右留空一格或两格，借贷账户及金额均应叉栏列示；金额用阿拉伯数字，数字后不写元；为了全面、清晰地反映经济业务的来龙去脉，不得将不同的经济业务合并编制成为复合会计分录；会计分录主要用于理论教学，在实际工作中，会计分录是根据各项经济业务的原始凭证编制的，并在具有规定格式的记账凭证中标明。

（四）试算平衡

在运用借贷记账法记录经济业务时，可能会发生一些人为的差错。为此，还必须确立用于检查、验证账户记录是否正确的方法，以便找出错误及其原因，及时更正。

1. 试算平衡的涵义

所谓试算平衡，就是利用借贷相等的平衡关系来检查所有总账账户记录是否正确、完整的一种方法。

在借贷记账法下，按照“有借必有贷，借贷必相等”的记账规则记账，就使得根据每一项经济业务所编制的会计分录，借贷两方的发生额都必然相等；在一定时期内，全部账户的借贷方本期发生额合计是每一项经济业务的会计分录中借贷方发生额的累积。因此，将一定时期内（如1个月）反映全部经济业务的所有会计分录都记入有关账户后，所有账户的借方本期发生额合计数与贷方本期发生额合计数也必然是相等的；所有账户的期末余额，又是以一定的积累发生额为基础进行计算的结果，与此相适应，所有账户的借方期末余额合计数与贷方余额合计数也是必然相等的。

无论是“发生额平衡”，还是“余额平衡”，都是依据“资产＝权益”的平衡原理推导出来的。然而，如果在记账过程中发生了差错，就可能使借贷金额出现不平衡。如果借贷不平衡，则不仅是账户记录出现错误，还会导致以账户记录为依据而编制的会计报表出现错误。因此，为了检查和验证账户记录是否正确，以便及时找出差错及其原因，并予以更正，就必须定期进行试算平衡。

2. 试算平衡的种类

借贷记账法的试算平衡有发生额试算平衡法和余额试算平衡法两种。

（1）发生额试算平衡法

发生额试算平衡法是用来检查全部账户的借贷方发生额是否相等的方法。其计算公式为：

全部账户借方本期发生额合计＝全部账户贷方本期发生额合计

（2）余额试算平衡法

余额试算平衡法是用来检查全部账户的借方期末余额会计和贷方期末余额合计是否相等的方法。其计算公式为：

全部账户借方期末余额合计＝全部账户贷方期末余额合计

这两种方法通常是在月末结出各个账户的本月发生额和月末余额后，依据上述两式分别编制“总分类账户本期发生额试算表”和“总分类账户期末余额试算表”，或综合编制“总分类账户本期发生额和余额试算平衡表”，来进行试算平衡的。

【例4.3】 假定华强公司8月初有关账户的余额见表4.1。

表4.1 账户期初余额表

单位：元

账户名称	借方余额	账户名称	贷方余额
银行存款	200 000	短期借款	100 000
应收账款	50 000	应付账款	50 000
固定资产	300 000	实收资本	400 000
合计	550 000	合计	550 000

该公司8月份发生了以下经济业务：

(1) 收到投资者投入的机器设备一套，价值230 000元。

(2) 以银行存款45 000元偿还银行短期借款。

(3) 收回三木公司前欠货款18 000元，存入银行存款户。

(4) 向银行借入短期借款30 000元，偿还前欠百川公司货款。

(5) 购入机器一台，价款150 000元，100 000元以银行存款支付，其余款暂欠。

(6) 将前欠帝豪公司货款50 000元转作帝豪公司对本公司的投资。

要求：① 根据期初余额开设“T”型账户，并登记期初余额；

② 根据所给的8月份的经济业务资料编制会计分录，并记入有关账户；

③ 结出各账户的本期发生额和期末余额；

④ 编制总分类账户的综合试算平衡表。

解答过程如下：

第一步：按照表4.1资料开设账户，登记期初余额见(图4.10)。

借方	银行存款	贷方
期初余额 20 000		

借方	应收账款	贷方
期初余额 50 000		

借方	固体资产	贷方
期初余额 300 000		

借方	短期贷款	贷方
		期初余额 100 000

借方	应付账款	贷方
		期初余额 50 000

借方	实收资本	贷方
		期初余额 400 000

图4.10 期初余额

第二步：对发生的经济业务作会计分录如下，并且把会计分录记入图4.10中，得到图4.11的结果。

(1)借：固定资产 230 000

贷：实收资本 230 000

(2)借：短期借款 45 000

贷：银行存款 45 000

(3)借：银行存款 18 000

贷：应收账款 18 000

(4)借：应付账款 30 000

贷：短期借款 30 000

(5)借:固定资产 150 000

贷:银行存款 100 000

应付账款 50 000

(6)借:应付账款 50 000

贷:实收资本 50 000

各项经济业务编制会计分录以后,应及时记入有关账户,这个记账步骤通常称为"过账"。过账以后,一般要在月末进行结账,即结计出每个账户的本期发生额和期末余额。现将以上经济业务的会计分录记入下列各账户,并计算出各账户的本期发生额和期末余额,各账户记录如图4.11:

银行存款

借方	贷方
期初余额 20 000	(2)45 000
(3)18 000	(5)100 000
本期发生额 18 000	本期发生额 145 000
期末余额 73 000	

应收账款

借方	贷方
期初余额 50 000	(3)18 000
本期发生额 —	本期发生额 18 000
期末余额 32 000	

固体资产

借方	贷方
期初余额 300 000	
(1)230 000	
(5)150 000	
本期发生额 380 000	本期发生额 —
期末余额 680 000	

短期借款

借方	贷方
(2)45 000	期初余额 100 00
	(4)30 000
本期发生额 45 000	本期发生额 30 000
	期末余额 85 000

应付账款

借方	贷方
	期初余额 50 000
(4)30 000	(5)50 000
(6)50 000	
本期发生额 80 000	本期发生额 50 000
	期末余额 20 000

实收资本

借方	贷方
	期初余额 400 00
	(1)230 000
	(6)50 000
本期发生额 —	本期发生额 280 000
	期末余额 68 000

图4.11 各财产记录

第三步:根据以上记录,即可编制综合的总分类账户试算平衡表,见表4.2。

表 4.2　总分类账户本期发生额和余额试算平衡表

2011 年 8 月 31 日　　单位:元

账户名称	期初余额		本期发生额		期末余额	
	借方	贷方	借方	贷方	借方	贷方
银行存款	200 000		18 000	145 000	73 000	
应收账款	50 000			18 000	32 000	
固定资产	300 000		380 000		680 000	
短期借款		100 000	45 000	30 000		85 000
应付账款		50 000	80 000	50 000		20 000
实收资本		400 000		280 000		680 000
合计	550 000	550 000	523 000	523 000	785 000	785 000

必须指出,试算平衡只是通过借贷金额是否平衡来检查账户记录是否正确。如果借贷不平衡,就可以肯定账户记录或计算有错误,应查找原因并予以更正。但如果借贷平衡,却不能肯定记账没有错误,因为有些记账错误并不影响借贷方的平衡。所以,应对会计记录进行经常或定期的复核,以保证账户记录的正确性。

小思考

通常哪些记账错误不能通过试算平衡发现?

思考提示

不能通过试算平衡发现的记账错误主要有:某项经济业务全部漏记或重记;一笔经济业务在记录时,借贷双方同时多记或少记相同金额;一笔经济业务在编制会计分录时,应借、应贷账户互相颠倒,或错记账户名称;借方或贷方的各项目金额偶然一多一少,恰好抵消等。

本章小结

记账方法是指将发生的经济业务记录在相应的账户中的方法。按会计发展的历史,记账方法有两类:一是单式记账法,二是复式记账法。

复式记账法,是指对发生的每一项经济业务都要以相等的金额在两个或两个以上的账户中相互联系地进行记录的一种记账方法。其基本原理即理论依据是"资产=负债+所有者权益"。复式记账法按照技术特点不同可分为借贷记账法、增减记账法和收付记账法。目前各国普遍采用的是借贷记账法。

借贷记账法是以"借"、"贷"作为记账符号,以会计等式为理论依据,以"有借必有贷、借贷必相等"为记账规则,对每一项经济业务在两个或两个以上的账户中,以借贷相等的金额全面地、相互联系地进行记录的一种复式记账法。借贷记账法理论的依据为"资产=权益"或"资产=负债+所有者权益"。根据该等式确定借贷记账法的账户设置、记账方向、记账规则和试算平衡。

借贷记账法的主要内容包括:

(1) 记账符号为"借"和"贷"。

(2) 记账规则为“有借必有贷,借贷必相等”。

(3) 账户可以设置为资产类、负债类、所有者权益类、收入类和费用类。基本结构是资产类、费用类账户借方记录增加数,贷方记录减少数,期末若有余额一般在借方;负债类、所有者权益类、收入类账户贷方记录增加数,借方记录减少数,期末若有余额,一般在贷方。

(4) 会计分录是对每项经济业务指明其应记入账户的名称、应借应贷的方向及其金额的一种记录。其由三个基本要素构成,即记账符号、账户名称、金额。分录按反映经济业务复杂程度可分为简单分录(一借一贷的分录)和复合分录(一借多贷、多借一贷、多借多贷)。在实际业务中会计分录表现为记账凭证。

(5) 试算平衡是指利用借贷相等的平衡关系,来检查和验证账户记录正确性的一种方法。试算平衡的原理即理论依据是“资产 = 负债 + 所有者权益”和记账规则。试算平衡方法包括两种:

一是账户发生额试算平衡法,公式是:

全部账户本期借方发生额合计 = 全部账户本期贷方发生额合计

二是账户余额试算平衡法,公式是:

全部账户期初借方余额合计 = 全部账户期初贷方余额合计

全部账户期末借方余额合计 = 全部账户期末贷方余额合计

在会计实务中,试算平衡工作通常是通过编制“试算平衡表”来完成的。编制试算平衡表时,可以分别编制“总分类账户期末余额试算平衡表”和“总分类账户本期发生额试算平衡表”,也可以只编制一张“总分类账户本期发生额及余额试算平衡表”。

关键概念 复式记账法 借贷记账法 会计分录 账户对应关系 对应账户 试算平衡

知识训练

理论知识训练

一、单项选择题

1. 在复式记账法下,对每项经济业务都以相等的金额在(   )账户中进行登记。

A. 一个　B. 两个或更多　C. 两个　D. 有关

2. 借贷记账法的理论基础是(   )。

A. 会计要素　B. 会计原则　C. 会计等式　D. 复式记账法

3. 资产类账户的借方登记(   )。

A. 资产的增加　B. 资产的减少　C. 费用的转销　D. 收入的增加

4. 负债类账户的借方登记(   )。

A. 收入的增加　B. 费用的增加　C. 负债的增加　D. 负债的减少

5. 一般说来,资产类账户的期末余额应(   )。

A. 在账户的借方　B. 在账户的贷方　C. 在借方或贷方　D. 没有

6. 一般说来,负债账户的期末余额应(   )。

A. 在账户的借方　B. 在账户的贷方　C. 在借方或贷方　D. 没有

7. 对于收入类账户,下列说法中正确的是(   )。

A. 借方登记收入的结转数　B. 借方登记所取得的收入

C. 若有余额在借方，属于资产　　D. 若有余额在贷方，属于负债

8. 下列会计分录中，属于简单会计分录的是(　　)的会计分录。

A. 一借多贷　　B. 一贷多借　　C. 一借一贷　　D. 多借多贷

9. 为了全面地、清晰地反映经济业务的来龙去脉，不得将不同的经济业务合并编制成为(　　)的会计分录。

A. 一借一贷　　B. 一借多贷　　C. 一贷多贷　　D. 多借多贷

10. 下列记账错误可以通过试算平衡发现的有(　　)。

A. 漏记经济业务　B. 重记经济业务　C. 借贷方向颠倒　D. 借贷金额不等

二、多项选择题

1. 借贷记账法的试算平衡有(　　)。

A. 发生额平衡　　B. 余额平衡　　C. 会计要素平衡　D. 借贷平衡

2. 复合会计分录有(　　)的会计分录。

A. 一借一贷　　B. 一借多贷　　C. 一贷多借　　D. 多借多贷

3. 编制会计分录时，必须考虑(　　)。

A. 经济业务发生导致会计要素的变动是增加还是减少

B. 登记哪些账户

C. 记入账户的是借方还是贷方

D. 账户的余额在借方还是贷方

4. 下列错误中，不能通过试算平衡发现的有(　　)。

A. 某项经济业务未登记入账　　B. 借贷双方同时多记了相等的金额

C. 只登记了借方金额，未登记贷方金额　D. 应借应贷的账户中错记了借贷方向

5. 在借贷记账法下，账户的贷方登记(　　)。

A. 资产的增加　　B. 负债的增加　　C. 费用的增加　　D. 收入的增加

6. 在借贷记账法下，账户的借方登记(　　)。

A. 资产的减少　　B. 负债的减少　　C. 费用的减少　　D. 所有者权益的减少

7. 下列各个账户中，期末可能有借方余额的是(　　)。

A. 原材料　　B. 短期借款　　C. 实收资本　　D. 生产成本

8. 下列各个账户中，期末可能有贷方余额的是(　　)。

A. 库存现金　　B. 应付账款　　C. 盈余公积　　D. 固定资产

9. (　　)属于资产中有关项目有借有贷的经济业务。

A. 收到某单位还来欠款 800 元　　B. 向银行借入短期借款 10 000 元

C. 以银行存款 2 000 元购买机器一台　D. 从银行提取现金 500 元

10. (　　)通常没有余额。

A. 资产类账户　　B. 负债类账户　　C. 收入类账户

D. 所有者权益类账户　　E. 费用类

三、判断题

1. 复式记账可以反映每一项经济业务的来龙去脉。(　　)

2. 借贷记账法下，每个账户的基本结构均为左方为借方、右方为贷方。(　　)

3. 在借贷记账法下，只要借贷金额相等，账户记录就肯定正确。(　　)

4. 在借贷记账法中，“借”、“贷”已失去了原来的字面含义，纯粹是记账符号，故对于所

有账户而言,“借”为增加,“贷”为减少。 (　　)

5. 账户记录试算平衡,说明记账肯定无差错。 (　　)

6. 所有账户期末余额的方向,与本期增加额登记方向完全相同。 (　　)

7. 账户本期借方发生额合计与贷方发生额合计肯定相等。 (　　)

8. 每一笔会计分录,均应同时具备账户名称、记账方向和记账金额三项基本内容。 (　　)

9. 借贷记账法与其他复式记账法的主要区别在于以“借”、“贷”为记账符号。 (　　)

10. 对于不同性质的账户,“借”、“贷”的含义有所不同。 (　　)

四、思考题

1. 何谓复式记账法?复式记账法有何特征?为什么说复式记账法是一种比较科学的记账方法?

2. 何谓借贷记账法?其基本内容主要包括哪些方面?

3. 借贷记账法的理论依据是什么?如何理解“有借必有贷,借贷必相等”这一记账规则?

4. 何谓会计分录?会计分录有哪些类型?正确编制会计分录的基本步骤包括哪些?

5. 会计核算记录为何要试算平衡?试算平衡的依据是什么?

6. 哪些记账错误在试算平衡时不易被发现,为什么?

业务技术训练

训练一

【训练目的】

练习应用借贷记账法编制会计分录、登记账户和试算平衡。

【训练资料】

宏图公司 2011 年 10 月 1 日有关账户余额见表 4.3。

表 4.3　账户余额表

单位:元

资产		负债和所有者权益	
账户名称	金额	账户名称	金额
库存现金	5 000	短期借款	165 000
银行存款	200 000	应付票据	45 000
应收账款	80 000	其他应付款	12 000
其他应收款	6 000	应交税费	28 000
原材料	150 000	应付股利	220 000
生产成本	30 000	实收资本	1 000 000
库存商品	124 000	资本公积	125 000
固定资产	850 000	盈余公积	55 000
长期股权投资	205 000		
资产合计	1 650 000	权益合计	1 650 000

该公司 10 月份发生如下经济业务：

1. 以银行存款 30 500 元偿还短期借款。
2. 销售商品一批，价款 200 000 元，增值税额 34 000 元，款项均已收到并存入银行。
3. 产品生产领用原材料 126 000 元。
4. 购买材料一批，价款 100 000 元，增值税额 17 000 元，签发转账支票结算。
5. 上项采购材料运到，验收入库。
6. 应付商业汇票 30 000 元到期，以银行存款承兑支付。
7. 购买设备一台，含税价款 108 000 元，货款尚未支付，另以现金支付运杂费 150 元。
8. 接受投资者投入货币资金 350 000 元。
9. 以银行存款缴纳应交税金 28 000 元。
10. 以银行存款发放股东股利 200 000 元。
11. 职工张强预借差旅费 1 000 元，签发现金支票付讫。
12. 以银行存款购买 3 年期国库券 80 000 元，准备持有至到期。
13. 职工张强报销差旅费 1 200 元(此前暂借 1 000 元)，差额以现金找补。
14. 生产完工产品一批，成本 105 000 元，已验收入库。
15. 将资本公积金 100 000 元，经批准转增资本金。

【训练要求】

1. 根据月初资料开设账户，登记期初余额；
2. 根据本月发生的经济业务，运用借贷记账法编制会计分录；
3. 根据会计分录登记有关账户；
4. 结计每个账户的本月发生额和月末余额；
5. 根据全部账户月初余额、本月发生额和月末余额编制试算平衡表，并进行试算平衡。

训练二

【训练目的】

练习对账户的对应关系和对应账户及其经济内容的理解。

【训练资料】

美佳公司 2011 年 11 月部分账户记录如图 4.12 所示：

库存现金

借方	贷方
期初余额:3 500	(1)1 200
(8)300	(11)2 700
(12)3 000	

在途物资

借方	贷方
(2)100 000	

银行存款

借方	贷方
期初余额:250 000	(2)117 000
(3)100 000	(4)50 000
(13)80 000	(6)35 000
(15)33 000	(7)12 500
	(10)35 000
	(12)3 000
	(14)13 000

图 4.12 账户记录

原材料	
期初余额:1 500	(5)110 000

应收账款	
期初余额:100 000	(13)80 000
(3)134 000	

其他应收款	
期初余额:1 500	(8)1 500
(1)1 200	

固体资产	
期初余额:950 000	
(4)150 000	

生产成本	
期初余额:180 000	
(5)110 000	

制造费用	
(7)12 500	
(9)3 500	

累计折旧	
	期初余额:165 000
	(9)5 000

短期借款	
(6)35 000	期初余额:50 000
	(15)33 000

应付账款	
(14)13 000	期初余额:3 000
	(4)100 000

管理费用	
(8)1 200	
(9)1 500	
(11)2 700	

应产税费	
(2)17 000	期初余额:18 000
(10)35 000	(3)34 000

主营业务收入	
	(3)200 000

图 4.12　账户记录(续图)

【训练要求】

根据上述账户的对应关系,用文字描述以上对应账户登记的经济业务内容,并写出会计分录。

第五章　借贷记账法在产品制造企业会计中的运用

学习目标

了解产品制造企业的生产经营过程与主要经济活动;明确产品制造企业的资金筹集,材料物资购置与供应,产品生产、产品销售、财务成果的形成与分配等业务的会计核算方法;并熟练掌握借贷记账法在产品制造企业会计核算中的运用。

企业是以赢利为目的,运用生产要素,从事商品生产、流通和服务活动,依法自主经营、自负盈亏、自我发展,并具有独立法人资格的经济组织。按企业财产的组织形式和所承担的法律责任不同,分为独资企业、合伙企业、公司制企业等;按企业所从事经济活动内容的不同,分为产品制造企业、商品流通企业、金融企业、餐饮旅游服务企业等。

产品制造企业是从事产品生产与销售的单位,其完整的生产经营过程包括材料物资的供应过程、产品生产过程、产品销售过程。企业要从事生产经营活动,必须有一定数量的经营资金,这些资金需要企业筹集;企业在生产经营过程中获得的各项收入要按配比原则抵偿各项成本费用,形成企业利润;企业实现的利润,一部分以所得税形式上缴国家,另一部分是税后利润,要按规定的分配顺序合理分配;通过分配,一部分资金退出企业,一部分资金以公积金形式参加企业的资金周转。

综上所述,产品制造企业的经济活动(业务)包括资金筹集业务、材料物资供应业务、产品生产业务、产品销售业务、财务成果的形成与分配业务、资金退出业务等。以上业务都是产品制造企业会计核算的内容。

第一节　资金筹集业务的核算

一、核算内容

企业的生存与发展,离不开资产要素的存在,资产是企业进行生产经营活动的物质基础。形成资产的资金来源主要有两方面:一是投资人的投资及其增值,即资本性筹资,包括国家投资、法人投资、外商投资、个人投资,形成投资人权益,即所有者权益;二是向债权人借入的,即债务性筹资,包括短期借款、长期借款、因结算而产生的应付账款等,形成债权人权益,即企业的负债。

与企业资产的资金来源相适应,企业资金筹集业务主要包括吸收投资业务和举债业务两方面。本节主要介绍投资人投入资金业务与向金融机构借款业务的核算。投资人投入资金,从其组成内容看,有货币资金投资、材料物资投资、固定资产投资、无形资产投资等;向金融机构借款,按还款期限长短分为短期借款和长期借款。短期借款是还款期限在一年及一年以下的借款,还款期限超过一年的借款属于长期借款。

二、账户的设置

(一) 实收资本

所有者权益类账户,用来核算企业接收投资人投入的实收资本。贷方反映投资人投入企业的资本及按规定转增资本的数额,借方一般无发生额,经董事会批准的法定减资,要在借方登记。期末余额在贷方,表示企业期末的实收资本总额。本账户应按不同的投资人设置明细分类账户,进行明细分类核算。股份有限公司设置“股本”账户进行实收资本(股本)的核算。

(二) 银行存款

资产类账户,用来核算企业存入银行或其他金融机构的各种存款。借方登记银行存款的增加,贷方登记银行存款的减少,期末余额在借方,表示企业期末存在银行与其他金融机构的存款数额。本账户应按开户银行设置明细分类账户,进行明细分类核算。

(三) 固定资产

资产类账户,用来核算企业持有的固定资产原价。借方登记固定资产原价的增加数额,贷方登记固定资产原价的减少数额,期末余额在借方,表示期末实际结存的固定资产原价。本账户应按固定资产类别和项目设置明细分类账户,进行明细分类核算。

(四) 无形资产

资产类账户,用来核算企业持有的无形资产成本。借方登记无形资产的增加数额,贷方登记无形资产的减少数额,期末余额在借方,表示期末无形资产的成本。本账户可按无形资产项目设置明细分类账户,进行明细分类核算。

(五) 短期借款

负债类账户,用来核算企业向银行或其他金融机构借入的期限在一年以下(含一年)的各种借款。贷方登记企业取得的借款数额,借方登记归还借款的数额,期末余额在贷方,表示企业期末尚未归还的短期借款。短期借款利息计入财务费用,不通过本账户核算。本账户应按短期借款的种类设置明细分类账户,进行明细分类核算。

(六) 长期借款

负债类账户,用来核算企业向银行或其他金融机构借入的期限在一年以上(不含一年)的各种借款。贷方登记企业取得的长期借款,借方登记企业偿还的长期借款,期末余额在贷方，表示尚未归还的长期借款。本账户可按贷款单位和贷款种类，分别对"本金"、"利息调整"等进行明细分类核算。

（七）财务费用

损益类账户，用来核算企业为筹集生产经营所需资金等而发生的筹资费用，包括利息支出（减利息收入）、汇兑损益及相关手续费用等。借方登记企业发生的各项财务费用，贷方登记期末转入"本年利润"的财务费用，期末结转后本账户无余额。本账户应按财务费用项目进行明细分类核算。

（八）应付利息

负债类账户，用来核算企业按合同约定应支付的利息。贷方登记按合同约定应付而未付的利息，借方登记支付的利息，期末余额在贷方，表示企业期末应付未付的利息。本账户可按债权人设置明细分类账户，进行明细分类核算。

三、核算举例

（一）实收资本的核算

实收资本是企业的投资者按照企业章程或合同、协议的约定，实际投入企业的资本金。投资人可用货币资金投资，也可以用材料物资、固定资产、无形资产等形式投资。

【例 5.1】 智瑞公司接受华泰公司投入货币资金 300 000 元，存入银行。

企业接受投资人投资，一方面增加企业的资产，另一方面增加企业的实收资本。

该项经济业务发生后，企业的银行存款增加了 300 000 元，同时实收资本也增加 300 000 元。编制的会计分录如下：

借：银行存款　　300 000

　　贷：实收资本——华泰公司　　300 000

【例 5.2】 智瑞公司接受国安公司投入一套甲设备，该套设备评估确认价为 200 000 元。

企业接受投资人投入实物资产，应进行资产评估，按评估确认价进行相应的会计处理。

该项经济业务发生后，企业的固定资产增加了 200 000 元，同时实收资本也增加 200 000 元。编制的会计分录如下：

借：固定资产——甲设备　　200 000

　　贷：实收资本——国安公司　　200 000

【例 5.3】 智瑞公司接受光明新技术开发公司投入一项专利权，评估确认价值为 100 000 元。

专利权属于企业的无形资产，通过"无形资产"账户进行核算。

该项经济业务发生后，企业的无形资产增加了 100 000 元，同时实收资本也增加 100 000 元。编制的会计分录如下：

借：无形资产——专利权　　100 000

　　贷：实收资本——光明新技术开发公司　　100 000

(二) 借款的核算

【例 5.4】 智瑞公司因生产经营的临时周转需要,向银行借入利息率为 6%、期限为 6 个月的短期借款 200 000 元,存入银行。

该项经济业务发生后,企业的短期借款增加了 200 000 元,同时银行存款也增加 200 000 元。编制的会计分录如下:

借:银行存款　　200 000
　　贷:短期借款——生产周转借款　　200 000

【例 5.5】 智瑞公司为购入一套自动化设备,向建设银行取得利息率为 9%、期限为3 年的长期借款 600 000 元,存入银行。

该项经济业务发生后,企业的长期借款增加了 600 000 元,同时银行存款也增加 600 000 元。编制的会计分录如下:

借:银行存款　　600 000
　　贷:长期借款　　600 000

【例 5.6】 智瑞公司月末计提短期借款利息 1 000 元,长期借款利息 4 500 元。

计提尚未支付的借款利息,一方面增加企业的财务费用,另一方面增加企业的应付利息。

该项经济业务发生后,企业的财务费用增加了 5 500 元,同时应付利息也增加 5 500 元。编制的会计分录如下:

借:财务费用——利息支出　　5 500
　　贷:应付利息——短期借款　　1 000
　　　　　　　　——长期借款　　4 500

小思考

短期借款利息与长期借款利息的会计处理完全一致吗?

思考提示

不一致。长期借款利息要分别长期借款的具体用途借记在建工程、制造费用、财务费用、研发支出等有关账户,短期借款的利息则直接计入财务费用。

第二节　采购供应业务的核算

一、核算内容

采购供应过程是为企业生产产品做准备的过程。为了生产产品,企业要做很多方面的准备，特别是劳动资料的准备（即购建固定资产）和劳动对象的准备（即购买原材料）等。

（一）固定资产购置业务

固定资产是指为生产商品、提供劳务、出租或经营管理而持有的，且使用寿命超过一个会计期间的有形资产。企业发生固定资产购置业务后，一方面增加企业的固定资产，另一方面要支付购置费用，发生购置支出。企业取得固定资产，要按发生的实际成本入账核算。因此，固定资产购置业务会计核算的关键就是确定固定资产购置成本。外购固定资产的成本，包括购买价款、进口关税和其他税费，使固定资产达到预定可使用状态前所发生的可归属于该项资产的场地整理费、运输费、装卸费、安装费和专业人员服务费等。自行建造固定资产的成本，由建造该项资产达到预定可使用状态前所发生的必要支出构成。一般来说，固定资产取得时的实际成本主要包括固定资产的买价、运输费、保险费、包装费、增值税、安装成本等。

（二）材料采购业务

企业要进行正常的生产经营活动，就必须购买和储备一定品种和数量的材料物资，这是生产产品不可缺少的物质条件。企业的材料物资，通常都是向外单位采购。材料采购过程中，一方面企业从供应单位购进各种材料，另一方面企业要按经济合同和约定的结算办法支付材料物资的购买价格和各种采购费用（如运输费、包装费、装卸费、保险费等），与供应单位发生货款的结算关系，同时按税法规定，还应向供应单位支付增值税的进项税额。因此，材料货款的结算、采购费用的支付、材料采购成本的计算（下一章介绍）、增值税进项税额的结算、材料验收入库等均为材料采购业务的内容。与之相适应，以上内容都是采购业务会计核算的主要事项。

二、账户的设置

（一）在途物资

资产类账户，用来核算企业实际成本，进行材料、商品等物资的核算，货款已付尚未验收入库的在途物资的采购成本。借方登记外购材料物资的实际采购成本（包括买价与采购费用），贷方登记验收入库材料物资的实际成本，期末余额在借方，表示尚未验收入库的在途材料物资实际成本。本账户可按材料物资的品种设置明细分类账户，进行明细分类核算。

（二）原材料

资产类账户，用来核算企业各种原材料，包括原料及主要材料、辅助材料、外购半成品（外购件）、修理用备件（备品备件）、包装材料、燃料等的收入、发出、结存情况。借方登记验收入库材料的成本，贷方登记发出材料的成本，期末余额在借方，表示期末仓库库存材料的成本。本账户应按材料类别、品种、规格等设置明细分类账户，进行明细分类核算。

（三）周转材料

资产类账户，用来核算企业周转材料（包装物、低值易耗品等）的收入、发出、结存情况。

借方登记验收入库的周转材料成本，贷方登记发出或摊销的周转材料成本，期末余额在借方，表示期末在库周转材料的成本以及在用周转材料的摊余价值。本账户应按周转材料的种类设置明细分类账户，进行明细分类核算。

（四）应付账款

负债类账户，用来核算企业因购买材料、商品或接受劳务供应等经营活动应支付的款项。贷方登记购买材料、商品或接受劳务供应而应支付给对方单位的款项，借方登记支付的款项，期末余额在贷方，表示期末尚未支付的应付账款。本账户应按债权人设置明细分类账户，进行明细分类核算。

（五）应付票据

负债类账户，用来核算企业购买材料、商品或接受劳务供应等开出、承兑的商业汇票，包括银行承兑汇票和商业承兑汇票。贷方登记企业开出、承兑的商业汇票款项，借方登记到期偿还的商业汇票款，期末余额在贷方，表示期末尚未到期的商业汇票的票面金额。

（六）应交税费

负债类账户，用来核算企业按照税法等规定计算应交纳的各种税费，包括增值税、消费税、营业税、所得税、资源税、土地增值税、城市维护建设税、房产税、土地使用税、车船使用税、教育费附加、矿产资源补偿费等。贷方登记企业已确认的各种应交税费，借方登记企业实际上缴的各种税费，期末余额一般在贷方，表示应交未交的税费，若出现借方余额，表示多交或未抵扣的税费。本账户可按应交的税费项目设置明细分类账户，进行明细分类核算。

（七）预付账款

资产类账户，用来核算企业按合同规定预付给供货单位的款项。借方登记预付款项的增加，贷方登记收到货物时对预付账款数额的冲减，期末余额一般在借方，表示已经预付但尚未收到货物的款项。本账户可按供货单位设置明细分类账户，进行明细分类核算。

三、核算举例

（一）固定资产购置业务

【例 5.7】 智瑞公司购入一台不需要安装的设备，增值税专用发票上注明的价款为 49 412 元，增值税 8 400 元，另支付其他相关费用 2 000 元。设备已运达企业备用，上述款项均以存款支付。

购入设备支付的增值税可以抵扣，不计入设备原值，按支付的设备买价和其他相关费用计入固定资产的原始价值。编制的会计分录如下：

借：固定资产	51 412	
应交税费——应交增值税（进项税额）	8 400	
贷：银行存款		59 812

(二) 材料物资采购业务

【例 5.8】 智瑞公司向外地某单位购入甲材料 5 000 千克,每千克 10 元;乙材料 3 000 千克,每千克 20 元,增值税进项税额 18 700 元,款项已支付,材料尚未收到。

该项业务发生后,企业支付了购买材料的款项,银行存款减少,由于材料尚未入库,在途物资增加。增值税进项税额不得计入采购材料物资的成本。因此,本例中的甲材料入账成本为 50 000 元,乙入账成本为 60 000 元。编制的会计分录如下:

借:在途物资——甲材料　　50 000

　　　　　——乙材料　　60 000

　　应交税费——应交增值税(进项税额)　　18 700

　　贷:银行存款　　128 700

【例 5.9】 智瑞公司向外地某单位购入丙材料 4 000 千克,每千克 30 元,增值税进项税额 20 400 元,材料已验收入库,款尚未支付。

该项业务发生后,企业购买丙材料款项尚未支付,应付账款增加,材料已验收入库,原材料增加。增值税进项税额不得计入采购材料物资的成本。本例中的丙材料入账成本为 120 000 元。编制的会计分录如下:

借:原材料 ——丙材料　　120 000

　　应交税费——应交增值税(进项税额)　　20 400

　　贷:应付账款——某单位　　140 400

【例 5.10】 智瑞公司购入包装箱 500 只,每只单价 60 元,增值税进项税额 5 100 元,包装物已验收,开出期限为 6 个月的承兑商业汇票交对方。

该项业务发生后,企业购买包装物的款项采用商业汇票方式结算,应付票据增加,包装物已验收入库,周转材料增加。增值税进项税额不得计入采购包装物的成本。本例中的包装物入账成本为 30 000 元。编制的会计分录如下:

借:周转材料 ——包装物　　30 000

　　应交税费——应交增值税(进项税额)　　5 100

　　贷:应付票据　　35 100

【例 5.11】 智瑞公司购买的甲、乙材料验收入库,并以银行存款支付上述甲、乙材料的运输费用 3 200 元(按两种材料的重量比例分配,甲材料分配运输费用 2 000 元,乙材料分配运输费用 1 200 元)。

该项业务发生后,以银行存款支付运输费用,银行存款减少,两种材料的运输费用应计入各自材料的采购成本(具体采购成本计算将在下一章专门介绍),在途物资增加;另外,材料验收入库,还应将两种材料采购成本,由在途物资账户转入原材料账户。对此,本项业务应编制以下两笔会计分录:

(1) 支付运输费用

借:在途物资——甲材料　　2 000

　　　　　——乙材料　　1 200

　　贷:银行存款　　3 200

(2)结转入库材料成本

借:原材料 ——甲材料　　52 000

——乙材料　61 200

贷：在途物资——甲材料　52 000

——乙材料　61 200

小思考

什么是增值税，如何计算？

思考提示

从计税原理上说，增值税是对商品生产、流通、劳务服务中多个环节的新增价值或商品的附加值征收的一种流转税。实行价外税，也就是由消费者负担，有增值才征税没增值不征税，但在实际应用中，商品新增价值或附加值在生产和流通过程中是很难准确计算的。因此，我国也采用国际上普遍采用的税款抵扣的办法，即根据销售商品或劳务的销售额，按规定的税率计算出销项税额，然后扣除取得该商品或劳务时所支付的增值税款，也就是进项税额，其差额就是增值部分应交的税额，这种计算方法体现了按增值因素计税的原理。

公式为：应纳税额＝销项税额－进项税额。

第三节　产品生产业务的核算

一、核算内容

制造企业的主要经济活动是生产符合社会需要的产品。如果说资金筹集是制造企业生产经营的前提，物资采购是制造企业生产经营的基础，那么也可以说，生产加工是制造企业生产经营的中心，产品销售是制造企业生产经营的关键。生产过程是劳动者利用劳动资料对劳动对象进行加工，生产出劳动产品的过程。因此，在生产过程中，一方面要生产出劳动产品；另一方面，生产过程中要发生各种劳动耗费，包括劳动资料损耗费（折旧费用等）、劳动对象耗费（材料费等）、劳动者耗费（职工薪酬等）。制造企业在生产过程中发生的、用货币额表现的生产耗费叫生产费用，这些费用最终都要归集、分配到一定种类的产品上去，从而形成各种产品的成本。换言之，企业为生产一定种类、一定数量产品所支出的各种生产费用，叫产品成本，即产品成本是对象化（产品）的生产费用。产品成本包括直接材料、直接人工、制造费用等成本项目，如何进行产品成本的计算，将在下一章概括介绍。

以上所述的生产业务及其主要内容，必须进行相应的会计核算，以反映企业的生产耗费和生产成果。

二、账户的设置

（一）生产成本

成本类、资产类双重性的账户，用来核算制造企业产品生产过程中所发生的各项耗费，正确地计算产品生产成本的账户。借方登记企业产品生产过程中发生的应计入产品成本的全部生产费用，包括直接计入产品成本的直接材料费用、直接人工费用，以及月末分配计入产品成本的制造费用，贷方登记转出的完工产品的实际成本，期末余额在借方，表示尚未完工的在产品成本。本账户可按产品种类设置明细分类账户，进行明细分类核算。

（二）制造费用

成本类账户，用来核算企业的生产车间（部门）为生产产品和提供劳务而发生的各项间接费用，包括生产车间为管理和组织生产经营活动而发生的管理人员薪酬、折旧费、修理费、办公费、水电费等。借方登记车间发生的各项间接费用，贷方登记期末经分配转入生产成本账户借方的制造费用，期末分配后一般无余额。为具体反映各车间发生的制造费用情况，进行各车间产品成本的计算，本账户应按各生产车间（部门）设置明细分类账户，进行明细分类核算。

（三）库存商品

资产类账户，用来核算企业生产完工入库的产品（成本）的增减变动和结存情况。借方登记生产完工并已验收入库产品的成本，贷方登记发出（减少）产品的成本，期末余额在借方，表示期末库存产品的成本。为具体反映各种库存产品的成本变动情况，本账户可按产品种类设置明细分类账户，进行明细分类核算。

（四）应付职工薪酬

负债类账户，用来核算企业根据有关规定应付给职工的各种薪酬。贷方登记实际发生的计入成本、费用的应付职工薪酬数额，借方登记实际支付的职工薪酬数额，期末若有余额，一般在贷方，表示企业应付未付的职工薪酬，若出现借方余额，则表示期末多发的职工薪酬。为了反映职工薪酬的具体内容，本账户可设置“工资”、“职工福利”、“社会保险费”、“住房公积金”、“工会经费”、“职工教育经费”、“非货币性福利”、“辞退福利”、“股份支付”等明细分类账户，进行明细分类核算。

（五）累计折旧

资产类账户，是固定资产账户的备抵账户，用来核算固定资产损耗的价值（折旧额）。贷方登记固定资产累计折旧的增加额，借方登记减少固定资产的已提折旧额，期末贷方余额表示企业现有固定资产的累计折旧额。期末固定资产账户的借方余额减去累计折旧账户的贷方余额，表现为固定资产净值。本账户可按固定资产的类别或项目进行明细分类核算。

(六) 管理费用

损益类账户,用来核算企业为组织与管理生产经营活动而发生的各项管理费用,包括企业在筹建期间的开办费、董事会费、办公费、差旅费、工会经费、咨询费、诉讼费、业务招待费等。借方登记发生的各项管理费用,贷方登记期末转入"本年利润"账户的管理费用,期末结转后无余额。本账户可按管理费用项目进行明细分类核算。

三、核算举例

(一) 材料费用的核算

【例 5.12】 智瑞公司从仓库领用材料一批,用于产品生产。具体资料见表 5.1:

表 5.1　材料耗用汇总表

金额单位:元

用途	甲材料	乙材料	金额合计
A 产品耗用	27 040	14 560	41 600
B 产品耗用	28 560	24 480	53 040
小计	55 600	39 040	94 640
车间一般耗用	3 120	2 040	5 160
企业管理耗用	5 200	6 120	11 320
小计	8 320	8 160	16 480
合计	63 920	47 200	111 120

该项汇总业务的发生,一方面减少企业的库存材料 111 120 元,记入"原材料"账户的贷方,另一方面生产与企业管理等耗费增加了 111 120 元,记入有关成本、费用账户的借方。编制的会计分录如下:

借:生产成本——A 产品　　41 600
　　　　　——B 产品　　53 040
　制造费用　　5 160
　管理费用　　11 320
　贷:原材料——甲材料　　63 920
　　　　　——乙材料　　47 200

(二) 人工费用的核算

人工费用,即职工薪酬,是指企业为获得职工提供的服务而给予职工各种形式的报酬以及其他相关支出,包括:① 职工工资、奖金、津贴和补贴;② 职工福利费;③ 医疗保险费、养老保险费、失业保险费、工伤保险费和生育保险费等社会保险费;④ 住房公积金;⑤ 工会经费和职工教育经费;⑥ 非货币性福利;⑦ 因解除与职工的劳动关系给予的补偿;⑧ 其他与获得职工提供的服务相关的支出。企业生产经营过程中发生的应付职工薪酬，应按应付职工薪酬的用途计入生产成本、制造费用、管理费用等账户。

【例 5.13】 智瑞公司结算某月应付职工薪酬 151 200 元，其中生产 A 产品工人工资 100 000 元，生产 B 产品工人工资 41 000 元，车间管理人员工资 3 200 元，企业管理人员工资 7 000 元。

该项业务发生后，一方面说明本月份发生应付职工薪酬此项负债 151 200 元，计入"应付职工薪酬"账户的贷方，另一方面，要按职工薪酬的用途，将发生的数额计入有关成本、费用账户。编制的会计分录如下：

借：生产成本——A 产品	100 000	
——B 产品	41 000	
制造费用	3 200	
管理费用	7 000	
贷：应付职工薪酬——工资		151 200

【例 5.14】 智瑞公司从银行提取现金 151 200 元，备发工资。

该项业务发生后，企业的银行存款减少 151 200 元，库存现金增加 151 200 元。编制的会计分录如下：

借：库存现金 151 200

贷：银行存款 151 200

【例 5.15】 智瑞公司以现金 151 200 元发放职工工资。

该项业务发生后，企业的现金减少 151 200 元，同时应付职工薪酬此项负债也减少了 151 200 元。编制的会计分录如下：

借：应付职工薪酬——工资	151 200	
贷：库存现金		151 200

若职工工资直接通过银行划转至职工个人账户，上述两笔业务可合并处理如下：

借：应付职工薪酬——工资	151 200	
贷：银行存款		151 200

【例 5.16】 智瑞公司月末按当月应付职工薪酬的 14%计提职工福利费 21 168 元。

计提职工福利费的会计处理与工资费用分配、结算的会计处理相似。该项业务发生后，一方面增加应付职工薪酬，另一方面将计提的数额计入相应的成本、费用。编制的会计分录如下：

借：生产成本——A 产品	14 000	
——B 产品	5 740	
制造费用	448	
管理费用	980	
贷：应付职工薪酬——职工福利		21 168

（三）制造费用的核算

制造费用是企业为生产产品和提供劳务而发生的各项间接费用。其主要内容是企业的生产部门为组织和管理生产活动以及为生产活动服务而发生的费用，如车间管理人员的薪酬、车间办公费、水电费、折旧费等。制造费用应计入产品成本，但在生产多种产品的车间里，制造费用在发生时一般无法判定其应归属的成本计算对象，因而不能直接计入车间生产的各种产品成本中。为此，企业发生了制造费用，先通过“制造费用”账户进行归集，月末再将车间归集的制造费用按照一定的分配标准，在车间生产的各种产品之间进行分配，计入各种产品成本之中。

制造费用分配的标准有多种，常见的分配标准有产品生产工时、产品的生产工人工资、产品的机器工时等。具体分以下两步分配：

第一，计算制造费用分配率

$$制造费用分配率=\frac{车间归集的制造费用总额}{车间各种产品的分配标准(生产工时等)合计}$$

第二，计算某产品应分配的制造费用

某产品应分配的制造费用＝该产品的分配标准(生产工时等)×制造费用分配率

【例 5.17】 智瑞公司计提本月的固定资产折旧 10 000 元，其中车间固定资产折旧 7 000 元，厂部固定资产折旧 3 000 元。

该项业务发生后，一方面固定资产的累计折旧额增加了 10 000 元，计入“累计折旧”的贷方，另一方面，折旧费应计入相应的成本、费用，其中车间固定资产折旧费计入“制造费用”，厂部固定资产折旧费计入“管理费用”。编制的会计分录如下：

借：制造费用——折旧费 7 000
　　管理费用——折旧费 3 000
　　贷：累计折旧 10 000

【例 5.18】 智瑞公司以银行存款支付本月生产设备的维修费用 3 000 元，保险费用2 000 元。

车间的设备维修费、保险费均属于制造费用，因此，该项业务发生后，一方面企业的制造费用增加了 5 000 元，另一方面，企业的银行存款减少了 5 000 元。编制的会计分录如下：

借：制造费用——设备维修费 3 000
　　　　　　——设备保险费 2 000
　　贷：银行存款 5 000

【例 5.19】 智瑞公司用现金 906 元购买车间办公用品。

车间的办公用品费属于制造费用，因此，该项业务发生后，一方面企业的制造费用增加了 906 元，另一方面，企业的库存现金减少了 906 元。编制的会计分录如下：

借：制造费用——办公费 906
　　贷：库存现金 906

【例 5.20】 智瑞公司月末将本月发生的制造费用按 A、B 两种产品的生产工人工资比例进行分配，计入两种产品成本。

对此项经济业务，首先要明确本月发生的制造费用总额和两种产品的生产工人工资，其次要计算制造费用分配率，计算各种产品应分配的制造费用，最后进行会计处理。

根据前述的有关经济业务和制造费用明细账(见表 5.2)，本月发生的制造费用总额为 21 730 元。

表 5.2 制造费用明细账

车间： 单位:元

年		凭证号	摘要	材料费	工资费	福利费	折旧费	维修费	保险费	办公费	合计
月	日										
			材料费分配表	5 160							5 160
			工资费分配表		3 200						3 200
			福利费分配表			448					448
			折旧费分配表				7 000				7 000
			维修费					3 000			3 000
			保险费						2 000		2 000
			办公费							906	906
			本月合计	5 160	3 200	448	7 000	3 000	2 000	906	21 714
			分配转出	5 160	3 200	448	7 000	3 000	2 000	906	21 714

本月A、B两种产品的生产工人工资分别为100 000元和41 000元。据此编制制造费用分配表(见表5.3)：

表 5.3 制造费用分配表

产品名称	生产工人工资	分配率	分配额
A产品	100 000		15 400
B产品	41 000		6 330
合计	141 000	0.154	21 714

根据以上分配结果,编制的会计分录如下：

借:生产成本——A产品　15 400

　　　　　——B产品　6 314

　贷:制造费用　21 714

【例5.21】 智瑞公司本月生产的A、B产品月末全部完工,按实际发生的成本结转完工成本。

对此项经济业务,首先要明确本月A、B产品发生的生产成本数额,然后进行完工成本的结转。

根据前述的有关经济业务,本月生产A产品归集的生产成本总额为171 000元,生产B产品归集的生产成本总额为106 094元。结转完工产品成本,一方面增加企业的完工产品,记入“库存商品”的借方,另一方面转出完工产品成本,记入“生产成本”的贷方。编制的会计分录如下：

借:库存商品——A产品　171 000

　　　　　——B产品　106 094

　贷:生产成本——A产品　171 000

　　　　　　——B产品　106 094

小思考

如果该企业当月B产品既有完工产品，又有未完工产品，会计上如何处理？

思考提示

根据成本计算与结转的要求，对于当月既有完工产品，又有未完工产品，要进行相应的成本计算，首先要计算出当月的完工产品成本，然后，对于完工的产品成本，比照上述方法进行会计处理。

第四节　产品销售业务的核算

一、核算内容

销售过程是企业生产经营的最后一个阶段，也是企业生产经营的关键。产品制造企业在产品销售过程中，一方面，通过销售产品，按照销售价格收取产品价款，形成主营业务收入；另一方面，销售商品的成本以及发生的运输、包装、广告等费用，按国家税法规定计算缴纳的有关销售税金等都要从主营业务收入中得到补偿。主营业务收入扣除相应的成本、费用、税金之后的数额，是企业营业利润的主要来源。

此外，企业还会发生一些除产品销售以外的其他销售业务，如材料销售业务、包装物出租业务、固定资产出租业务、无形资产转让业务等，这些业务形成的收入称为其他业务收入，其他业务收入扣除相应的其他业务成本，也是企业营业利润的组成部分。

对上述相关方面的收入、成本、费用、税金等，会计上必需加强核算与管理，是销售过程核算的主要内容。

二、账户的设置

(一) 主营业务收入

损益类账户，用来核算企业一定会计期间因销售商品、提供劳务等而获得的收入。贷方登记销售商品、提供劳务而实现的收入，即收入的增加，借方登记销货退回及期末转入“本年利润”的收入额，期末结转后，本账户无余额。为具体反映企业主营业务收入的情况，本账户可按主营业务的种类设置明细分类账户，进行明细分类核算。

(二) 主营业务成本

损益类账户，用来核算企业确认销售商品、提供劳务等主营业务收入时应结转的成本，即已销售商品、提供劳务的实际成本。借方登记已销售商品、提供劳务的实际成本，贷方登记期末转入“本年利润”的成本额，期末结转后，本账户无余额。与主营业务收入相似，本账户也应按主营业务的种类设置明细分类账户，进行明细分类核算。

（三）营业税金及附加

损益类账户，用来核算企业经济活动中发生的营业税、消费税、城市维护建设税、资源税和教育费附加等相关税费。借方登记企业按规定计算应交的营业税、消费税等相关税费，贷方登记期末转入“本年利润”的营业税金及附加，期末结转后，本账户无余额。本账户可按销售商品的种类设置明细分类账户，进行明细分类核算。

（四）其他业务收入

损益类账户，用来核算企业确认的除主营业务活动以外的其他经营活动实现的收入，包括出租固定资产、出租无形资产、出租包装物收入、销售材料收入等。贷方登记企业实现的其他业务收入，借方登记期末转入“本年利润”的其他业务收入，期末结转后，本账户无余额。本账户可按其他业务收入的种类设置明细分类账户，进行明细分类核算。

（五）其他业务成本

损益类账户，用来核算企业确认的除主营业务活动以外的其他经营活动所发生的支出，包括销售材料的成本、出租固定资产的折旧额、出租无形资产的摊销额、出租包装物的成本或摊销额等。借方登记企业发生的其他业务成本（其他业务发生的相关税费在“营业税金及附加”账户核算，不在本账户核算），贷方登记期末转入“本年利润”的其他业务成本，期末结转后，本账户无余额。本账户可按其他业务成本的种类设置明细分类账户，进行明细分类核算。

（六）销售费用

损益类账户，用来核算企业销售商品和材料、提供劳务过程中发生的各种费用，包括保险费、包装费、展览费和广告费、商品维修费、运输费、装卸费以及为销售商品而专设的销售机构（含销售网点、售后服务网点）的职工薪酬、业务费、折旧费等经营费用。借方登记企业发生的上述费用，贷方登记期末转入“本年利润”的销售费用，期末结转后，本账户无余额。本账户可按销售费用项目进行明细分类核算。

（七）应收账款

资产类账户，用来核算企业因销售商品、提供劳务等经营活动而应向购货单位或接受劳务单位收取的款项。不单独设置“预收账款”账户的企业，发生的预收账款业务也在本账户核算。借方登记应收账款的增加，贷方登记实际收到的应收账款以及将应收账款改用商业汇票结算而收到的商业汇票和转作坏账的应收账款，期末余额在借方，表示尚未收到的应收款项。为核算应收账款的具体情况，本账户可按债务人设置明细分类账户，进行明细分类核算。

（八）应收票据

资产类账户，用来核算企业因销售商品、提供劳务等而收到的商业汇票，包括银行承兑汇票和商业承兑汇票。借方登记企业因销售商品、提供劳务等而收到对方单位开出、承兑的商业汇票，贷方登记到期收回款项的商业汇票，期末余额在借方，表示企业持有的商业汇票的票面余额。企业应当设置“应收票据备查簿”，逐笔登记商业汇票的种类、号数和出票日、票面金额、合同交易号和付款人、承兑人、到期日、贴现日、收款日和收回金额等详细资料，并可据此代替应收票据的明细分类核算。

（九）预收账款

负债类账户，用来核算企业按照合同规定预收购买单位订货的款项。企业预收账款情况不多的，也可以不设置本账户，将发生的预收款项直接记入“应收账款”账户。贷方登记企业向购货单位预收的款项，借方登记销售实现时冲减的预收账款，期末余额一般在贷方，表示企业预收的款项，若出现借方余额，表示购货单位应该补付给本企业的款项。本账户应按购货单位设置明细分类账户，进行明细分类核算。

三、核算举例

【例 5.22】 智瑞公司向志诚公司销售 A 产品 3 000 件，单价 40 元，销售 B 产品 4 000 件，单价 20 元，总价款 200 000 元，销项税额 34 000 元，款项收到，存入银行。

该项业务发生后，销售产品的款项收到存入银行，银行存款增加。另外，产品销售后，企业应按总价款增加“主营业务收入”，收到的增值税销项税额应记入“应交税费——应交增值税(销项税额)”的贷方，增值税是价外税，不能与营业收入混淆。编制的会计分录如下：

借：银行存款	234 000
贷：主营业务收入——A 产品	120 000
——B 产品	80 000
应交税金——应交增值税(销项税额)	34 000

【例 5.23】 智瑞公司向国风公司销售 A 产品 1 250 件，单价 40 元，B 产品 1 500 件，单价 20 元，总价款 80 000 元，销项税额 13 600 元，以现金代垫运费 3 000 元，以上款项已向银行理了托收手续。

该项业务发生后，销售产品的款项尚未收回，应收账款此项债权增加。与上题类似，按销售商品总价款增加主营业务收入，增值税销项税额应记入“应交税费—应交增值税(销项税额)”的贷方。编制的会计分录如下：

借：应收账款——国风公司	96 600
贷：主营业务收入——A 产品	50 000
——B 产品	30 000
应交税金——应交增值税(销项税额)	13 600
库存现金	3 000

【例 5.24】 智瑞公司向顺风公司销售 A 产品 2 500 件，单价 40 元，B 产品 3 000 件，单价 20 元，总价款 160 000 元，销项税额 27 200 元。收到顺风公司开出的期限为 6 个月、票面额为 187 200 元的银行承兑汇票一张。

该项业务发生后，企业收到对方开出的银行承兑汇票一张，应收票据款增加 187 200 元。主营业务收入与增值税销项税额的处理与前两题相似。据此编制的会计分录如下：

借:应收票据—顺风公司 187 200

　贷:主营业务收入——A 产品 100 000

　　　　　　　　——B 产品 60 000

　　应交税金——应交增值税(销项税额) 27 200

【例 5.25】 智瑞公司预收春发公司订货款 100 000 元,存入银行。

该项业务发生后,企业的银行存款增加了 100 000 元,同时,预收账款此项负债也增加了 100 000 元。编制的会计分录如下:

借:银行存款 100 000

　贷:预收账款——春发公司 100 000

【例 5.26】 智瑞公司接银行通知,收到国风公司销货款 96 600 元。

该项业务发生后,企业的银行存款增加 96 600 元,应收账款此项债权因款项的收回而减少 96 600 元。编制的会计分录如下:

借:银行存款 96 600

　贷:应收账款——国风公司 96 600

【例 5.27】 智瑞公司以银行存款支付产品广告费用 4 000 元。

该项业务发生后,企业的银行存款因支付广告费用而减少 4 000 元,由于广告费用是企业的销售费用,因此,销售费用增加 4 000 元。编制的会计分录如下:

借:销售费用——广告费 4 000

　贷:银行存款 4 000

【例 5.28】 智瑞公司销售甲材料 200 千克,每千克 12 元,总价款 2 400 元,销项税额 408 元,收到现款 2 808 元。该材料单位成本 10.4 元,结转该材料销售成本。

对该项业务,要从两方面进行分析。一方面是材料销售收入的会计处理,另一方面是材料销售成本的结转。

对材料销售收入的会计处理,与前述的产品销售原理相同,要反映收入的增加,销项税额的收取与现款的收存,与产品销售的区别在于材料销售是其他销售业务,其实现的收入是其他业务收入。对材料销售收入的实现,编制的会计分录如下:

借:库存现金 2 808

　贷:其他业务收入——材料销售 2 400

　　应交税金——应交增值税(销项税额) 408

对材料销售成本的结转,也要从两方面反映,一是库存材料的减少,二是其他业务成本的增加。另外要计算材料销售成本的数额,本题中的材料销售成本为 $10.4\times200=2\,080$ 元。对此编制的会计分录如下:

借:其他业务成本——材料销售 2 080

　贷:原材料 ——甲材料 2 080

【例 5.29】 智瑞公司期末结转当期销售的 A、B 产品成本(当期 A 产品单位成本为 28 元,B 产品单位成本为 14 元)。

该项业务发生后,企业应正确地计算当期销售 A、B 产品的总成本。根据前述经济业务,当期企业销售 A 产品 6 750 件,单位成本 28 元,当期销售总成本 189 000 元,当期企业销售 B 产品 8 500 件,单位成本 14 元,当期销售总成本 119 000 元。结转产品销售成本,企业一方面要按当期销售商品的成本数额冲减库存商品,另一方面要增加主营业务成本。对此,编制的会计分录如下：

借：主营业务成本——A产品　　189 000

　　　　　　　　——B产品　　119 000

　贷：库存商品——A产品　　189 000

　　　　　　　——B产品　　119 000

【例5.30】 智瑞公司期末计算当期应交的城市维护建设税1 582.56元。

该项业务发生后，企业的应交税费此项负债增加，另一方面，城市维护建设税属于营业税金及附加，因此本题中，营业税金及附加增加。编制的会计分录如下：

借：营业税金及附加　　1 582.56

　贷：应交税费——应交城市维护建设税　　1 582.56

小思考

如何计算企业应纳的城市维护建设税？

思考提示

城市维护建设税是随增值税、消费税和营业税为计税依据征收的一个附加税种，附加税的性质决定了其在征收管理方面依附于增值税、消费税和营业税的特性。

(1) 凡缴纳增值税、消费税、营业税的单位和个人，都是城市维护建设税的纳税义务人，都应当依法缴纳城市维护建设税。

(2) 城市维护建设税，以纳税人实际缴纳的增值税、消费税、营业税税额为计税依据，分别与增值税、消费税、营业税同时缴纳。

(3) 城市维护建设税税率如下：纳税人所在地在市区的，税率为7%；纳税人所在地在县城、镇的，税率为5%；纳税人所在地不在市区、县城或镇的，税率为1%。

(4) 应纳城市维护建设税=(增值税税额+消费税税额+营业税税额)×适用税率。

第五节　财务成果形成与分配业务的核算

一、财务成果形成业务的核算

(一) 核算内容

财务成果是指企业在一定的会计期间所实现的最终经营成果，即企业所实现的利润或发生的亏损。利润包括收入减去费用后的净额、直接计入当期利润的利得和损失等。根据利润的形成过程，利润包括营业利润、利润总额、净利润三个层次。

1. 营业利润

营业利润是企业利润的主要组成部分，计算如下：

营业利润 = 营业收入 − 营业成本 − 营业税金及附加 − 销售费用 − 管理费用 − 财务费用 − 资产减值损失 + 公允价值变动净收益(或减去其净损失) + 投资净收益(或减去其净损失)

其中，营业收入、营业成本、营业税金及附加、销售费用、管理费用、财务费用前面各节已述及，资产减值损失、公允价值变动净收益将在《财务会计》中介绍，投资净收益是指企业的对外投资所获得的投资收益减去投资损失后的净额。在市场经济条件下，企业投资方式多元化，不仅包括内部投资，也包括对外投资。其中对外投资也有很多投资渠道，如购买股票、公司债券、企业基金、国债等。投资的结果可能获得投资收益，也可能发生投资损失，因而在计算营业利润时，用“投资净收益”概念来表述。由于企业对外投资的普遍性，对外投资行为已是企业正常经济活动的重要内容，所以新会计准则将投资收益也作为企业营业利润的组成部分。

在制造企业，营业利润占企业全部利润的绝大部分，如果营业利润在企业全部利润中占较小的份额，则说明企业的经济活动不够正常，需要改变资金投向，优化资金结构，提高企业的资金效益。

2. 利润总额

利润总额是企业的营业利润加上营业外收入减去营业外支出之后的利润额，可计算如下：

利润总额 = 营业利润 + 营业外收入 − 营业外支出

营业外收入和营业外支出，是直接计入当期利润的利得和损失，其中，营业外收入是指企业发生的与其生产经营活动无直接关系的各项收入，如处置非流动资产利得、非货币性资产交换利得、罚没利得、政府补助利得、无法支付的应付款项、盘盈利得、捐赠利得、债务重组利得等。营业外支出是指企业发生的与其生产经营活动无直接关系的各项支出，如处置非流动资产损失、罚款支出、非常损失、盘亏损失、债务重组损失、捐赠支出等。

和营业收入与营业成本、其他业务收入与其他业务成本不同，营业外收入与营业外支出之间没有必然的配比关系，即营业外收入并非是因为营业外支出而获得的，营业外支出也并非是为了实现营业外收入而发生的，两者的共性是都与企业的生产经营活动无直接关系，所以不属于营业利润的范畴，只能计入企业的利润总额。

3. 净利润

净利润是企业的利润总额扣除所得税费用后的净额，计算如下：

净利润 = 利润总额 − 所得税

小思考

什么是所得税，所得税与流转税有何区别？

思考提示

企业所得税是对企业和经营单位的生产经营所得和其他所得征收的一种税。

所得税 = 应纳税所得额 × 所得税率

流转税与所得税的区别：

(1) 计税依据不同：流转税的计税依据是流转额，所得税的计税依据是所得额；(2) 受成本影响不同：流转税只与商品销售收入有关，不受成本高低影响，所得税直接受成本高低的影响;(3) 流转税一般都转嫁给了消费者,所得税一般不能直接转嫁;(4) 流转税征收技术上比所得税征收简便;(5) 流转税一般是价内税(但增值税是价外税),对物价影响较大,所得税由于税负不能转嫁,所以其税收增减变动对物价不会产生直接的影响。

(二) 账户的设置

财务成果形成业务的核算,企业要设置本年利润、主营业务收入、主营业务成本、其他业务收入、其他业务成本、营业税金及附加、管理费用、销售费用、财务费用、投资收益、营业外收入、营业外支出、所得税费用等账户,由于多数账户前已述及,这里主要介绍本年利润、营业外收入、营业外支出、所得税费用、投资收益等账户。

1. 本年利润

所有者权益类账户,用来核算企业当期实现的利润或发生的亏损。贷方登记从各损益类账户转入的主营业务收入、其他业务收入、营业外收入、投资收益等收益数额及年末转入利润分配的全年累计亏损额,借方登记期末从各损益类账户转入的主营业务成本、其他业务成本、管理费用、财务费用、销售费用、营业外支出、营业税金及附加、资产减值损失、公允价值变动损益等数额及年末转入利润分配的全年累计实现的利润额,平时的贷方余额表示企业到当期止累计实现的利润,平时的借方余额表示企业到当期止累计发生的亏损,年末将本账户的余额转入“利润分配—未分配利润”账户后,本账户无余额。

2. 所得税费用

损益类账户,用来核算企业按照规定从当期损益中扣除的所得税。借方登记企业按照税法规定从当期损益中扣除的所得税费用,贷方登记企业期末转入“本年利润”的数额,期末结转后,本账户无余额。本科目可按“当期所得税费用”、“递延所得税费用”两个项目进行明细分类核算。

3. 营业外收入

损益类账户,用来核算企业发生的与企业的生产经营活动无直接关系的各项收入,包括处置非流动资产利得、非货性资产交换利得、罚没利得、债务重组利得、政府补助利得、盘盈利得、捐赠利得、无法支付的应付款项等。贷方登记各项营业外收入的发生,借方登记期末转入“本年利润”的数额,期末结转后本账户无余额。本账户可按营业外收入项目设置明细分类账户,进行明细分类核算。

4. 营业外支出

损益类账户,用来核算企业发生的与企业的生产经营活动无直接关系的各项支出,包括处置非流动资产损失、罚款支出、非常损失、盘亏损失、债务重组损失、捐赠支出等。借方登记企业发生的各项营业外支出,借方登记期末转入“本年利润”的数额,期末结转后本账户无余额。本账户可按营业外支出项目设置明细分类账户,进行明细分类核算。

5. 投资收益

损益类账户,用来核算企业根据长期股权投资准则确认的投资收益或投资损失。贷方登记企业实现的投资收益额及期末转入“本年利润”的投资损失,借方登记企业发生的投资损失及期末转入“本年利润”的投资收益额,期末结转后本账户无余额。本账户可按投资项目设置明细分类账户,进行明细分类核算。

(三) 核算举例

【例 5.31】 智瑞公司财务科李林出差归来,报销差旅费用 800 元(原借款 1 000 元)。

企业职工出差报销的差旅费用，属于管理费用。该项业务发生后，企业发生管理费用800元，记入管理费用账户的借方，李林出差前借款1 000元，反映在其他应收款账户的借方，报销时应冲减其他应收款，记入其他应收款的贷方，另外，多余的200元现金，李林应退回企业，记入库存现金的借方。据此，编制的会计分录如下：

借：管理费用——差旅费　800
　库存现金　200
　贷：其他应收款——李林　1 000

【例5.32】 智瑞公司用银行存款支付印花税2 000元。

由于印花税不需要预算清缴，因此，不通过“应交税费”科目核算，企业在支付印花税款时，直接计入管理费用。该项业务发生后，一方面增加企业的管理费用2 000元；另一方面减少企业的货币资金，银行存款减少2 000元。编制的会计分录如下：

借：管理费用——印花税　2 000
　贷：银行存款　2 000

【例5.33】 智瑞公司收到某单位违约而交来的罚款收入1 000元，存入银行。

罚款收入属于营业外收入。该项业务发生后，企业的营业外收入增加1 000元，银行存款也增加1 000元。编制的会计分录如下：

借：银行存款　1 000
　贷：营业外收入——罚款利得　1 000

【例5.34】 智瑞公司收到政府补助款3 000元，存入银行。

政府补助款属于营业外收入。该项业务发生后，企业的营业外收入增加3 000元，银行存款也增加3 000元。编制的会计分录如下：

借：银行存款　3 000
　贷：营业外收入——政府补助利得　3 000

【例5.35】 智瑞公司以银行存款捐赠希望工程10 000元。

捐赠公益事业款支出属于营业外支出。该项业务发生后，企业的营业外支出增加10 000元，银行存款减少10 000元。编制的会计分录如下：

借：营业外支出——捐赠支出　10 000
　贷：银行存款　10 000

【例5.36】 智瑞公司以银行存款支付罚款支出2 000元。

罚款支出属于营业外支出。该项业务发生后，企业的营业外支出增加2 000元，银行存款减少2 000元。编制的会计分录如下：

借：营业外支出——罚款支出　2 000
　贷：银行存款　2000

【例5.37】 智瑞公司持有长海公司的股票作为长期投资，长海公司宣告分配现金股利，本公司应得8 000元。

该项业务发生后，一方面使得企业的应收股利增加8 000元，另一方面，企业的对外投资实现了8 000元的收益，即投资收益增加8 000元。编制的会计分录如下：

借：应收股利——长海公司　8 000
　贷：投资收益　8 000

【例5.38】 智瑞公司期末结转当期的收入、收益、费用、税金等损益类账户（假设本章前面所述的经济业务均为同一会计期间发生的)，并计算当期实现的利润总额。

该项业务发生后，首先要明确当期各损益账户的发生额或结转前余额。根据本章前述有关经济业务，经整理后的各损益类账户的本期期末结转前的余额如表5.4。

表5.4 损益类账户期末结转前余额表

序号	账户名称	结转前余额(元)
1	主营业务收入	贷方余额440 000
2	主营业务成本	借方余额308 000
3	营业税金及附加	借方余额1 582.56
4	其他业务收入	贷方余额2 400
5	其他业务成本	借方余额2 080
6	销售费用	借方余额4 000
7	管理费用	借方余额25 100
8	财务费用	借方余额5 500
9	投资收益	贷方余额8 000
10	营业外收入	贷方余额4 000
11	营业外支出	借方余额12 000

损益类账户包括收入(收益)、成本(费用、支出、税金)两方面，为计算当期实现的利润，所有的损益类账户的当期净发生额(期末结转前余额)都应结转到“本年利润”账户，对该项经济业务必须分两方面进行会计处理，编制的两笔会计分录如下：

(1) 结转各收入、收益等损益类账户

借：主营业务收入　　440 000
　　其他业务收入　　2 400
　　投资收益　　8 000
　　营业外收入　　4 000
　　贷：本年利润　　454 400

(2) 结转各成本、费用、支出、税金等损益类账户

借：本年利润　　358 262.56
　　贷：主营业务成本　　308 000
　　　　营业税金及附加　　1 582.56
　　　　其他业务成本　　2 080
　　　　销售费用　　4 000
　　　　管理费用　　25 100
　　　　财务费用　　5 500
　　　　营业外支出　　12 000

当期实现的利润总额＝454 400－358 262.56＝96 137.44(元)

【例5.39】 根据智瑞公司当期实现的利润总额计算当期的应交所得税额(所得税率为25%)，作有关所得税计算与结转的会计处理，并计算当期实现的净利润。

所得税的计算方法在前面的“小思考”中已有述及，一般情况下可根据企业当期实现的利润总额乘以所得税率来计算。本例中，企业实现的利润总额为96 137.44元，因此：

$$应交所得税=96\ 137.44\times25\%=24\ 034.36(元)$$

对该项经济业务，应从两方面进行会计处理，一是所得税计算的处理，要增加企业的所得税费用和应交税费；二是所得税费用的期末结转，即将当期的所得税费用转入“本年利润”账户，以便计算当期实现的净利润。编制的会计分录如下：

(1) 计算当期应交的所得税费用

借：所得税费用　　24 034.36

　　贷：应交税费——应交所得税　　24 034.36

(2) 结转当期的所得税费用

借：本年利润　　24 034.36

　　贷：所得税费用　　24 034.36

$$当期企业实现的净利润=96\ 137.44-24\ 034.36=72\ 103.08(元)$$

小 思 考

企业如何核算当期实现的利润与年度累计实现的利润？

思考提示

按照要求，企业一般应当按月核算利润，如果按月核算利润确实有困难的，经批准，也可按季或按年核算利润。企业计算确定本期利润总额、净利润和本年累计利润总额、累计净利润的具体方法有“账结法”和“表结法”两种。

账结法是在每个会计期末(一般在月末)将各损益类账户记录的金额全部转入“本年利润”账户，通过本年利润账户的借、贷方的记录计算出本期的损益总额和本年累计损益额，在这种情况下需要在每个会计期末通过编制结账分录，结清各损益类账户。

表结法是在每个会计期末(月末)，各损益类账户的余额不作转账处理，而是通过编制利润表进行利润的结算，根据损益类账户的本期发生额、本期累计数额，填报会计报表(主要是利润表)，在会计报表中直接计算确定损益额及利润总额、净利润额，年终在进行会计决算时再改用账结法，将各损益类账户的全年累计发生额通过编制结账分录转入“本年利润”账户。

二、财务成果分配业务的核算

(一) 核算内容

财务成果分配即利润分配，是企业根据法律、董事会或类似权力机构提请股东大会或类似机构批准的、对企业可供分配利润指定其特定用途和分配给投资者的行为，主要是净利润的分配。

净利润的分配涉及到国家、企业、投资人等方面的利益关系，必须遵循兼顾投资人利益、企业利益、职工利益的原则对净利润进行分配。根据《中华人民共和国公司法》等有关法规的规定，企业当期实现的净利润首先要弥补以前年度尚未弥补的亏损，对剩余的净利润要按照下列法定程序进行分配：

1. 提取法定盈余公积

法定盈余公积应按本年实现净利润的一定比例提取，公司法规定公司制企业应按净利润的10%提取；其他企业可根据需要提取，但不得低于10%。企业提取的法定盈余公积金累计额超过注册资本50%以上的，暂可不再提取。

2. 提取任意盈余公积

企业可根据当年实现净利润的情况提取一定比例的任意盈余公积金，用于对各年净利润分配的调剂。是否提取任意盈余公积由企业股东大会或类似权力机构决定。

3. 向投资者分配利润

企业实现的净利润在扣除了上述项目后，加上年初未分配利润，形成可供投资人分配的利润来源。股份制企业可按下列顺序进行：① 支付优先股股利；② 支付普通股股利；③ 转作资本（股本）的普通股股利。

4. 未分配利润

该利润是企业留待以后年度进行分配的利润或等待分配的利润，它是所有者权益的重要组成部分。相对于所有者权益的其他部分来说，企业对于未分配利润使用有较大的自主权，应当在资产负债表的所有者权益项目中单独反映。企业如果发生亏损，可以按规定由以后年度利润进行弥补。

小思考

企业发生亏损应如何弥补？

思考提示

按《中华人民共和国公司法》规定，企业当年发生的亏损，可用以后年度利润进行税前弥补，且连续弥补期限不得超过5年，即在连续利润的5年内，可用所得税前的利润弥补亏损，否则企业应利用税后的净利润自行弥补亏损。

（二）账户的设置

为核算企业利润分配的具体过程与结果，全面贯彻企业的利润分配政策，以便更好地进行利润分配业务的核算，需要设置以下账户。

1. 利润分配

所有者权益类账户，用来核算企业利润的分配（或亏损的弥补）和历年分配（或弥补）后的余额情况。贷方平时一般无发生额，年末贷方登记从“本年利润”账户转入的全年实现的净利润额以及用盈余公积补亏的数额，借方登记实际分配的利润额以及年末从“本年利润”账户转入的全年累计亏损额，平时期末余额在借方，表示累计利润分配数，年末若为贷方余额，表示年末未分配的利润，年末若为借方余额，表示年末未弥补的亏损。本账户应设置“提取法定盈余公积”、“提取任意盈余公积”、“应付现金股利或利润”、“转作股本的股利”、“盈余公积补亏”、“未分配利润”等明细分类账户，进行明细分类核算。

2. 盈余公积

所有者权益类账户，用来核算企业从净利润中提取的盈余公积情况。贷方登记企业从净利润中提取的盈余公积数额，即盈余公积的增加数额，借方登记用盈余公积弥补亏损或用盈余公积转增资本等的数额，期末余额在贷方，表示企业盈余公积的结存数额。本账户应设置法定盈余公积、任意盈余公积等明细分类账户，进行明细分类核算。

3. 应付股利

负债类账户，用来核算企业按照董事会或股东大会决议分配给投资人现金股利或利润。贷方登记应付给投资人现金股利或利润的增加数额，借方登记实际支付的现金股利或利润数额，期末余额在贷方，表示企业尚未支付的现金股利或利润。本账户应按各投资人设置明细分类账户，进行明细分类核算。

（三）核算举例

【例 5.40】 根据上述资料，智瑞公司按照当期实现净利润的 10%提取法定盈余公积金，按净利润的 5%提取任意盈余公积金。

企业当期实现的净利润为 72 103.08，提取的法定盈余公积为 7 210.31（净利润的 10%）元，提取的任意盈余公积为 3 605.15（净利润的 5%）元。该项业务发生后，企业提取的法定盈余公积和任意盈余公积增加，记入“盈余公积”的贷方；另一方面，提取法定盈余公积与任意盈余公积是企业的利润分配业务，应记入“利润分配”账户的借方。编制的会计分录如下：

借：利润分配——提取法定盈余公积　　7 210.31
　　　　　　——提取任意盈余公积　　3 605.15
　贷：盈余公积——法定盈余公积　　7 210.31
　　　　　　——任意盈余公积　　3 605.15

【例 5.41】 智瑞公司按照董事会及股东大会决议，决定分配给股东现金股利 8 000 元，股票股利 10 000 元。

股票股利与现金股利是不同的。对于现金股利，在董事会决定利润分配方案之后，应立即进行账务处理，而股票股利应在董事会确定了利润分配方案并办理了增资手续之后，才能进行相应的账务处理。

该项业务发生后，要分两方面进行分析。对于现金股利的分配，一方面增加了企业的利润分配额，另一方面分配的现金股利目前并未支付给股东，增加了企业的负债，应计入“利润分配”的借方与“应付股利”的贷方。对于股票股利，一方面，与现金股利一样属于企业的利润分配，记入“利润分配”的借方；另一方面，分配时还应按面值记入“实收资本”或“股本”账户的贷方。对此，编制的会计分录如下：

（1）分配现金股利

借：利润分配——应付现金股利或利润　　8 000
　贷：应付股利　　8 000

（2）分配股票股利

借：利润分配——转作资本（股本）的股票股利　　10 000
　贷：实收资本（股本）　　10 000

【例 5.42】 智瑞公司将本年实现的净利润由“本年利润”账户转入“利润分配”账户。

当年的净利润为 72 103.08 元。该项业务发生后，一方面使得“本年利润”减少 72 103.08 元，另一方面可供分配的税后利润增加 72 103.08 元。据此编制的会计分录如下：

借：本年利润　　72 103.08

贷:利润分配——未分配利润 72 103.08

【例 5.43】 智瑞公司年末将“利润分配”的有关明细账户的余额转入“未分配利润”明细账户。

本例中,利润分配的有关明细分类账户的结转前的余额分别为:提取法定盈余公积 7210.31 元,提取任意盈余公积 3 605.15 元,应付现金股利或利润 8 000 元,转作资本(股本)的股票股利 10 000 元。根据“利润分配”账户核算的要求,年末要将“利润分配”的有关明细分类账户的余额从其相反方向转入“利润分配”的“未分配利润”明细账户,结转后,其他有关明细分类账户无余额,“未分配利润”明细账户的余额表示年末的未分配利润数,转入下年,作为下年的年初未分配利润。编制的会计分录如下:

借:利润分配——未分配利润 28 815.46

　贷:利润分配——提取法定盈余公积 7 210.31

　　　　　　——提取任意盈余公积 3 605.35

　　　　　　——应付现金股利或利润 8 000

　　　　　　——转作资本(股本)的股票股利 10 000

经上述处理后,“利润分配——未分配利润”明细账户的期末余额为 43 287.62(=72 103.68-28 815.46)元。

第六节 资金退出业务的核算

一、核算内容

企业在正常的生产经营过程中,除了发生资金筹集业务、材料物资采购供应业务、产品生产加工业务、产品销售业务、财务成果的形成与分配业务之外,由于企业经济活动的需要,也会发生一些资金退出企业的业务。资金退出企业的经济活动主要有向国家交纳税费、投资人收回投资、向投资人与股东支付利润或现金股利、偿还借款的本金与利息以及其他需要企业支出货币资金并退出企业的业务。

二、账户的设置

企业发生了资金退出业务,主要涉及到“银行存款”、“应交税费”、“实收资本”、“应付股利”、“长期借款”、“短期借款”等账户,这些账户前面均已述及,这里不再重复介绍。

三、核算举例

【例 5.44】 智瑞公司上交当期增值税 22 608 元,城建税 1 582.56 元,应交税所得税 24 034.36 元。

该项业务发生后,一方面企业上交了税款,银行存款减少,另一方面,上交税款后,企业的应交税费此项负债也同时减少。编制的会计分录如下：

借：应交税费——应交增值税(已交税金) 22 608
——应交城市维护建设税 1 582.56
——应交所得税 24 034.36
贷：银行存款 48 224.92

【例 5.45】 智瑞公司以银行存款向投资人支付现金股利 8 000 元。

该项业务发生后，一方面，企业支付了现金股利，银行存款减少；另一方面，支付股利后，企业的应付股利此项负债也同时减少。编制的会计分录如下：

借：应付股利 8 000
贷：银行存款 8 000

【例 5.46】 根据董事会决议，同意某投资单位收回投资 26 000 元(以存款支付)。

该项业务发生后，一方面企业以存款支付了投资人收回的投资，银行存款减少，另一方面，由于投资款的收回，企业的实收资本也减少。编制的会计分录如下：

借：实收资本——某单位 26 000
贷：银行存款 26 000

【例 5.47】 智瑞公司以银行存款偿还短期借款 60 000 元。

该项业务发生后，一方面企业以存款偿还借款，银行存款减少，另一方面，由于偿还了借款，企业的短期借款此项负债也减少。编制的会计分录如下：

借：短期借款 60 000
贷：银行存款 60 000

本章小结

产品制造企业的经济活动(业务)包括：资金筹集业务、材料物资供应业务、产品生产加工业务、产品销售业务、财务成果的形成与分配业务、资金退出业务等。

资金筹集是企业生产经营的前提。企业资金的筹集渠道主要有两方面：一产投资人的投资及其增值，包括国家投资、法人投资、外商投资、个人投资，形成投资人权益，即所有者权益；二是向债权人借入的，包括短期借款、长期借款、因结算而产生的应付账款等，形成债权人权益，即企业的负债。资金筹集业务的核算要设置“实收资本”、“固定资产”、“银行存款”、“短期借款”、“长期借款”等账户。

材料物资的供应是企业生产经营的基础。包括固定资产购置业务与材料采购业务。固定资产购置业务会计核算的关键就是确定固定资产购置成本。一般来说，固定资产取得时的实际成本包括固定资产的买价、运输费、保险费、包装费、安装成本等。材料采购业务核算的主要内容是材料货款的核算、采购费用的支付、材料采购成本的计算、增值税进项税额的结算、材料验收入库等。材料物资供应业务要设置“固定资产”、“在途物资”、“原材料”、“应交税费——应交增值税(进项税额)”、“应付账款”、“应付票据”等账户进行会计核算。

产品生产加工业务是制造企业生产经营的中心。生产过程是劳动者利用劳动资料对劳动对象进行加工，生产出劳动产品的过程。因此，在生产过程中，一方面要生产出劳动产品；另一方面，生产过程中要发生各种劳动耗费，包括劳动资料损耗费(折旧费用等)、劳动对象耗费(材料费等)、劳动者耗费(职工薪酬等)。生产过程的核算要设置“生产成本”、“制造费用”、“库存商品”、“管理费用”、“累计折旧”、“应付职工薪酬”等账户。

销售过程是企业生产经营的关键。在产品销售过程中，一方面，通过销售产品，按照销售价格收取产品价款，形成主营业务收入；另一方面，销售商品的成本以及发生的运输、包装、广告等费用，按国家税法规定计算缴纳的有关销售税金等都要从主营业务收入中得到补偿。此外，企业还会发生一些除产品销售以外的其他销售业务，如材料销售业务、包装物出租业务、固定资产出租业务、无形资产转让业务等。产品销售过程的核算要设置“主营业务收入”、“其他业务收入”、“营业税金及附加”、“主营业务成本”、“其他业务成本”、“应收账款”、“应收票据”等账户。

财务成果形成与分配的核算是企业会计核算的重要组成部分。财务成果是企业在一定的会计期间所实现的最终经营成果，也就是企业所实现的利润或发生的亏损。利润包括收入减去费用后的净额、直接计入当期利润的利得和损失等，有营业利润、利润总额、净利润三个层次的概念。财务成果的分配即利润分配，是企业根据法律、董事会或类似权力机构提请股东大会或类似机构批准的、对企业可供分配利润指定其特定用途和分配给投资者的行为，主要是净利润的分配。财务成果的分配涉及到国家、企业、投资人等方面的利益关系，必须遵循兼顾投资人利益、企业利益、职工利益的原则对净利润进行分配。财务成果形成与分配的核算要设置“本年利润”、“所得税费用”、“营业外收入”、“营业外支出”、“投资收益”、“利润分配”、“盈余公积”等账户。

资金退出企业的经济活动主要有向国家交纳税费、投资人收回投资、向投资人与股东支付利润或现金股利、偿还借款的本金与利息以及其他需要企业支出货币资金并退出企业的业务，要设置“银行存款”、“应交税费”、“实收资本”、“应付股利”、“长期借款”、“短期借款”等账户。

关键概念 实收资本 银行借款 采购成本 原材料 生产成本 制造费用 库存商品 主营业务收入 主营业务成本 本年利润 利润分配

知识训练

理论知识训练

一、单项选择题

1.“实收资本”账户一般按(　　)设置明细分类账户。

A. 企业　　B. 投资人　　C. 捐赠者　　D. 投资内容

2. 车间管理用固定资产计提折旧时，应借记(　　)账户。

A. 制造费用　　B. 管理费用　　C. 折旧费用　　D. 财务费用

3. (　　)是企业为维持正常的生产经营活动所需资金或抵偿某项债务而借入的款项。

A. 长期借款　　B. 短期借款　　C. 长期负债　　D. 短期负债

4. 企业购进材料10吨，单价5 00元，增值税率17%，支付该材料的运输费用500元，保险费用100元。该材料的采购成本为(　　)元。

A. 5 000　　B. 5 850　　C. 5 600　　D. 6 450

5. 下列事项发生后应计入“制造费用”账户借方的是(　　)。

A. 产品生产领用材料　　B. 生产工人工资

C. 企业负责人工资　　D. 车间机器设备折旧费

6. “应付职工薪酬”账户的期末余额在(　　)。

A. 借方　　B. 贷方

C. 借方或贷方或无余额　　D. 无余额

7. 企业实现的营业收入应交销售税金,借记(　　)账户。

A. 主营业务收入　　B. 营业税金及附加

C. 应交税费　　D. 所得税费用

8. 企业本期销售产品的制造成本为100 000元,发生销售费用5 000元,发生营业税金及附加7 000元。当期的产品销售成本(主营业务成本)为(　　)元。

A. 100 000　　B. 105 000　　C. 112 000　　D. 12 000

9. 年末结转后,“利润分配”账户的贷方余额表示(　　)。

A. 实现的利润额　　B. 利润分配额　　C. 未弥补亏损　　D. 未分配利润

10. 企业年初未分配利润40万元,当年实现净利润500万元,按10%提取盈余公积,向投资人分配利润70万元。该企业当年末的未分配利润为(　　)万元。

A. 40　　B. 380　　C. 420　　D. 500

二、多项选择题

1. 下列各项费用中,属于产品销售过程中发生的费用有(　　)。

A. 运输费用　　B. 广告费用　　C. 业务招待费用　　D. 企业办公费用

2. 企业的其他业务收入有(　　)等。

A. 材料销售收入　　B. 出售商品收入　　C. 包装物出租收入　　D. 固定资产出租收入

3. 采购成本包括(　　)。

A. 材料买价　　B. 采购员差旅费　　C. 材料运输费用　　D. 材料装卸费用

4. 计提固定资产折旧时,与“累计折旧”账户对应的账户有(　　)。

A. 生产成本　　B. 制造费用　　C. 管理费用　　D. 销售费用

5. 下列各项税金发生时计入“营业税金及附加”账户借方的有(　　)。

A. 消费税　　B. 增值税　　C. 营业税　　D. 城市维护建设税

6. 共同性采购费用可选择(　　)等标准分配计入各种材料采购成本。

A. 材料重量　　B. 材料买价　　C. 材料体积　　D. 材料品种

7. “本年利润”账户的对应账户有(　　)等。

A. 主营业务收入　　B. 所得税费用　　C. 营业税金及附加　　D. 利润分配

8. “生产成本”账户与(　　)等账户不可能发生对应关系。

A. 累计折旧　　B. 应付职工薪酬　　C. 管理费用　　D. 库存商品

9. 月末结转后无余额的账户有(　　)等。

A. 主营业务收入　　B. 主营业务成本　　C. 累计折旧　　D. 销售费用

10. 营业外收入项目主要有(　　)等。

A. 盘盈利得　　B. 捐赠利得　　C. 罚没利得　　D. 无法支付的应付款

三、判断题

1. 企业采购材料的买价和有关费用,在期末应全部转入“本年利润”账户。(　　)

2. 固定资产折旧,表明固定资产价值的减少,应计入“固定资产”账户的贷方。(　　)

3. 投资者在进行资本投资时,只是让出了资产的使用权,而捐赠者在捐出资产时,同时也放弃了其对资产的所有权。(　　)

4. 企业的生产车间发生的耗费，应计入“生产成本”账户的借方。（　）
5. 企业预收外单位的订货款，贷记“主营业务收入”账户。（　）
6. 企业当期增值税的销项税额就是企业当期应交的增值税额。（　）
7. 企业计算应交教育费附加时，借记“营业税金及附加”，贷记“应交税费”。（　）
8. 成本是费用的基础，费用是成本的对象化。（　）
9. “生产成本”账户的借方余额表示企业生产产品累计发生的生产费用。（　）
10. 年终“利润分配”账户的借方余额表示年末未分配利润。（　）

四、思考题

1. 如何对企业的实收资本进行分类?
2. 企业的利润指标有哪些？如何计算?
3. 试述“本年利润”与“利润分配”两账户的用途与结构。

业务技术训练

训练一

【训练目的】

企业资金筹集业务的核算。

【训练资料】

茂发公司2011年10月份发生了以下经济业务：

1. 收到广大公司投入现款80 000元存入银行；
2. 接受远华公司投入设备一台，评估价100 000元；投入材料5吨，价款50 000元，进项税额8 500元；
3. 接受运通公司投入一项专利技术，评估确认价50 000元；
4. 向银行借入期限为6个月的借款100 000元，存入银行；
5. 向银行借入期限为3年期的借款50 000元，存入银行；
6. 经公司董事会决定将70 000元的资本公积转增资本。

【训练要求】

根据以上资料编制会计分录。

训练二

【训练目的】

企业采购供应业务的核算。

【训练资料】

南发公司2011年10月份发生了以下经济业务：

1. 采购员张科预支差旅费1 000元，以现金支付；
2. 购进下列原材料，增值税率17%，开出承兑期限为6个月的商业汇票办理结算。

甲材料	4 000千克	单价10元	计40 000元
乙材料	2 000千克	单价15元	计30 000元
增值税			计11 900元

另外，以现金支付以上两种材料共同发生的运费1 200元，按两种材料重量比例分配；

3. 上述购入材料验收入库，按实际成本入账；

4. 3个月前办理结算的某种商业汇票(票面额30 000元)到期,以银行存款支付;

5. 以银行存款向阳光公司预付购买甲材料货款30 000元;

6. 企业收到阳光公司发来的、预付货款的甲材料3 000千克,单价10元,计货款30 000元,增值税进项税额5 100元,以银行存款补付款项5 100元。

7. 上述材料按实际成本入账;

8. 购入某不需安装的设备一台,买价80 000元,增值税13 600元,另支付运输、保险等费用2 000元。全部款项以存款支付。

【训练要求】

根据以上资料编制会计分录。

训练三

【训练目的】

产品生产加工业务的核算。

【训练资料】

湖光公司2011年10月份发生下列经济业务:

1. 本月生产耗用材料经整理后如表5.5所示:

表5.5 材料耗用汇总表

金额单位:元

用途	甲材料		乙材料		金额合计
	数量(千克)	金额(元)	数量(千克)	金额(元)	
A产品耗用	1 500	18 000	1 600	28 800	46 800
B产品耗用	1 800	21 600	1 000	18 000	39 600
小计	3 300	39 600	2 600	46 800	86 400
车间一般耗用	400	4 800	200	3 600	8 400
企业管理耗用	300	3 600	400	7 200	10 800
小计	700	8 400	600	10 800	19 200
合计	4 000	48 000		57 600	105 600

2. 结算本月应付职工薪酬,按用途整理如下:

A产品生产工人薪酬　　40 000元

B产品生产工人薪酬　　30 000元

车间管理人员薪酬　　6 000元

企业管理人员薪酬　　12 000元

3. 用银行存款发放职工薪酬88 000元;

4. 计提本月固定资产折旧4 000元,其中车间固定资产折旧3 000元,企业管理固定资产折旧1 000元;

5. 采购员胡海报销差旅费600元(原借差旅费800元,退回现金200元);

6. 以存款支付车间固定资产维修费用1 000元;

7. 车间报销办公费 500 元，以现金支付；

8. 将本月归集的制造费用 18 900 元，按两种产品的生产工人薪酬分配，A、B 产品各分配 10 800 元、8 100 元；

9. 本月生产的 A、B 两种产品（A 产品 97 600 元，B 产品 77 700 元）全部完工，按实际成本入账。

【训练要求】

(1)根据以上资料编制会计分录；

(2)登记“制造费用明细分类账”（见表 5.6）。

表 5.6　制造费用明细账

车间：　　　　　　　　　　　　　　　　　　　　　　单位：元

年		凭证号	摘要	材料费	工资费	折旧费	维修费	办公费	合计
月	日								
			材料费分配表						
			工资费分配表						
			折旧费分配表						
			维修费						
			办公费						
			本月合计						
			分配转出						

训练四

【训练目的】

产品销售业务的核算。

【训练资料】

恒山公司 2011 年 12 月份发生下列经济业务：

1. 向易达公司销售 A 产品 100 件，单价 400 元，增值税销项税额 6 800 元，以现金代垫运费 1 000 元，全部款项尚未收回；

2. 向顺利公司销售 B 产品 200 件，单价 500 元，增值税销项税额 17 000 元，全部款项收存银行；

3. 以存款支付产品广告费 10 000 元；

4. 向风帆公司销售 A 产品 200 件，单价 400 元，增值税销项税额 13 600 元，收到对方承兑的商业汇票 93 600 元；

5. 预收吉祥公司销货款 60 000 元；

6. 向吉祥公司发出 B 产品 110 件，单价 500 元，销项税额 9 350 元。收到吉祥公司补付货款 4 350 元；

7. 计算本月应负担的营业税金及附加 3 500 元；

8. 月末结转销售 A、B 产品的成本。单位 A、B 产品的生产成本分别为 320 元、400 元。

【训练要求】

根据以上资料编制会计分录。

训练五

【训练目的】

利润形成与分配业务的核算。

【训练资料】

恒山公司2011年12月份发生下列经济业务：

1. 出售不需用材料一批，售价10 000元，销项税额1 700元，该材料账面成本8 000元，款项收妥存入银行；

2. 向某单位捐赠款项8 000元；

3. 收到包装物租金收入3 000元，存入银行；

4. 以现金支付退休人员工资4 200元；

5. 用银行存款支付违约罚款600元；

6. 注销一笔无法支付的应付款5 000元；

7. 以存款支付短期借款利息800元；

8. 将本月的收入、成本、税金、费用等损益类账户余额转入“本年利润”，并计算当期净利润；

9. 按25%的所得税率计算本期应交所得税，并将所得税费用转入“本年利润”；

10. 按净利润的10%提取盈余公积金；

11. 经公司董事会决议，向投资人分配利润10 000元；

12. 计算年末未分配利润。

【训练要求】

根据以上资料(结合训练四中的资料)编制会计分录。

训练六

【训练目的】

资金退出业务的核算。

【训练资料】

正定公司2011年12月份发生下列经济业务：

1. 用银行存款偿还到期的短期借款50 000元，长期借款200 000元；

2. 用银行存款支付应交增值税60 000元、应交消费税10 000元、应交城市维护建设税4 900元、应交所得税10 000元；

3. 用银行存款向投资人支付现金股利5 000元；

4. 用银行存款支付联营期满的某单位投资款40 000元。

【训练要求】

根据以上资料编制会计分录。

第六章　成本计算

学习目标

了解成本计算的必要性；明确成本计算的基本要求和一般程序；掌握材料物资采购成本、产品生产成本、商品销售成本的构成与基本计算方法。

第一节　成本计算的要求

一、成本计算的概念及必要性

(一) 成本与成本计算的概念

1. 成本

成本属于资产价值的范畴，是按照一定对象归集的各种耗费，是新增资产价值的主要组成部分。资产价值由三部分组成：① 已耗生产资料（劳动手段）的转移价值（如折旧费等）；② 支付给劳动者的劳动报酬（职工薪酬）；③ 劳动者为社会所做的贡献（利润）。其中，前两部分是构成成本价值的基础。

按照归集对象的不同，成本具体表现为不同的方面。在供应过程中，企业的主要经济活动是各种存货的采购，在存货的采购过程中所支付的存货买价和采购费用，按各种存货的种类进行归集，从而构成各种存货的采购成本；在生产过程中，企业的主要经济活动是生产产品，生产过程中发生的材料耗费、职工薪酬（人工费）、固定资产损耗（折旧费）等生产费用，按各种产品进行归集，从而构成各种产品的生产成本；在销售过程中，企业的主要经济活动是销售各种产品，已售产品的生产成本，按各种已售产品进行归集，构成各种已售产品的销售成本（主营业务成本）。采购成本、生产成本、主营业务成本是成本在不同生产经营环节的具体表现。其中存货采购成本的计算较为简单，主营业务成本即已售产品的生产成本，也不难计算。因此，通常所说的成本计算主要是指产品的生产成本，即制造成本的计算，或者说产品生产成本的计算是成本计算的主要内容。

2. 成本计算

成本是企业重要的会计信息，综合性强，必须及时提供，以满足会计信息使用者的需要。成本计算是指采用一系列专门的方法，将企业在生产经营过程中发生的各种耗费，按照一定的对象进行归集与分配，从而计算出各该对象的成本(总成本与单位成本)的会计工作。包括存货采购成本、产品生产成本、产品销售成本(主营业务成本)的计算。

(二) 成本计算的必要性

成本计算对于加强企业经营管理，提高企业经济效益具有重要的意义。

(1) 通过成本计算，可以取得企业的实际成本资料，并据以确定实际成本与计划成本的差异，考核成本计划的完成情况，通过分析成本升降的原因，进一步挖掘降低成本的潜力。

(2) 通过成本计算，可以反映企业的各项费用支出，揭露企业经营管理中存在的问题，以便及时采取有效措施，改善企业的经营管理。

(3) 通过成本计算，可以为今后的成本预测、成本规划及制定产品价格提供参考资料。

二、成本计算的基本要求

从本质上讲，成本计算过程实际上是费用的归集与分配过程，在不同的企业或同一企业的不同生产经营阶段，会出现不同的经济活动，发生不同的支出，形成不同的成本，它们的计算方法也不完全相同。要做好不同阶段的成本计算工作，必须根据下列基本要求，正确地归集与分配各种费用，计算出各成本计算对象的成本(本节主要介绍产品生产成本的计算要求)。

(一) 遵守成本开支范围

成本开支范围是根据企业经营活动中发生费用的不同性质，依据成本的组成和加强成本核算与管理的要求，由国家相关法规(如成本管理条例等)所作的有关成本开支的统一规定。具体地说，成本开支范围是指哪些费用可以列入成本，哪些费用不能列入成本的相关规定。企业必须遵循国家统一规定的成本开支范围，不得随意改变成本费用的确认标准与计量方法，不得虚列、多列、少列或不列成本费用，不得乱挤成本，以保证成本指标的真实性和成本计算口径的一致性。

小思考

乱挤成本的基本含义是什么?

思考提示

乱挤成本主要是指把不应该计入成本的支出挤进成本，扩大成本开支范围，虚增成本，导致成本不真实。

(二) 划分支出、费用与成本的界限

1. 划分支出与费用的界限

支出与费用不同。支出的范围广泛，企业日常发生的支出，有些与产品的生产和销售有关，有些与产品的生产和销售无关，有些属于长期的资本性支出或其他支出。不同的费用支出，其补偿的资金来源也是不同的。进行成本计算，凡是与产品生产有关，应从当期产品销

售收入中得到补偿的生产费用，才能计入产品生产成本；凡与产品生产无关，而又不应从产品销售收入中得到补偿的其他各种支出，如购买固定资产支出、罚款支出等，均不能计入产品成本。

2. 划分费用与成本的界限

费用与成本也是不一致的。已经发生的与产品生产有关的费用，并不一定等于已经形成的产品成本。虽然费用与成本的经济内容是相同的，但计算基础却不同。费用是按照一定的会计期间归集的耗费，而成本是以一定的对象归集的耗费，费用只有按一定的对象归集后才能成为成本，或者说，成本是对象化了的费用。一般而言，费用是成本的基础，成本是费用的对象化，同一期间的费用与成本不一定相等，只有一定会计期间发生的费用全部计入了产品成本，该期的费用与成本才会相等。

3. 划分本期成本费用与下期成本费用的界限

凡应由本期相关成本计算对象负担的费用，计入本期成本计算对象的成本，凡不应由本期相关成本计算对象负担的费用，则不能计入本期相关成本计算对象的成本。

4. 划分不同成本计算对象成本的界限

企业在进行成本计算时，要严格分清不同的成本计算对象，防止张冠李戴。凡是由哪种成本计算对象受益的费用，则应由哪种成本计算对象负担，计入该成本计算对象的成本，不能将由其他成本计算对象受益的费用，计入到该成本计算对象，导致成本计算的不真实。

5. 划分在产品成本与完工产品成本的界限

企业对于应计入本期产品成本的费用，如果应由期末在产品与完工产品共同负担，则要采用适当的方法于期末在产品与当期完工产成品之间进行分配，合理分清哪些是在产品应负担的费用，哪些是完工产成品应负担的费用。

（三）按权责发生制要求进行成本计算

会计核算基础有权责发生制与收付实现制，企业会计核算应遵循权责发生制。按照权责发生制要求，凡应属于本期的一切收入、费用，不论其是否在本期内实际收到或付出款项，都应作为本期的收入和费用处理；反之，凡不应属于本期的收入和费用，即使在本期收到或付出款项，也不能作为本期的收入和费用。在成本计算上，凡在本期发生的应由本期产品负担的费用，不论本期有没有付款，都要计入本期的产品成本，反之，凡不应由本期产品负担的费用，尽管在本期发生款项支出，也不能计入本期的产品成本。

（四）做好成本核算的各项基础工作

企业的成本费用，内容多，涉及面广。为提高成本核算质量，确保成本计算的及时性、客观性，必须做好以下各项基础工作。

1. 做好定额的制定与修订工作，加强定额管理

定额是企业生产经营过程中的消耗限额，企业应根据当前设备条件与技术水平，充分考虑调动职工挖潜降耗的积极因素，制定与修订先进可行的材料、燃料、动力和工时等消耗定额，并据以审核各项费用开支是否合理、节约，借以控制消耗、降低成本费用。

2. 做好材料物资的计量、收发、领退、盘点等工作，加强财产实物管理

加强成本费用的核算与管理，必须做好企业生产经营过程中材料物资的收发、领退、结存的计量工作，并建立、健全相应的制度。对材料物资的收发、领退，在产品和半成品的内部转移以及产成品的验收入库等，均应填制相应的原始凭证，按规定的审批手续，并经过计量、验收和交接，防止任意领发和转移。

3. 做好原始记录工作，加强内部控制管理

原始记录是反映企业经济业务发生情况的原始资料，是进行成本核算与管理的客观证明，是企业加强内部控制管理的重要依据。只有计量没有记录，会计核算就没有书面的凭证依据，内部控制管理就无从下手。企业应该制定既符合各方面管理需要、又符合成本管理要求，既科学合理、又简便实用的原始记录制度，以便正确、及时地为成本核算和其他方面提供所需的原始资料，以更好地强化内部控制与管理。

（五）适应生产特点和管理要求，采用适当的成本计算方法

企业应结合自身的具体情况，选择适合本企业生产经营特点和生产组织方式的成本计算方法进行成本计算。成本计算方法的选择，首先应当考虑企业的生产特点，不同的生产组织和生产工艺过程，应选择与之相适应的成本计算方法；其次，确定成本计算方法，还必须考虑企业成本管理的要求，以更好地发挥成本资料对企业成本控制与成本管理的作用。成本计算方法一旦选定，在会计环境没有新的变化之前，一般不应经常变动。企业常见的产品成本计算方法有品种法、分批法、分步法等，具体成本计算方法的选择和使用将在《成本会计》等相关课程中学习。

三、成本计算的基本程序

（一）确定成本计算对象

成本计算对象是费用归集的对象，即费用的受益对象，它是费用归集和分配的依据。成本计算对象的选择必须符合企业的实际，有利于提供有用的成本信息。对于产品制造企业来说，一个成本计算对象，可以包括若干种不同产品或不同的经济活动，也可以只包括一种产品或一种经济活动；可以是一个单独的产品或项目，也可以是一批相同的项目或一组相似的产品；可以是最终产品，也可以是加工到一定程度的半成品。对主要产品，可以从细选择成本计算对象，对一般产品，可以概括地确定成本计算对象。

（二）划分成本计算期间

成本计算期是指多长时间计算一次成本，什么时候计算成本。从产品制造企业来看，一般而言，产品生产完工之时，才是产品成本完全形成之日。因此，从合理性来看，以产品的生产周期作为成本计算期间是较合理的。但是，由于有的产品的生产周期过长，完全按产品的生产周期来计算成本，将会影响会计信息的使用者及时地取得相关的会计信息；有的产品的生产周期很短，完全按产品的生产周期来计算成本，将会使成本计算十分繁忙，影响会计核算效率；另外，很多企业的很多产品生产，几乎每天都有完工产品入库。所以，成本计算期间与产品的生产周期完全吻合只是一种愿望，在企业的成本计算实践中往往难于完全做到。如何确定企业的产品成本计算期间，主要取决于企业的生产组织特点和成本管理要求。如果企业采用批量组织生产，一批产品一般能同时完工，可以按产品的生产周期组织成本计算，即以产品的生产周期作为成本计算期间；如果企业的生产特点是经常反复不断地大量生

产同一种或几种产品，为了及时取得成本计算信息，加强成本管理，一般可按月计算成本，即以每个月份为成本计算期间。

(三) 明确成本计算项目

进行成本计算，必须明确成本计算项目，即成本的组成项目。成本组成项目要按照有关制度规定结合企业的具体情况加以确定。一般情况下，材料采购成本项目包括材料买价、其他采购费用等；产品生产成本项目一般包括为生产产品而发生的直接材料、直接人工(职工薪酬)、制造费用等。

(四) 归集与分配各项费用

成本计算的过程实际上就是费用按一定成本计算对象进行归集和分配的过程，正确地归集和分配各种费用，是正确地进行成本计算的前提。有些费用的发生与各成本计算对象直接有关，是直接费用，可以直接计入各该成本计算对象的成本；有些费用的发生同时与几个成本计算对象有关，属于间接费用，要按照一定的分配标准在几个成本计算对象之间进行分配。间接费用在不同成本计算对象之间的分配对企业成本计算的正确性影响很大，为此企业要选择好间接费用的分配标准，做到分配标准的相关性、合理性、易取性。分配标准一经选定，不得随意变动，以保持各期成本计算口径的一致性。

(五) 设置和登记成本明细账，编制成本计算表

在成本计算过程中，为系统地归集、分配应计入各种成本计算对象的费用，企业会计核算中，应按成本计算对象和成本核算项目分别设置和登记费用、成本明细分类账户，并根据这些账户资料，编制各种成本计算表，借以计算确定各成本计算对象的总成本与单位成本，以全面系统地反映各种成本指标的构成情况。

(六) 做好成本结转工作

成本计算后，要及时地进行成本结转。当企业购买的材料验收入库并计算出材料采购成本后，要根据材料采购成本计算表将材料采购成本由“在途物资”结转到“原材料”等账户；当企业计算出完工入库的产成品成本后，要根据产品生产成本计算表将产成品成本从“生产成本”结转到“库存商品”，以满足会计信息使用者的需要。

小思考

成本与费用有何区别与联系？

思考提示

成本是指企业为生产产品、提供劳务而发生的各种耗费，费用是指企业日常经济活动中发生的、导致所有者权益减少的、与所有者分配利润无关的经济利益的总流出。

成本和费用都是企业经济资源的耗费，费用是构成成本的基础，成本是对象化的费用。但成本针对的是一定的成本计算对象而言的，费用则是按照一定的会计期间来计算的。

第二节　成本的构成与计算

本节以产品制造企业为例说明企业经营过程各阶段的成本计算方法。

制造企业的经营过程一般要经过材料物资采购供应、产品生产、产品销售三个主要阶段，每个阶段要分别计算材料物资采购成本、产品生产成本、产品销售成本（主营业务成本）。下面分别加以介绍。

一、材料物资采购成本的构成与计算

（一）材料物资采购成本的构成

材料物资采购成本由买价和其他采购费用两个成本项目组成。

1. 买价

买价是材料物资的供应单位开具的购货发票上标明的价格。

2. 其他采购费用

其他采购费用包括：

（1）运杂费，包括材料物资采购过程中发生的由企业支付的材料物资的运输费、装卸费、保险费、包装费、仓储费等；

（2）材料物资运输途中的合理损耗；

（3）材料物资入库前的挑选整理费用，如在挑选整理中发生的人工支出和必要的损耗，扣除回收的下脚料价值；

（4）购入材料物资负担的税金和其他费用等。

为简化成本计算方法，企业发生的采购员差旅费、材料入库后的仓储保管费、仓库保管人员的薪酬等支出计入管理费用，不计入材料采购成本。

（二）材料物资采购成本的计算

材料物资采购成本的计算就是将供应过程中发生的材料买价和其他采购费用，按一定种类的材料物资进行归集与分配，确定各种材料的实际成本。

在计算材料物资采购成本时，首先要区分直接费用和间接费用。发生后能直接确定所属成本计算对象的费用是直接费用，发生后不能直接确定所属成本计算对象，而要在各个成本计算对象之间进行分配的费用是间接费用。从上述材料物资采购成本的组成来看，材料物资的买价发生后可直接计入各种相应的材料物资成本，是直接费用；而对于其他采购费用，若是因为采购某一种材料物资而发生的，也是直接费用，若是因为采购多种材料物资而共同发生的采购费用，则要在各种材料物资间按一定的标准进行分配，是间接费用。由上所知，材料物资采购成本的计算，主要是间接费用的分配问题。间接费用的分配方法如下：

1. 确定间接采购费用的分配标准

间接采购费用的分配标准的确定，要体现分配标准的易取性、合理性。常见的间接采购费用的分配标准有材料物资重量、体积、买价等。不同的间接采购费用可选择不同的分配标准，如分配运输费、包装费等可选用材料物资的重量或体积作为分配标准，分配保险费等可选用材料物资的买价作为分配标准。

2. 计算间接采购费用分配率

$$间接采购费用分配率=\frac{各种材料物资共同发生的采购费用}{各种材料物资的分配标准(重量、体积、买价等)之和}$$

3. 计算某材料物资应分配的间接采购费用

某材料物资应分配的间接采购费用=该材料物资的分配标准×间接采购费用分配率

【例 6.1】 慧瑞公司采购甲、乙、丙三种材料的相关支出见表 6.1 所示，材料验收入库，要求计算三种材料的采购成本(共同运输费用按材料物资重量比例分配)，并登记三种材料的“材料采购明细分类账”和“材料物资采购成本计算表”。

表 6.1 采购甲、乙、丙三种材料的支出

材料物资名称	重量(千克)	单价(元)	买价(元)	共同运输费(元)
甲材料	6 000	10	60 000	
乙材料	4 000	20	80 000	2 400
丙材料	2 000	30	60 000	
合计	12 000		200 000	2 400

分析：计算材料物资的采购成本，各种材料物资的买价是直接费用，可直接计入各种材料物资的采购成本，关键是各种材料物资共同发生的间接费用的分配。该项经济业务中，三种材料共同发生的运输费用 2 400 元是间接费用，需要在三种材料物资间进行分配。分配过程如下：

$$运输费用分配率=\frac{2\ 400}{12\ 000}=0.2\ 元/千克$$

甲材料应分配的运输费用=0.2×6 000=1 200 元；
乙材料应分配的运输费用=0.2×4 000=800 元；
丙材料应分配的运输费用=0.2×2 000=400 元。

根据以上计算结果，编制“材料采购明细分类账”和“材料物资采购成本计算表”如表 6.2～表 6.5 所示：

表 6.2 材料采购明细分类账

材料物资名称或类别：甲材料

年		凭证号	摘要	借方金额			贷方金额
月	日			买价	运费	合计	
			购入 6 000 千克，单价 10 元	60 000		60 000	
			分摊运输费用		1 200	1 200	
			结转材料实际成本				61 200
			发生额和余额	60 000	1 200	61 200	0

表 6.3 材料采购明细分类账

材料物资名称或类别:乙材料

年		凭证号	摘　　要	借方金额			贷方金额
月	日			买价	运费	合计	
			购入 4 000 千克,单价 20 元	80 000		80 000	
			分摊运输费用		800	800	
			结转材料实际成本				80 800
			发生额和余额	80 000	800	80 800	0

表 6.4 材料采购明细分类账

材料物资名称或类别:丙材料

年		凭证号	摘　　要	借方金额			贷方金额
月	日			买价	运费	合计	
			购入 2 000 千克,单价 30 元	60 000		60 000	
			分摊运输费用		400	400	
			结转材料实际成本				60 400
			发生额和余额	60 000	400	60 400	0

表 6.5 材料物资采购成本计算表

成本项目	甲材料		乙材料		丙材料	
	总成本(6 000 千克)	单位成本	总成本(4 000 千克)	单位成本	总成本(2 000 千克)	单位成本
买价	60 000	10	80 000	20	60 000	30
运输费用	1 200	0.2	800	0.2	400	0.2
采购成本	61 200	10.2	80 800	20.2	60 400	30.2

二、产品生产成本的构成与计算

根据成本计算原理,计算产品生产成本(制造成本),首先应确定产品成本计算对象,即计算什么产品的成本。企业一般按产品的品种或批次作为成本计算对象来归集与分配费用,计算各种或各批次产品的成本;其次应明确成本计算期,即多长时间计算一次产品成本,企业通常按月定期计算产品成本,对于分批组织生产的企业,也可以产品的生产周期作为成本计算期;最后将生产过程中发生的应计入产品生产成本的生产费用分别成本计算对象分配计入各相应产品,计算产品的生产总成本和单位成本。

(一) 产品生产成本的构成

计算产品成本,要明确产品的成本组成项目,即产品成本项目。产品成本项目是指按经济用途划分的应计入产品成本的生产费用项目,通常包括以下几个方面:

(1) 直接材料,是指为生产产品而耗费的原材料、辅助材料、备品备件、外购半成品、燃料、动力、周转材料及其他直接材料等。

(2) 直接人工,是指直接从事产品生产的工人工资、奖金、职工福利、津贴和补贴等职工薪酬。

(3) 制造费用,是指企业各生产单位为组织和管理生产所发生的各项费用,包括车间管理人员薪酬(工资、福利费等)、固定资产折旧费与修理费、车间办公费、差旅费、水电费、劳动保护费等。

以上前两项与产品生产的关系较为直接,一般可直接确定应计入产品成本的金额有多少,应直接计入产品的生产成本。第三项一般是由多种产品共同负担的共同性费用,不能在发生时直接计入某产品的生产成本,应在期末按一定的分配标准和合理的分配方法,分配计入各种产品的成本。

(二) 产品生产成本的计算

产品生产成本的计算,要设置产品生产成本明细账,归集与分配生产过程中发生的应计入产品生产成本的生产费用。生产成本明细账应按产品成本计算对象来开设,采用一定的成本计算方法,计算、确定产品生产成本。

【例 6.2】 慧瑞公司某月生产 C、D 两种产品的有关资料如下,要求据此计算两种产品的生产总成本与单位成本,登记产品生产成本明细账和完工产品成本计算表,并作结转完工入库产品成本的会计处理。

1. 月初在产品资料,如表 6.6 所示:

表 6.6 月初在产品成本资料

单位:元

产品名称	直接材料	直接人工	制造费用	合 计
C	10 000	6 000	4 000	20 000
D	6 000	4 000	3 000	13 000
合计				

2. 本月发生的各项生产费用,如表 6.7 所示:

表 6.7 本月发生的各项生产费用资料

单位:元

产品名称	直接材料	直接人工	制造费用	合 计
C	70 000	48 000	22 000	140 000
D	70 000	64 000	27 000	161 000
合计	140 000	112 000	49 000	301 000

3. 月末产品资料:

当月生产的 C 产品 7 000 件全部完工,生产的 D 产品 10 000 件,完工 9 000 件,月末有在产品 1 000 件。完工的 D 产品各项目成本定额为:直接材料 7.9 元,直接人工 7 元,制造费用 3.1 元。

计算过程如下：

1. 根据月初在产品成本资料，分别登记两种产品的生产成本明细账的“月初在产品成本”栏目。如表 6.8、表 6.9 所示。

表 6.8　生产成本明细账

产品名称:C产品　　　　　　年　月　日　　　　　　单位:元

年		凭证号	摘　要	借　方			
月	日			直接材料	直接人工	制造费用	合计
	略	略	月初在产品成本	10 000	6 000	4 000	20 000
			分配材料费用	70 000			70 000
			分配人工费用		48 000		48 000
			分配制造费用			22 000	22 000
			合计	80 000	54 000	26 000	160 000
			结转完工产品成本(7 000 件)	80 000	540 000	26 000	160 000

表 6.9　生产成本明细账

产品名称:D产品　　　　　　年　月　日　　　　　　单位:元

年		凭证号	摘　要	借　方			
月	日			直接材料	直接人工	制造费用	合计
	略	略	月初在产品成本	6 000	4 000	3 000	13 000
			分配材料费用	70 000			70 000
			分配人工费用		64 000		64 000
			分配制造费用			27 000	27 000
			合计	76 000	68 000	30 000	174 000
			结转完工产品成本(9 000 件)	71 100	63 000	27 900	162 000
			月末在产品成本(1 000 件)	4 900	5 000	2 100	12 000

2. 根据本月发生的成本资料，将其中的直接材料、直接人工、制造费用分别登记在两种产品的生产成本明细账的相应的成本项目栏内，见上表。

3. 计算并结转当月完工产品成本。其中，生产的C产品7 000件当月全部完工，其发生的成本160 000元全部为完工产成品成本。生产的D产品当月完工9 000件，根据单位产品的各项目成本定额乘以完工产品数量，计算当月完工产成品成本，根据当月成本合计减完工产品成本，即为当月末在产品成本。计算结果如下：

完工D产品的直接材料 = 7.9×9 000 = 71 100 元

月末在产品直接材料 = 76 000 − 71 100 = 4 900 元

完工D产品的直接人工 = 7×9 000 = 63 000 元

月末在产品直接人工 = 68 000 − 63 000 = 5 000 元

完工D产品的制造费用 = 3.1×9 000 = 27 900 元

月末在产品的制造费用 = 30 000 − 27 900 = 2 100 元

将以上两种产品的完工成本和月末在产品成本登记到相应产品的生产成本明细账上，见上表。

根据产品成本明细账及当月完工的产品数量，编制完工产品成本计算表，如表 6.10 所示。

表 6.10 完工产品生产成本计算表

单位：元

成本项目	C产品		D产品	
	总成本(7 000 件)	单位成本	总成本(9 000 件)	单位成本
直接材料	80 000	11.43	71 100	7.9
直接人工	54 000	7.71	63 000	7
制造费用	26 000	3.72	27 900	3.1
合 计	160 000	22.86	162 000	18

5. 作结转完工产成品成本的会计处理：

借：库存商品——C 产品　　160 000

　　　　　——D 产品　　162 000

　贷：生产成本——C 产品　　160 000

　　　　　　——D 产品　　162 000

三、产品销售成本的构成与计算

(一) 产品销售成本的构成

产品销售成本，即已售产品的生产成本，其成本构成与生产成本的构成相同，包括产品的直接材料、直接人工、制造费用三方面。

(二) 产品销售成本的计算

产品销售成本的计算，根据已销售产品的数量乘以产品平均单位生产成本来计算。在实务中，由于当期销售产品的数量是已知的，因此，产品销售成本的计算，主要是当期产品平均单位成本的确定与计算。

产品平均单位成本的计算，可采用"全月一次加权平均法"、"移动加权平均法"、"先进先出法"等计算方法。举例如下：

【例 6.3】 慧瑞公司某月销售 C 产品 6 000 件，D 产品 8 000 件，月初 C、D 产品的库存数量分别为：3 000 件、4 000 件，成本分别为 70 000 元、74 600 元，本月完工入库产品数量与成本见上例，要求采用全月一次加权平均法计算当月销售的两种产品成本，登记库存商品明细账，并作结转产品销售成本的会计处理。

1. 计算产品销售成本

产品的加权平均单位成本和当月销售成本的具体计算如下：

$$\text{产品加权平均单位成本}=\frac{\text{月初库存产品成本}+\text{当月完工入库产品成本}}{\text{月初库存产品数量}+\text{当月完工入库产品数量}}$$

$$\text{当月销售产品成本}=\text{当月销售产品数量}\times\text{产品加权平均单位成本}$$

本例中，两种产品的当月加权平均单位成本和当月销售成本计算结果为：

$$C\text{产品加权平均单位成本}=\frac{70\ 000+160\ 000}{3\ 000+7\ 000}=23\text{ 元；}$$

当月销售 C 产品的成本 = 23×6 000 = 138 000 元；

$$D\text{产品加权平均单位成本}=\frac{74\ 600+162\ 000}{4\ 000+9\ 000}=18.2\text{ 元；}$$

当月销售 D 产品的成本 = 18.2×8 000 = 145 600 元。

2. 登记库存商品明细账，如表 6.11、表 6.12 所示：

表 6.11 库存商品明细账

产品名称：C 产品　　　　单位：元

年		摘要	收入			发出			结存		
月	日		数量(件)	单价	金额	数量(件)	单价	金额	数量(件)	单价	金额
		月初余额							3 000	23.33	70 000
		本月入库	7 000	22.86	160 000						
		本月销售				6 000	23	138 000			
		月末结余							4 000	23	92 000

表 6.12 库存商品明细账

产品名称：D 产品　　　　单位：元

年		摘要	收入			发出			结存		
月	日		数量(件)	单价	金额	数量(件)	单价	金额	数量(件)	单价	金额
		月初余额							4 000	18.65	74 600
		本月入库	9 000	18	162 000						
		本月销售				8 000	18.2	145 600			
		月末结余							5 000	18.2	91 000

3. 作结转销售产品成本的会计处理：

借：主营业务成本——C 产品　　138 000
　　　　　　　　——D 产品　　145 600
　贷：库存商品——C 产品　　138 000
　　　　　　　——D 产品　　145 600

小思考

如果采用先进先出法，上述两种产品的当月销售成本如何计算？

思考提示

如果采用先进先出法，两种产品的当月销售成本计算如下：

C 产品当月销售成本 = 3 000×23.333 3 + 3 000×22.86 = 138 580 元

D 产品当月销售成本＝4 000×18.65＋4 000×18＝146 600 元

以上计算结果与全月一次加权平均法不相等。

本章小结

成本属于资产价值的范畴，是按照一定对象归集的各种耗费，是新增资产价值的主要组成部分。成本计算是指采用一系列专门的方法，将企业在生产经营过程中发生的各种耗费，按照一定的对象进行归集与分配，从而计算出各该对象的成本（总成本与单位成本）的会计工作。

成本计算的基本要求有：遵守成本开支范围、划分支出、费用与成本的界限、按权责发生制要求进行成本计算、做好成本核算的各项基础工作、适应生产特点和管理要求，采用适当的成本计算方法。

成本计算的基本程序是：① 确定成本计算对象；② 确定成本计算期间；③ 确定成本项目组成；④ 归集与分配各项费用；⑤ 设置和登记成本明细账，编制成本计算表；⑥ 完工产品成本的结转。

制造企业的经营过程一般要经过材料物资采购供应、产品生产、产品销售三个主要阶段，每个阶段要分别计算材料物资采购成本、产品生产成本、产品销售成本（主营业务成本）。材料物资的采购成本由买价和其他采购费用两个成本项目组成。产品生产成本包括直接材料、直接人工、制造费用三个成本项目，计算产品生产成本（产品制造成本），首先应确定产品成本计算对象；其次应明确成本计算期；最后将生产过程中发生的应计入产品生产成本的生产费用分别成本计算对外象分配计入各相应产品，计算产品的生产总成本和单位成本。产品销售成本，即已售产品的生产成本，其成本构成与生产成本的构成相同，包括产品的直接材料、直接人工、制造费用三方面。产品销售成本的计算，是根据已销售产品的数量乘以产品平均单位生产成本来计算，主要是当期产品平均单位成本的确定与计算。产品平均单位成本的计算，可采用“全月一次加权平均法”、“移动加权平均法”、“先进先出法”等计算方法。

关键概念 成本 成本计算 采购成本 生产成本 销售成本（主营业务成本）

知识训练

理论知识训练

一、单项选择题

1. 产品生产过程中发生的费用，其中与各该成本计算对象有关的为（　　）。

A. 直接费用　　B. 间接费用　　C. 期间费用　　D. 成本费用

2. 企业一般以（　　）作为分配制造费用的标准。

A. 生产工人工资　　B. 材料成本　　C. 产品重量　　D. 产品体积

3. 某企业生产的 A、B 产品，本期共发生制造费用 40 000 元，以产品生产工时为标准分配制造费用，A 产品应分配的制造费用为（　　）元（A、B 产品的生产工时分别为 12 000 和 8 000）。

A. 12 000　　B. 40 000　　C. 20 000　　D. 24 000

4. 某企业购入材料一批，买价 20 000 元，进项税额 3 400 元，发生材料运输费用 1 000

元，装卸费用150元，采购人员薪酬1 500元，途中不合理损耗200元，该批材料的采购成本为(　　)元。

A. 21 350　　B. 24 550　　C. 26 250　　D. 21 150

5. 某车间只生产一种A产品，本月领用原材料40 000元，分配直接人工薪酬8 000元，车间管理人员薪酬1 500元，车间设备折旧、维修费用1 500元。此外，本月还发生企业管理费用6 000元，银行借款利息3 000元，本月该产品的生产成本为(　　)元。

A. 60 000　　B. 51 000　　C. 48 000　　D. 57 000

二、多项选择题

1. 材料采购成本应包括(　　)两项。

A. 途中合理损耗　　B. 材料买价

C. 材料运费　　D. 其他采购费用

2. 产品成本项目有(　　)。

A. 直接材料　　B. 直接人工　　C. 管理费用　　D. 制造费用

3. 下列属于制造费用的有(　　)

A. 车间设备的折旧费用　　B. 机器设备修理费用

C. 车间主任薪酬　　D. 总经理薪酬

4. 主营业务成本包括已售产品的(　　)

A. 制造费用　　B. 直接人工　　C. 直接材料　　D. 销售税金

5. 下列各项属于直接材料的有(　　)。

A. 原料及辅助材料　　B. 周转材料　　C. 外购半成品　　D. 仓储费

三、判断题

1. 计算成本，首先要确定成本计算对象。(　　)

2. 产品销售成本(主营业务成本)是已售产品的生产成本加上销售费用和销售税金。(　　)

3. 为简化采购成本的计算，各种材料共同发生的运输费用，可直接计入某种主要的材料采购成本中。(　　)

4. 成本是按一定的会计期间归集的耗费。(　　)

5. "制造费用"与"库存商品"是对应账户。(　　)

四、思考题

1. 成本计算的基本要求有哪些?

2. 简述企业的成本计算程序。

3. 简述采购成本、生产成本、销售成本(营业成本)的概念及组成项目。

4. 试述结转采购成本、完工产品的生产成本、已售产品的销售成本的会计处理方法。

业务技术训练

训练一

【训练目的】

企业材料物资采购成本的计算。

【训练资料】

宏图公司采购甲、乙两种材料的相关支出如下表所示，材料验收入库。

表 6.13 材料采购支出表

材料物资名称	重量(千克)	单价(元)	买价(元)	共同运输费(元)
甲材料 乙材料	8 000 5 000	20 30	160 000 150 000	3 900
合计	13 000		310 000	3 900

【训练要求】

计算两种材料的采购成本(运输费用按材料物资重量比例分配),并登记两种材料的“材料采购明细分类账”和“材料物资采购成本计算表”(见表 6.14～表 6.16)。

表 6.14 材料采购明细分类账

材料物资名称或类别:甲材料

年		凭证号	摘 要	借方金额			贷方金额
月	日			买价	运费	合计	
			发生额和余额				

表 6.15 材料采购明细分类账

材料物资名称或类别:乙材料

年		凭证号	摘 要	借方金额			贷方金额
月	日			买价	运费	合计	
			发生额和余额				

表 6.16 材料物资采购成本计算表

成本项目	甲材料		乙材料	
	总成本(8 000 千克)	单位成本	总成本(5 000 千克)	单位成本
买价 运输费用				
采购成本				

训练二

【训练目的】

企业产品生产成本的计算。

【训练资料】

联华公司某月生产 A、B 两种产品的有关资料如下(见表 6.17、表 6.18)。

1. 月初在产品资料:

表 6.17　月初在产品成本资料

单位:元

产品名称	直接材料	直接人工	制造费用	合　计
A	22 000	14 000	4 000	40 000
B	18 000	9 000	3 000	30 000
合　计	40 000	23 000	7 000	70 000

2. 本月发生的各项生产费用:

表 6.18　本月发生的各项生产费用资料

单位:元

产品名称	直接材料	直接人工	制造费用	合　计
A	66 000	40 000	10 000	116 000
B	50 000	32 000	8 000	90 000
合　计	116 000	72 000	18 000	206 000

3. 月末产品资料:

当月生产的 A 产品完工 4 000 件,完工的 A 产品各项目成本定额为:直接材料 20 元,直接人工 12 元,制造费用 3 元。生产的 B 产品 6 000 件全部完工。

【训练要求】

计算两种产品的生产总成本与单位成本,登记产品生产成本明细账和完工产品成本计算表,并作结转完工入库产品成本的会计处理(见表 6.19～表 6.21)。

表 6.19　生产成本明细账

产品名称:A 产品　　　　年　月　日　　　　单位:元

年		凭证号	摘　要	借　方			
月	日			直接材料	直接人工	制造费用	合　计
	略	略	月初在产品成本				
			分配材料费用				
			分配人工费用				
			分配制造费用				
			合计				
			结转完工产品成本(4 000 件)				
			月末在产品成本				

表 6.20 生产成本明细账

产品名称:B产品 年 月 日 单位:元

年		凭证号	摘要	借方			
月	日			直接材料	直接人工	制造费用	合计
	略	略	月初在产品成本				
			分配材料费用				
			分配人工费用				
			分配制造费用				
			合计				
			结转完工产品成本(6 000 件)				

表 6.21 完工产品生产成本计算表

单位:元

成本项目	A产品		B产品	
	总成本(4 000 件)	单位成本	总成本(6 000 件)	单位成本
直接材料				
直接人工				
制造费用				
合计				

训练三

【训练目的】

企业产品销售成本的计算(见表 6.22、表 6.23)。

【训练资料】

联华公司某月销售 A 产品 3 800 件,B 产品 5 800 件,月初 A、B 产品的库存数量分别为:2 000 件、3 000 件,成本分别为 72 000 元、57 000 元,本月完工入库产品数量与成本见训练二的计算结果。

【训练要求】

采用全月一次加权平均法计算当月销售的两种产品成本,登记库存商品明细账,并作结转产品销售成本的会计处理。

表 6.22 库存商品明细账

产品名称:A产品 单位:元

年		摘要	收入			发出			结存		
月	日		数量(件)	单价	金额	数量(件)	单价	金额	数量(件)	单价	金额
		月初余额									
		本月入库									
		本月销售									
		月末结余									

表 6.23 库存商品明细账

产品名称:B产品　　　　　　　　　　　　　　　　　　　　　　　　单位:元

年		摘 要	收 入			发 出			结 存		
月	日		数量(件)	单价	金额	数量(件)	单价	金额	数量(件)	单价	金额
		月初余额									
		本月入库									
		本月销售									
		月末结余									

第七章　会 计 凭 证

学习目标

了解会计凭证的重要性；明确会计凭证的种类与基本内容；掌握会计凭证的填制要求与方法及会计凭证装订与保管方面的知识。

第一节　会计凭证的作用与种类

一、会计凭证的作用

(一) 会计凭证的概念

会计凭证简称凭证，是记录经济业务、明确经济责任并据以登记账簿的书面证明。因此，任何单位在进行会计核算时，都应根据实际发生的经济业务，由执行和完成该项经济业务的有关人员从外部取得或自行填制有关凭证，以书面的形式记录和证明所发生经济业务的性质、内容、数量和金额等，并在凭证上签名和盖章，以对经济业务的真实性、完整性负责。任何会计凭证只有经过有关人员的严格审核并确认无误后，才能作为记账的依据。

(二) 会计凭证的作用

填制和审核会计凭证是会计核算的基本方法之一，是会计核算工作的起始环节，对会计信息质量和整个会计工作有着至关重要的影响。其作用主要表现在以下几个方面：

1. 记录经济业务，提供记账依据

会计凭证是在经济业务发生时取得或填制的，记录着经济业务的时间、内容、数量、金额等，通过认真填制和审核会计凭证，可以保证经济业务的真实性，为登记账簿提供真实、可靠的依据，从而保证会计信息质量。

2. 明确经济责任，强化内部控制

由于每一项经济业务发生都要填制或取得会计凭证，会计凭证记录了经济业务的基本内容，并且由有关部门和人员签名或盖章，从而明确了有关部门和人员的责任，以防止舞弊行为，强化内部控制。

3. 监督经济业务,控制经济运行

通过会计凭证的审核,可以检查每一项经济业务是否符合国家有关法律、法规、制度规定;是否符合计划、预算进度;是否有违法乱纪、铺张浪费行为等。从而严肃财经纪律,保证经济活动健康运行。

二、会计凭证的种类

在实际经济活动中,会计凭证是多种多样的,为便于区分使用,充分发挥会计凭证应有的作用,一般按会计凭证的填制程序和用途的不同,将其划分为原始凭证和记账凭证两种。

第二节 原始凭证

一、原始凭证的概念与种类

(一) 原始凭证的概念

原始凭证又称单据,是在经济业务发生或完成时取得或填制的,用来证明经济业务的发生或完成情况,并作为记账的原始依据的书面证明。如购货发票、运费发票、差旅费报销单等。

原始凭证是填制记账凭证和登记账簿的原始依据,是进行会计核算的原始资料。因此,凡是不能证明经济业务已经发生或完成的各种单据,如购货合同、请购单、对账单、银行存款余额调节表等,均不能作为会计核算的原始证据。

(二) 原始凭证的种类

1. 外来原始凭证和自制原始凭证(按其来源渠道不同)

(1) 外来原始凭证

外来原始凭证是指在经济业务活动发生或完成时,从其他单位或个人手中直接取得的原始凭证。如采购时取得的增值税专用发票或普通发票、银行开出的收款或付款结算凭证、出差时取得的车船机票等。外来原始凭证的一般格式如表 7.1、表 7.2 所示。

(2) 自制原始凭证

自制原始凭是指在经济业务发生或完成时,由本单位业务经办部门或个人自行填制的原始凭证。如收料单、领料单、入库单、出库单、借款单、工资发放明细表、折旧计算表等。自制原始凭证的一般格式如表 7.3、表 7.4、表 7.5 所示。

2. 一次原始凭证、累计原始凭证和汇总原始凭证(按其填制手续和内容不同)

(1) 一次原始凭证

一次原始凭证简称一次凭证,是指在一项或若干项同类经济业务发生时一次填制完成的原始凭证。如增值税专用发票或普通发票、收料单、入库单等。其特点是填制手续一次完成、使用方便灵活，但数量较多。外来凭证都是一次凭证，自制凭证中大多数也是一次凭证。

(2) 累计原始凭证

累计原始凭证简称累计凭证，是指在一定期间内连续记载若干同类经济业务的原始凭证。其特点是填制手续不是一次完成，而且在一定期间内可以多次使用，随时计算同类经济业务发生额的累计数，便于同计划数或定额进行比较，以达到控制费用、节约支出的目的，还起到了简化填制手续、减少凭证张数的作用。最具有代表性的是限额领料单(格式如表 7.5)。

(3) 汇总原始凭证

汇总原始凭证简称汇总凭证，是指定期根据若干同类性质经济业务的原始凭证，依据有关要求整理编制汇总完成的一种原始凭证，故又称原始凭证汇总表。使用汇总凭证可以减少记账凭证的填制工作，集中反映某项经济业务的总括情况。如发料凭证汇总表、收料凭证汇总表等。

3. 通用原始凭证和专用原始凭证(按其格式不同)

通用原始凭证是指由有关主管部门统一印制并在相应范围内使用的标准格式的原始凭证。如全国统一的银行结算凭证等。

专用原始凭证是指由会计主体自行制作并在本单位范围内使用的特殊格式的原始凭证。专用凭证一般只用于本单位，一般在凭证前面冠以本单位的名称。如折旧计算表、工资费用分配表等。

4. 手工原始凭证和机制原始凭证(按其填制手段不同)

手工原始凭证即是由业务人员或会计人员手工填制的原始凭证。传统的原始凭证都是手工凭证。

机制原始凭证即是采用计算机制作的原始凭证。随着经济的发展和计算机在经济领域的普及，越来越多的单位采用机制凭证。

原始凭证的分类如图 7.1 所示。

- 原始凭证
  - 按来源渠道不同
    - 外来原始凭证
    - 自制原始凭证
  - 按填制手续和内容不同
    - 一次原始凭证
    - 累计原始凭证
    - 汇总原始凭证
  - 按格式不同
    - 通用原始凭证
    - 专用原始凭证
  - 按填制手段不同
    - 手工原始凭证
    - 机制原始凭证

图 7.1　原始凭证分类

二、原始凭证的内容

由于各项经济业务的内容和经济管理的要求不同，各种原始凭证的名称、格式和内容也是多种多样的。但是，为了满足会计工作的需要，无论哪一种原始凭证都必须详细载明有关经济业务的发生或完成情况，明确经办单位和人员的经济责任。因此，各种原始凭证都应具备一些共同的基本内容。原始凭证所包括的基本内容，通常称为凭证要素，主要有：

(1) 原始凭证的名称；

(2) 填制凭证的日期和凭证的编号；

(3) 接受凭证单位名称或个人名称；

(4) 经济业务内容摘要；

(5) 经济业务所涉及的品名、数量、单价和金额；

(6) 填制凭证的单位名称或填制人姓名；

(7) 有关人员(部门负责人、经办人员)的签名盖章。

此外，有的原始凭证为了满足计划、业务、统计等职能部门管理经济的需要，还需要列入计划、定额、合同号码等项目，这样可以更加充分地发挥原始凭证的作用。

小思考

你乘坐出租车，出租车驾驶员在车计价器上打印的出租车发票，它属于原始凭证吗？

思考提示

结合上述原始凭证的七个要素进行思考。

三、原始凭证的填制方法与要求

(一) 原始凭证的填制方法

原始凭证的填制是由各单位业务经办人员，根据规定的基本要求和格式，按内容直接填制的，也有部分原始凭证是由会计人员填制的，如各种收款、计提费用、工资结算单等凭证。下面介绍几种常用的原始凭证填制方法。

1. 普通发票的填制

填制普通发票首先要写清购货单位的全称，然后按凭证格式和内容逐项填写齐全。普通发票要如实填写，不能按购货人的要求填写。经办人的签名和单位的公章都要盖齐并清晰可辨。其格式如表 7.1 所示。

表 7.1 商业企业发票 NO 005621

发票联(税务监制章略)

客户名称：华夏公司 2012 年 3 月 8 日 国税

货号	品名及规格	单位	数量	单价	金额									
					千	百	十	万	千	百	十	元	角	分
	螺丝刀	10	把	12						1	2	0	0	0
	扳手	15	把	20						3	0	0	0	0
小写金额合计									¥	4	2	0	0	0
(大写)零佰零拾零万零仟肆佰贰拾零元零角零分														

第二联 报销凭证

开票单位(盖章) 收款人：[印章] 开票人：[印章]

2. 增值税专用发票的填制

增值税专用发票是一般纳税人于销售货物时开具的销货发票，一般为一式四联，销货单位和购货单位各两联。其中留销货方的两联，第一联存放在有关业务部门，第四联作销货方记账凭证；交购货单位的两联，第二联为购货方抵扣凭证，第三联作购货方记账凭证。购货单位向一般纳税人购货，应取得增值税专用发票。其格式如表 7.2 所示。

表 7.2 增值税专用发票 NO 00123564

发票联（税务监制章略）

开票日期：2012 年 3 月 14 日

购货单位	名称：捷诺友邦建材有限公司 纳税人登记号：521200000213300 地址、电话：上海市海滨路 102 号 41652388 开户行及账号：工行海滨市支行 000213000666				密码区	略	
货物或应税劳务名称	规格型号	计量单位	数量	单价	金额	税率(%)	税额
甲材料		吨	600	300	180 000	17	30 600
合计					180 000		30 600
税价合计（大写）			贰拾壹万零陆佰元整				
销货单位	名称：京华机械有限公司 纳税人登记号：231000020030045 地址、电话：黄山市南山路 56 号 82100998 开户行及账号：工行黄山市支行 045203000754				备注		

第二联 发票联 购货方记账凭证

收款人：[印] 复核人：[印] 开票人：[印] 开票单位（盖章）

3. 收料单的填制

收料单是企业购进材料验收入库时，由仓库保管人员根据购入材料的实际验收情况，填制的一次原始凭证。企业外购材料，都应履行入库手续，由仓库保管人员根据供应单位开来的发票账单，严格审核，对运达入库的材料认真计量，并按实收数量认真填制收料单。收料单一式三联，一联留仓库，据以登记材料物资明细账和材料卡片；一联随发票交财会部门办理结算；一联交采购人员存查。其格式如表 7.3 所示。

表 7.3 收料单

材料类别:钢材

供应单位:上海钢铁公司　　收料仓库:3 号库

发票号码:3620　　2012 年 9 月 10 日　　编号:0456140

材料编号	材料名称	规格	计量单位	数量		金额			备注
				应收	实收	单价	买价	运杂费	
03－120	钢板	5 mm	吨	10	10	7 800	78 000	600	
合计						78 600			

仓库保管员:张志雄　　收料人:刘仁

4. 领料单的填制

领料单是在经济业务发生或完成时,由经办人员填制的,一般只反映一项经济业务,或者同时反映若干项同类性质的经济业务。如企业、车间或部门从仓库中领用各种材料,都应履行出库手续,由领料经办人根据需要材料的情况填写领料单,并经该单位主管领导批准到仓库领用材料。仓库保管员根据领料单,审核其用途,认真计量发放材料,并在领料单上签章。领料单一式三联,一联留领料部门备查;一联留仓库,据以登记材料物资明细账和材料卡片;一联转财会部门或月末经汇总后转财会部门据以进行总分类核算。其格式如表 7.4 所示。

表 7.4 领料单

材料类别:钢材

领料部门:一车间　　发料仓库:3 号库

用途:生产甲产品　　2012 年 9 月 12 日　　编号:0456021

材料编号	材料名称	规格	单位	数量		计划价格	金额
				请领	实发		
03－120	钢板	5 mm	吨	2	2	8 000	16 000
合计				2	2	8 000	16 000

主管:李力　　记账:何华　　仓库保管:张志雄　　领料人:孙方

5. 限额领料单的填制

限额领料单是一种一次开设、多次使用、领用限额已定的累计凭证。在有效期间内(一般为一个月),只要领用数量不超过限额就可以连续使用。其格式如表 7.5 所示。

表 7.5　限额领料单

材料类别：钢材

领料部门：二车间　　　　　　　　　　　　　　　　　　　　　　　发料仓库：5 号库

用途：生产乙产品　　　　　　　2012 年 9 月 12 日　　　　　　　　　编号：0456035

材料编号	材料名称	规格型号	计量单位	领用限额	实际领用			备注
					数量	单价	金额	
05－267	圆钢	40 mm	吨	3 000	3 000	8.00	24 000	

日期	请领		实发			退回			限额结余（超支）
	数量	负责人签章	数量	发料人签章	领料人签章	数量	收料人签章	退料人签章	
3 月 1 日	1 000	杨生	1 000	何可	李萍				2 000
3 月 8 日	600	杨生	600	何可	李萍				1 400
3 月 12 日	500	杨生	500	何可	李萍				900
3 月 18 日	500	杨生	500	何可	李萍				400
3 月 24 日	400	杨生	400	何可	李萍				0

生产计划部门负责人　杨生　　供应部门负责人　李达　　发料人　何可　　领料人　李萍

限额领料单是由生产、计划部门根据下达的生产任务和材料消耗定额按每种材料用途分别开出，一料一单，一式两联，一联交仓库据以发料，一联交领料部门据以领料。领料单位领料时，在该单内注明请领数量，经负责人签章批准后，持往仓库领料。仓库发料时，根据材料的品名、规格在限额内发料，同时将实发数量及限额余额填写在限额领料单内，领发料双方在单内签章。月末在此单内结出实发数量和金额转交会计部门，据以计算材料费用，并作材料减少的核算。使用限额领料单领料，全月不能超过生产计划部门下达的全月领用限额量。由于增加生产量而需追加限额时，应经生产计划部门批准，办理追加限额的手续。由于浪费或其他原因超限额用料需追加限额，应由用料部门向生产计划部门提出申请，经批准后追加限额。在用另一种材料代替限额领料单内所列材料时，应另填一次领料单，同时相应地减少限额余额。

（二）原始凭证的填制要求

为保证会计基础工作和会计核算的质量，真实、准确、及时地反映和记录经济业务的内容，有必要对原始凭证的填制提出具体要求。概括起来，有以下几点要求：

1. 记录真实

记录真实，就是经济业务发生或完成后，原始凭证要实事求是地加以记载，不允许以任何手段弄虚作假，伪造或变更原始凭证。原始凭证填制日期、业务内容、数量、金额等必须与实际情况相符，确保凭证所记载的内容真实可靠。

2. 填制及时

按照会计核算及时性的要求，原始凭证应在经济业务发生或完成的当时当地，及时进行填写或及时取得，任何人不得以任何借口拖延不办或迟办，以保证会计资料、经济信息的时效性。

3. 内容完整

经济业务发生或完成后，必须按照规定的原始凭证的要素逐项进行填写，要求内容完整、齐全，不得遗漏或简略。

4. 书写清楚

原始凭证必须认真准确地进行填写。要求使用蓝、黑墨水，用钢笔或特殊书写笔书写，一式多联的原始凭证要使用双面复写纸套写，不得分开填写，文字应清楚、工整，易于辨认，按国家公布的简化字书写，不得臆造文字；经济业务的内容应简明扼要；经济业务的数量、单价和金额要按规定填写，金额数字不得随笔连写，空白金额行应加斜线注销。

原始凭证中若出现错误，不得随意涂抹、刮擦、挖补，应当由开出单位重开或更正，更正处应当加盖开出单位的公章。涉及现金、银行存款收付的原始凭证，如发票、收据、支票等，如果填写中出现失误，应当按规定重新填写，并在原凭证上加盖"作废"戳记，连同存根一起保存，不得随意撕毁。

金额的填写要符合下列规范：

(1) 大写金额数字应一律用正楷字或行书字书写，如壹、贰、叁、肆、伍、陆、柒、捌、玖、拾、佰、仟、万、亿、元(圆)、角、分、零、整(正)。大写金额数字满拾元而不满贰拾元的，应在"拾"字前加写"壹"字；大写金额数字到元或角为止的，在"元"或"角"字之后应写"整(正)"字。

(2) 小写金额用阿拉伯数字，合计的小写金额前要冠以人民币符号"￥"(用外币计价、结算的凭证，金额前要加注外币符号，如"＄"等)，币值符号与阿拉伯数字之间不得留有空白；所有以元为单位的阿拉伯数字，除表示单价等情况外，一律填写到角分，无角分的应写"00"，有角无分，分位应写"0"，不得用符号"—"代替。

(3) 阿拉伯金额数字中间有"0"时，汉字大写金额要写"零"字。如￥1 508.60，汉字大写金额应写成人民币壹仟伍佰零捌元陆角整。阿拉伯金额数字中间连续有几个"0"时，汉字大写金额中可以只写一个"零"字。如￥50 005.54，汉字大写金额应写成人民币伍万零伍元伍角肆分。阿拉伯金额数字角位是"0"，而分位不是"0"时，汉字大写金额"元"后面应写"零"字，如4 609.03，应写成人民币肆仟陆佰零玖元零叁分。

(4) 凡填有大写和小写金额的原始凭证，大写和小写金额必须相符。

四、原始凭证的审核

审核会计凭证是正确组织会计核算和进行会计检查的重要方面，也是实行会计监督的重要手段。为了正确地反映和监督各项经济业务，保证核算资料的真实、准确和合法，原始凭证必须由会计部门和经办业务的有关部门进行认真严格地逐项审查、核实后，方可作为编制记账凭证和登记账簿的依据。审核原始凭证具体内容包括以下几个方面：

1. 审核原始凭证的真实性

对外来原始凭证，必须有填制单位公章和填制人员签章；对自制原始凭证，必须有经办部门和经办人的签名和盖章。此外，对通用原始凭证，还应审核凭证本身的真实性，以防假冒。

2. 审核原始凭证的合法性

审核原始凭证所记录经济业务是否有违反国家法律法规的情况，是否履行了规定的凭证传递和审核程序，是否有贪污腐化行为。

3. 审核原始凭证的合理性

审核原始凭证所记录的经济业务是否符合企业生产经营活动的需要，是否符合企业有关的计划和预算等。

4. 审核原始凭证的完整性

审核原始凭证各项基本要素是否齐全，是否有漏项的情况，日期是否完整，数字是否清晰，文字是否工整，有关人员的签章是否齐全，凭证联次是否正确等。

5. 审核原始凭证的正确性

审核原始凭证各项金额的计算及填写是否正确，具体包括：阿拉伯数字分位填写，不得连写；小写金额前要标明“￥”字样，中间不能留有空位；大写金额前要加“人民币”字样，大写金额与小写金额要相符；凭证中有书写错误的，应采用正确的方法更正，不能采用涂改、刮擦、挖补等不正确方法。

6. 审核原始凭证的及时性

原始凭证的及时性是保证会计信息及时性的基础。因此，要求在经济业务发生或完成时及时填写有关原始凭证，及时进行原始凭证的传递。审核时应注意审核凭证的填制日期。尤其是支票、银行汇票、银行本票等时效性较强的原始凭证，更应仔细验证其签发日期。

原始凭证的审核是一项十分重要、严肃的工作，经审核的原始凭证应根据不同的情况作以下处理：

(1) 对于完全符合要求的原始凭证，应及时据以编制记账凭证入账；

(2) 对于真实、合法、合理但内容不够完整、填写有错误的原始凭证，应退回给有关经办人员，由其负责将有关凭证补充完整、更正错误或重开后，再办理正式会计手续；

(3) 对于不真实、不合法的原始凭证，会计机构、会计人员有权不予接受，并向单位负责人报告。

第三节 记账凭证

一、记账凭证的概念与种类

(一) 记账凭证的概念

记账凭证俗称传票，是由会计人员根据审核后的原始凭证加以归类整理而编制的，载有会计分录并作为登记账簿直接依据的书面证明。

记账凭证与原始凭证相比，主要有两点不同：第一，记账凭证是企业内部填写的，并作为登记账簿的直接依据，它不能用来证明经济业务的发生，不具备法律的证明效力；第二，记账凭证上一定要列明如何对经济业务进行处理的会计分录，这是对原始凭证进行的第一步处理。

（二）记账凭证的种类

1. 记账凭证按其使用范围不同，分为专用记账凭证和通用记账凭证两类。

（1）专用记账凭证

专用记账凭证是指专门用来记录某一类经济业务的记账凭证。专用记账凭证按其所记录的经济业务是否与现金和银行存款的收付业务有关，又分为收款凭证、付款凭证和转账凭证三种。

收款凭证是指专门用于记录库存现金或银行存款收款业务的记帐凭证，收款凭证根据借方科目分别为库存现金和银行存款，又具体分为现金收款凭证和银行存款收款凭证。

付款凭证是指专门用于记录库存现金和银行存款付款业务的记帐凭证，付款凭证根据贷方科目分别为库存现金或银行存款，又具体分为现金付款凭证和银行存款付款凭证。

转账凭证是指专门用于记录库存现金、银行存款收付业务以外的转账业务的记账凭证，凡是不涉及库存现金和银行存款收付的其他经济业务，均为转账业务，据以编制转账凭证。

（2）通用记账凭证

通用记账凭证是指适用于各类经济业务、具有统一格式的记账凭证。其格式不再分为收款凭证、付款凭证和转账凭证，而是以一种格式记录全部经济业务。

2. 记账凭证按其记账方法的不同，分为单式记账凭证和复式记账凭证两类。

（1）单式记账凭证

单式记账凭证是指每张记账凭证上只填制一个应记会计科目的凭证。也就是将某项经济业务所涉及的每个会计科目，分别填制记账凭证。单式记账凭证便于汇总计算每一个会计科目的发生额，便于分工记账；但是填制记账凭证的工作量大，而且出现差错不易查找。

（2）复式记账凭证

复式记账凭证是指在每张记账凭证上填列某项经济业务所涉及的全部会计科目的凭证。复式记账凭证可以集中反映账户的对应关系，因而便于了解经济业务的全貌，了解资金的来龙去脉；便于查账，同时可以减少填制记账凭证的工作量，减少记账凭证的数量；但是不便于汇总计算每一会计科目的发生额，不便于分工记账。上述收款凭证、付款凭证和转账凭证的格式都是复式记账凭证的格式。

3. 记账凭证按其汇总情况的不同，分为汇总记账凭证和非汇总记账凭证。

（1）汇总记账凭证

汇总记账凭证是根据有关记账凭证按一定的方法汇总填制的记账凭证。汇总记账凭证按汇总方法不同，可分为分类汇总和全部汇总两种。

分类汇总凭证是根据一定期间的记账凭证按其种类分别汇总填制的，如根据收款凭证汇总填制的“库存现金汇总收款凭证”和“银行存款汇总收款凭证”；根据付款凭证汇总填制的“库存现金汇总付款凭证”和“银行存款汇总付款凭证”；以及根据转账凭证汇总填制的“汇总转账凭证”都是分类汇总凭证。

全部汇总凭证是根据一定期间的记账凭证全部汇总填制的，如“记账凭证（科目）汇总表”就是全部汇总凭证。

（2）非汇总记账凭证

非汇总记账凭证是指没有经过汇总的记账凭证，前面介绍的收款凭证、付款凭证和转账凭证以及通用记账凭证都是非汇总记账凭证。

记账凭证的分类如图 7.2 所示。

- 记账凭证
  - 按使用范围
    - 专用记账凭证
      - 收款凭证
      - 付款凭证
      - 转账凭证
    - 通用记账凭证
  - 按记账方法
    - 单式记账凭证
    - 复式记账凭证
  - 按汇总情况
    - 汇总凭证
      - 分类汇总凭证
        - 汇总收款凭证
        - 汇总付款凭证
        - 汇总转账凭证
      - 全部汇总凭证
    - 非汇总凭证

图 7.2 记账凭证的分类

二、记账凭证的内容

记账凭证种类甚多，格式不一，但其主要作用，都在于对原始凭证进行分类、整理，按照复式记账的要求，运用会计科目，编制会计分录，据以登记账簿。因此，记账凭证必须具备以下基本内容：

(1) 记账凭证名称和填制单位名称；

(2) 记账凭证的日期；

(3) 记账凭证的编号；

(4) 经济业务内容摘要；

(5) 会计科目(包括一级、二级和明细科目)的名称和记账方向；

(6) 经济业务的金额；

(7) 记账备注，即已登记账簿的金额应在“记账”栏内打“√”或签章；

(8) 所附原始凭证的张数；

(9) 填制凭证人员、稽核人员、记账人员、财务主管人员等签章。

三、记账凭证的填制方法与要求

(一) 记账凭证的填制方法

各种形式的记账凭证所反映的经济业务的内容不同，其格式和具体填制方法也不尽相同。现分别介绍收款凭证、付款凭证、转账凭证以及通用记账凭证的填制方法。

1. 收款凭证

收款凭证是根据有关库存现金和银行存款收款业务的原始凭证填制的。收款凭证的格式如表 7.6 所示。

表 7.6 收款凭证

借方科目 银行存款① 2011 年 9 月 6 日② 银收字第 006 号③

摘要④	贷方总账科目⑤	明细科目	√	金额⑥									
				千	百	十	万	千	百	十	元	角	分
收回前进公司单位购货款	应收账款	前进公司	⑧				8	5	0	0	0	0	0
合计⑦						¥	8	5	0	0	0	0	0

附单据⑨张

财务主管 记账 出纳 审核 制单⑩

① 收款凭证的左上方“借方”应填写“库存现金”或“银行存款”科目。

② 正上方“年、月、日”应按记账凭证的填制日期填写。

③ 右上方“×字第×号”是记账凭证的编号，应按月以自然数顺序编制，注意不要错号、重号、漏号。可分别库存现金和银行存款收款业务，按顺序填写“现收字×号”、“银收字×号”，依次类推。也可不分库存现金和银行存款业务，直接按顺序填写“收字×号”等。

④ “摘要”栏填写经济业务的内容，要求简明扼要。

⑤ “贷方总账科目、细目”栏，应填写与“借方科目”(库存现金或银行存款)相对应的贷方一级科目及其所属的明细科目名称。

⑥ 在“金额”栏相对应的行次填写与贷方一级科目及其所属的明细科目的金额。

⑦ “合计”行金额表示借方科目“库存现金”或“银行存款”的总金额，金额计算要求准确无误。

⑧ “√”(或“过账”)栏填写已记入有关的总分类账及其所属明细分类账、“库存现金(或银行存款)日记账”的页码，或用“√”表示已经入账(过账完毕)。

⑨ “附件”填写该编号记账凭证所依据的原始凭证的张数，以备核查。

⑩ 有关经办人员要在表格下方相应项目签章，以明确经济责任。

2. 付款凭证

付款凭证是根据有关反映库存现金和银行存款付款业务的原始凭证填制的。付款凭证的格式如表 7.7 所示。

付款凭证的格式和填制方法与收款凭证基本相同。

① 付款凭证的左上方“贷方科目”填写“库存现金”或“银行存款”科目。

② 右上方填写“现付字(库存现金付款凭证)第×号”或“银付字(银行存款付款凭证)第×号”，也可直接填写“付字第×号”。

③ “借方总账科目、细目”栏，应填写与“贷方科目”(库存现金或银行存款)相对应的借方一级科目及其所属的明细科目名称。

这里需要指出的是，对于从银行提取现金或将现金存入银行等涉及现金和银行存款之间以及各种类银行存款之间相互划转的经济业务，记账凭证只要求填制一张“付款凭证”，以免重复。

表 7.7 付款凭证

贷方科目 库存现金① 2011 年 9 月 10 日② 现付字第 009 号②

摘要	贷方总账科目③	明细科目	√	金额									
				千	百	十	万	千	百	十	元	角	分
张和平预借差旅费	其他应收账款	张和平						1	0	0	0	0	0
合计							¥	1	0	0	0	0	0

附单据 张

财务主管 记账 出纳 审核 制单

3. 转账凭证

转账凭证是根据有关除库存现金、银行存款收付业务以外的转账业务的原始凭证填制的。转账凭证的格式如表 7.8 所示。

① 转账凭证的填制时间填写在“年、月、日”内。

② 右上方的编号按经济业务的顺序填写，填写“转字第×号”。

③ “总账科目、子目(细目)”栏分别填写经济业务发生后所涉及的全部一级科目名称及其所属的明细科目名称，借方科目在先，贷方科目在后。

④ “摘要”栏填写经济业务的简要内容。

⑤ 在“借方金额”和“贷方金额”栏相应的行次内计算填列与前面会计科目及其所属明细科目对应的应借应贷的金额。

⑥ “合计”栏填列借方会计科目金额合计和贷方会计科目金额合计，且两者应相等。

其他项目填写方法基本与收款凭证相同。

表 7.8 转账凭证

2011 年 9 月 12 日① 转字第 016 号②

摘要④	总账科目③	明细科目	√	借方金额⑤										√	贷方金额⑤									
				千	百	十	万	千	百	十	元	角	分		千	百	十	万	千	百	十	元	角	分
生产产品领用材料	生产成本	甲产品					2	0	0	0	0	0	0											
	原材料	A 材料																2	0	0	0	0	0	0
合计⑥						¥	2	0	0	0	0	0	0				¥	2	0	0	0	0	0	0

附单据 张

财务主管 记账 出纳 审核 制单

4. 通用记账凭证

通用记账凭证是一种适合各种经济业务的记账凭证。其填制方法与前述转账凭证基本相同。通用记账凭证的格式如表 7.9 所示。

表 7.9　记账凭证

2011 年 10 月 5 日　　　　转字第 009 号

摘要	总账科目	明细科目	√	借方金额										√	贷方金额									
				千	百	十	万	千	百	十	元	角	分		千	百	十	万	千	百	十	元	角	分
购入 B 材料并验收入库	原材料	B 材料					1	0	0	0	0	0	0											
	应交税费	应交增值税（进项税额）						1	7	0	0	0	0											
	银行存款																	1	1	7	0	0	0	0
合计						¥	1	1	7	0	0	0	0				¥	1	1	7	0	0	0	0

附单据　张

财务主管　　记账　　出纳　　审核　　制单

在实际工作中，为了简化登记总账的工作，可以将一定时期内全部记账凭证汇总编制科目汇总表（见表 7.10）；或者将一定时期内的各种记账凭证分别按照科目编制汇总收款凭证、汇总付款凭证和汇总转账凭证（见表 7.11）。

科目汇总表与汇总记账凭证也属于记账凭证。

表 7.10　科目汇总表

年　月　日至　日　　　　汇字第　号

科目	凭证张数	借方金额	贷方金额	总账页次
银行存款		485 600	324 800	3
物资采购		163 200	152 100	8
（以下内容略）				
合计		980 660	980 660	

会计主管　　记账　　审核　　制表

表 7.11 汇总记账凭证

（收款）
（付款）凭证汇总表　　（收）
（转账）　　（付）字第　号
年　月　日至　日　　（转）

会计科目	账页号	本期发生额		记账凭证号
		借方	贷方	
合计				

会计主管　　记账　　审核　　制表

(二) 记账凭证的填制要求

填制记账凭证，是会计核算工作的重要环节，它能使记账更条理化，保证记账工作的质量，也能简化记账工作，提高核算效率。各种记账凭证必须按规定及时、准确、完整地填制。填制时，可用蓝黑墨水或碳素墨水书写，金额按规定需用红字表示的，数字可用红色墨水，但不得以“负数”表示。红色墨水只能在记账后发现记账凭证有错误，需采用红字更正法更正或会计核算制度规定采用红字填制记账凭证的特定会计业务。具体要求如下：

1. 审核原始凭证

填制记账凭证的依据，必须是经审核无误的原始凭证或汇总原始凭证。因此，经济业务发生后取得或填制的原始凭证必须进行认真严格的检查和审核，经确认其内容真实、准确无误后，方可据此填制记账凭证。

2. 确定使用的记账凭证

会计人员在接到经过审核的原始凭证后，应根据经济业务的性质，确定使用哪种记账凭证（收款凭证、付款凭证、转账凭证或通用记账凭证）。

3. 日期的填写

记账凭证的填写日期一般是会计人员填写记账凭证的当天日期，也可以根据管理需要，填写经济业务发生的日期或月末日期。如现金收付记账凭证的日期按办理现金收付的日期填写；银行付款业务的记账凭证，一般按财会部门开出付款单据的日期或承付的日期填写；银行收款业务的记账凭证，一般按银行进账单或银行受理回执的戳记日期填写；属于计提和分配费用、基金等转账业务的应当以月末的日期填写。

4. 编号的填写

记账凭证必须按月以自然数顺序连续编号，不得错号、重号、漏号。填写记账凭证编号的方法有多种，这里主要介绍常用的两种编号方法：

(1) 统一编号法。它是将全部记账凭证作为一类统一编号，即从本月第一笔经济业务发生后填制的记账凭证“记字第 1 号”开始，至本月最后一张记账凭证“记字第×号”为止。

(2) 分类编号法。第一种，分别按现金和银行存款收入、现金和银行存款付出、转账业务三类进行编号，这样记账凭证的编号应分别为“收字第×号”、“付字第×号”、“转字第×

号”。第二种,分别按现金收入、现金付出、银行存款收入、银行存款付出、转账业务五类编号,这样,记账凭证的编号应分为“现收字第×号”、“现付字第×号”、“银收字第×号”、“银付字第×号”、“转字第×号”。

值得说明的是,如果一笔经济业务需要填制两张或两张以上的记账凭证时,应采用“分数编号法”。例如,第 9 号会计事项有三张记账凭证,其编号分别为 $9\frac{1}{3}$号、$9\frac{2}{3}$号、$9\frac{3}{3}$号。

5. 摘要的填写

填写的摘要,一要真实准确,其内容要与经济业务的内容和所附原始凭证的内容相符;二要简明扼要,对经济业务内容表述要准确、概括并书写工整。

6. 会计科目的填写

会计科目的填写,应填写会计科目的全称或会计科目的名称和编号,不得简写或只填会计科目的编号而不填名称。需填明细科目的,应在“明细科目”栏填写明细科目的名称。

7. 金额的填写

记账凭证的金额必须与原始凭证的金额相符。在填写金额数字时,阿拉伯数字书写要规范,行次、栏次的内容要对应明确,金额数字要填写至“分”位,如果“角”、“分”位没有数字要写“00”字样;如果“角”位有数字,而“分”位没有数字,则要在分位上写“0”字样;“角”、“分”位与“元”位的位置应在同一水平线上,不得上下错开。

合计金额前要标明人民币符号“¥”,且合计金额要计算准确并保持借方与贷方之间的平衡,不是合计金额,则不需填写人民币符号。

8. 注销空行

填制完毕的记账凭证若有空行,应当自金额栏最后一笔金额数字下的空行处至合计数上的空行处划一斜线或一条“S”形线注销,并注意斜线或“S”形线两端都不能划到有金额数字的行次上。

9. 附件张数的填写

在记账凭证上,必须注明附件(原始凭证)的张数,应用阿拉伯数字填写。除结账和更正错账的记账凭证可以不附原始凭证外,其他记账凭证必须附有原始凭证。如果一张原始凭证涉及几张记账凭证,可以把原始凭证附在一张主要的记账凭证的后面,在摘要栏注明“本凭证附件包括××号记账凭证业务”字样,并在其他记账凭证上注明“原始凭证附在××号记账凭证后面”字样。一张原始凭证所列支出需要几个单位共同负担的应当将其他单位负担的部分,开给对方原始凭证分割单,进行结算。原始凭证分割单必须具备原始凭证的内容和费用分摊情况。对需经过上级批准的经济业务,应将批准文件作为原始凭证的附件。

附件张数的计算有两种方法:一是按构成记账凭证金额的原始凭证(或原始凭证汇总表)计算张数,如转账业务的原始凭证张数计算;二是以所附原始凭证的自然张数为准,即凡与经济业务内容相关的每一张凭证,都作为记账凭证的附件。凡属收付款业务的,原始凭证张数计算均以自然张数为准。但对差旅费、市内交通费、医疗费等报销单据,可贴在一张纸上,作为一张原始凭证(报销清单)附件。

10. 签名或盖章

记账凭证填制完毕后,填制人员应签名盖章,以明确经济责任。签章后,按规定手续交由审核人员进行审核,然后交记账人员登记入账。对记账凭证的每一位经手人员,都要求签章,以利于加强内部审核、监督。

实行会计电算化的单位，对于机制记账凭证应当符合记账凭证的一般要求，打印出来的机制记账凭证要加盖制单人员、审核人员、记账人员及会计机构负责人、会计主管人员的印章或者签名，以明确经济责任。

四、记账凭证的审核

为了使记账凭证能够真实、准确地反映经济业务，保证账簿记录的质量，在根据记账凭证登记账簿之前，必须由有关人员对已填制完毕的记账凭证进行认真、严格的审核。

记账凭证的审核应注意以下几点：

(1) 审核记账凭证是否附有原始凭证。所附原始凭证的张数与记账凭证上填写的附件张数是否一致，记账凭证上填写的经济业务内容与原始凭证上记载的经济业务内容是否相符，记账凭证上的金额与所附原始凭证上的金额是否相等。

(2) 审核记账凭证所确定的会计分录是否正确。包括使用的会计科目是否准确，会计科目之间的对应关系是否清楚；借方金额与贷方金额的计算是否准确无误，两者的合计是否平衡相等；一级会计科目金额与其所属明细科目金额之和是否相符。

(3) 审核记账凭证中所列示的各项内容是否填制齐全、完整，有关人员是否按规定的手续和程序在记账凭证上签名或盖章。

记账凭证审核无误后，方可作为登记账簿的依据。在审核记账凭证的过程中，若发现未入账的记账凭证有错误，应重新填制；已入账的记账凭证有错误，应按照规定的更正错误的方法予以更正。

第四节　会计凭证的传递与保管

一、会计凭证的传递

会计凭证的传递，是指从经济业务发生或完成时取得或填制原始凭证开始，经审核、记账到装订、归档保管的全过程。各种会计凭证，其所记录的经济业务不尽相同，所以办理会计手续的程序和占用的时间也不同。实际工作中，应该为每种会计凭证的传递程序和在各个环节上的停留时间作出规定。即会计凭证填制后，应当交到哪个部门、哪个工作岗位上，由谁接办业务，都应规定手续、时间和传递路线，直到归档保管。会计凭证的传递是会计制度的一个重要组成部分，应在会计制度中作出明确的规定。

正确地组织会计凭证的传递，对于及时地反映和监督经济业务的发生和完成情况，合理地组织经济活动，加强经济管理责任制，具有重要意义。因为正确地组织凭证的传递，能及时地、真实地反映和监督经济业务的发生和完成情况；把有关部门和人员组织起来，分工协作，使正确的经济活动得以顺利地实现；能考核经办业务的有关部门和人员是否按照规定的凭证手续办事，从而加强经营管理上的责任制。

会计凭证的传递主要包括凭证的传递路线、传递时间和传递手续三方面的内容。

(1) 会计凭证的传递路线是指各种凭证在各经办部门和人员之间传递的联次及其流

程。各单位应根据经济业务的特点、机构设置、人员分工情况，并结合经营管理需要，明确规定会计凭证的传递路线。既要使会计凭证经过必要的环节进行审核和处理，又要避免会计凭证在不必要的环节停留，从而保证会计凭证沿着最简捷、最合理的路线传递。

(2) 会计凭证的传递时间是指各种凭证在各经办部门、环节所停留的最长时间。它要根据有关部门和人员对经济业务办理必要手续(如计量、检验、审核、登记等)的需要，确定凭证在各个环节停留的时间，保证业务手续的完成。但又要防止不必要的耽搁，从而使会计凭证以最快速度传递，以充分发挥它及时传递经济信息的作用。

(3) 会计凭证的传递手续是指在凭证传递过程中的衔接手续。为了确保会计凭证的安全和完整，在各个环节中都应指定专人办理交接手续，做到责任明确，手续完备、严密、简便易行。

会计凭证的传递路线、传递时间、传递手续，还应根据实际情况的变化及时加以修改，以保证会计凭证传递的科学化、制度化。

二、会计凭证的保管

会计凭证的保管，是指会计凭证登账后的整理、装订和归档存查。会计凭证是登记账簿的依据，是重要的经济档案和历史资料，这就要求制定严密的保管制度，既保证会计凭证的安全，又要便于日后查阅。为此会计凭证的保管应注意以下几个方面：

(1) 每月记账完毕，将本月各种记账凭证加以整理，检查有无缺号以及附件是否齐全，然后按顺序号排列，加上封面和封底，装订成册。为了防止任意拆装，应在装订线上加贴封签，并由会计主管人员盖章。在封面上应注明：单位名称、所属年度和月份、起讫日期、记账凭证种类、起讫号数、总计册数等，并由有关人员签章。

凭证装订前，要摘除掉凭证中的大头针等所有铁器。如原始凭证过大，要折叠成与记账凭证相同的面积，注意装订线的折留方法，使装订后仍能展开查阅。原始凭证过小时，可另用白纸在记账凭证面积内分开均匀粘平。

装订凭证时，原则上以一张记账凭证汇总表为一册，如果一本凭证过多时，也可分为两册以上装订，用分数进行编号；如记账凭证过少，也可将两张或三张记账凭证汇总表的记账凭证合并装订一册，但不得跨月装订。

会计凭证封面、封底的格式如表 7.12、表 7.13 所示。

表 7.12 记账凭证封面

企业名称

起讫日期	年 月 日至 年 月 日
册数	本月共 册 本册是第 册
凭证张数	本册自第 号至第 号共 张
附件张数	共 张

会计主管(签章)　　　　保管(签章)

表 7.13　记账凭证封底

抽出附件登记表

抽出日期			原始凭证号码	抽出附件的详细名称	抽出理由	抽取人签章	会计主管签章	备注
年	月	日						

(2) 若附在记账凭证后的原始凭证过多,可单独装订保管,并在封面上注明所属记账凭证日期、编号、种类,同时在有关记账凭证上标明“附件另订”和原始凭证名称及编号,以便日后查核。对各种如合同、契约、押金收据及涉外文件等重要的原始单据,应另编目录,单独登记保管,并在有关记账凭证和原始凭证上相互注明日期和编号。

(3) 装订成册的会计凭证要按档案管理的有关规定,交档案部门集中保管。查阅时,要有一定的手续制度。其保管期限及销毁手续,必须严格执行会计制度的有关规定。会计凭证的保管期限分别为:原始凭证、记账凭证和汇总凭证保管 15 年,其中涉外业务凭证永久保管;银行存款余额调节表保管 3 年。

(4) 对于重要的空白原始凭证,如支票、发票、收据等,应指定专人保管,建立收、发(领)、销(销号)制度,并按每种票据设立票据登记簿加以记载,防止丢失、冒领。

小思考

会计凭证销毁的,应当办理什么手续?

思考提示

根据《会计档案管理办法》规定,按规定可以销毁的会计凭证,销毁时应办理如下手续:

(1) 由本单位档案机构会同会计机构提出销毁意见,编制销毁清册,列明所销毁的会计凭的名称、卷号、册数、起止年度、档案编号、应保管期限、已保管期限和销毁的时间等。

(2) 由单位负责人在销毁清册上签署意见。

(3) 销毁时,应由档案机构和会计机构共同派员监督。

(4) 监销人员在会计凭证销毁前,应当按照销毁清册所列的内容清点核对所要销毁的会计凭证;销毁后,应当在销毁清册上签名盖章,并将监销情况报告本单位负责人。

本章小结

经济业务发生或完成时填制或取得的证明文件就是会计凭证。会计凭证是记录经济业务,明确经济责任,据以登记账簿的依据。

会计凭证按其填制的程序和用途，分为原始凭证和记账凭证两大类。原始凭证按其来源不同，分为外来原始凭证和自制原始凭证；按其填制方法不同，分为一次原始凭证、累计原始凭证和汇总原始凭证、记账编制凭证。记账凭证按其使用范围不同，分为专用记账凭证和通用记账凭证；按其记账方法的不同，分为单式记账凭证和复式记账凭证；按其汇总情况的不同，分为汇总记账凭证和非汇总记账凭证。

填制会计凭证应根据不同会计凭证的基本要素几填制要求，做到及时、准确、完整。对原始凭证的审核主要是对其合法性、合规性的审核。记账凭证审核的主要内容是审核记账凭证是否附有原始凭证；审核记账凭证所确定的会计分录是否正确；审核记账凭证中所列示的各项内容是否填制齐全、完整，有关经办人员是否按规定的手续和程序在记账凭证上签名或盖章等。

会计凭证的传递，是指从经济业务发生或完成时取得或填制原始凭证开始，直到会计凭证装订、归档保管时为止，在本单位内部各有关部门和人员之间，按照规定的手续、时间和传递路线，进行会计凭证处理和移交的程序。会计凭证是登记账簿的依据，是重要的经济档案和历史资料，要求制定严密的保管制度，既保证会计凭证的安全，又要便于日后查阅。

关键概念 会计凭证 原始凭证 记账凭证 会计凭证传递 会计凭证保管

知识训练

理论知识训练

一、单项选择题

1. 为了保证会计账簿记录的正确性，会计人员编制记账凭证时必须依据(　　)。

A. 金额计算正确的原始凭证　　B. 填写整齐的原始凭证

C. 盖有填制单位公章的原始凭证　　D. 审核无误的原始凭证

2. 下列原始凭证中，属于累计原始凭证的是(　　)。

A. 收料单　　B. 领料单　　C. 发货票　　D. 限额领料单

3. 从银行提取现金或把现金存入银行的经济业务应编制(　　)。

A. 一张收款凭证　　B. 一张付款凭证

C. 一张收款凭证，一张付款凭证　　D. 一张转账凭证

4. 按原始凭证填制的手续不同可以分为(　　)。

A. 外来的原始凭证和自制的原始凭证　　B. 收款凭证、付款凭证和转账凭证

C. 一次凭证、累计凭证和汇总凭证　　D. 通用凭证和专用凭证

5. 下列内容中，不属于原始凭证审核内容的是(　　)。

A. 凭证是否符合有关预算和计划　　B. 凭证是否有违反法律法规的情况

C. 会计科目的使用是否正确　　D. 凭证是否有填制单位的公章

6. (　　)是记录经济业务，明确经济责任，作为记账依据的书面证明。

A. 会计凭证　　B. 原始凭证　　C. 记账凭证　　D. 转账凭证

7. 填制原始凭证时应做到大小写金额合乎规范，填写正确。若大写金额为“伍仟零肆元陆角整”，则小写金额应为(　　)。

A. 5 004.60　　B. 5 004.6　　C. ￥5 004.60　　D. ￥5 004.6

8. 下列项目不能作为记账凭证依据的是(　　)。

A. 发票 B. 领料单 C. 入库单 D. 购货合同

9. 借记“制造费用”,贷记“累计折旧”的会计分录应填制(　　)。

A. 收款凭证 B. 付款凭证 C. 转账凭证 D. 汇总记账凭证

10. 采购员李枫出差归来,报销差旅费190元(原借支200元),余款退回。这笔经济业务发生后应填制的记账凭证是(　　)。

A. 收款凭证一张 B. 收款凭证两张

C. 收款凭证和转账凭证各一张 D. 转账凭证两张

二、多项选择题

1. 会计凭证按填制程序和用途不同可分为(　　)。

A. 收款凭证 B. 原始凭证 C. 付款凭证 D. 记账凭证

2. 对原始凭证的审核内容包括(　　)。

A. 真实性审核 B. 合理性审核 C. 合法性审核 D. 完整性审核

3. 如果一笔经济业务需填制两张记账凭证,该凭证序号为6号,则此两张记盏凭证的编号应为(　　)。

A. 6号 B. 7号 C. $6\frac{1}{2}$号 D. $6\frac{2}{2}$号

4. 收款凭证左上角的借方科目可能是下列科目中的(　　)。

A. 应收账款 B. 库存现金 C. 银行存款 D. 应付账款

5. 下列单据属于原始凭证的是(　　)。

A. 收料单 B. 对账单 C. 支票存根联 D. 领料单

6. 下列不属于记账凭证的有(　　)。

A. 制造费用分配表 B. 限额领料单 C. 发票 D. 转账凭证

7. 各种原始凭证必须具备的基本内容有(　　)。

A. 凭证的名称 B. 填制凭证的日期

C. 经济业务的具体内容和特征 D. 经济业务的金额

8. 记账凭证的基本内容包括(　　)。

A. 凭证的名称 B. 经济业务内容摘要

C. 经济业务的金额 D. 所附原始凭证和其他资料张数

9. 下列项目中属于记账凭证的有(　　)。

A. 收款凭证 B. 科目汇总表 C. 汇总收料单 D. 转账凭证

10. 记账凭证按其记账的方法不同可分为(　　)。

A. 通用记账凭证 B. 专用记账凭证 C. 复式记账凭证 D. 单式记账凭证

11. 以下凭证属于原始凭证的有(　　)。

A. 销售发票 B. 入库单 C. 银行存款进账单 D. 工资分配汇总表

12. 购买货物的发票属于(　　)原始凭证。

A. 一次凭证 B. 累计凭证 C. 外来原始凭证 D. 自制原始凭证

三、判断题

1. 原始凭证对于发生和完成的经济业务具有证明效力。(　　)

2. 只要是真实的原始凭证,就可以根据其编制记账凭证。(　　)

3. 在证明经济业务发生,据以编制记账凭证的作用方面,自制原始凭证和外来原始凭

证都具有同等的效力。 ( )

4. 每项经济业务的发生都必须从外部取得原始凭证。 ( )

5. 记账凭证的审核与编制不能是同一会计人员。 ( )

6. 会计凭证的保管期限一般为15年。 ( )

7. 记账凭证的"过账"栏内用"√"表示已审核完毕。 ( )

8. 除结账和更正错误的记账凭证外,都必须附有原始凭证,并注明原始凭证的张数。 ( )

9. 转账凭证只登记与货币资金收付无关的经济业务。 ( )

10. 各单位的收款凭证、付款凭证和转账凭证统称为通用记账凭证。 ( )

四、简答题

1. 记账凭证包括哪些基本内容?

2. 试述收款凭证、付款凭证和转账凭证的填制方法。

业务技术训练

【训练目的】

练习记账凭证的填制。

【训练资料】

新华有限责任公司2012年1月发生部分经济业务如下:

1. 3日,以银行存款支付前欠东方公司购货款30 000元。

2. 8日,以现金支付行政部工作人员市内交通费70元。

3. 15日,向振兴公司销售甲产品一批,价款10 000元,增值税1 700元,款项收存银行。

4. 20日,生产甲产品领用A材料,价款18 000元。

5. 25日,收到广源公司投入的设备一台,双方作价45 000元。

【训练要求】

根据上述经济业务填制收款凭证、付款凭证和转账凭证。

第八章　会 计 账 簿

学习目标

了解会计账簿的重要性；明确会计账簿的种类与基本内容；掌握日记账、总分类账与明细分类账的登记要点与方法及错账更正的方法。

第一节　会计账簿的作用与种类

一、会计账簿的概念

会计账簿是指由一定格式的账页组成的，以经过审核的会计凭证为依据，全面、系统、连续地记录各项经济业务的簿籍。设置和登记账簿，是加工整理、积累、储存会计资料的一种重要方法，是编制会计报表的基础，是连接会计凭证与会计报表的中间环节。

二、会计账簿的作用

会计账簿的作用如下所述：

(1) 会计账簿可以全面地、系统地反映单位经济业务的发生和完成情况。通过账簿的序时、分类核算，将企业经济活动情况中，财物的购置、使用、保管情况，收入的构成和支出情况，全面、系统地反映出来，从而为企业及与企业有利害关系的各方提供有用的会计信息。

(2) 会计账簿可以为定期编制会计报表提供数据资料。账簿分类地、系统地记录资产、负债、所有者权益、收入、费用、利润等数据资料，是编制会计报表的主要依据。

(3) 会计账簿可以为核算经营业绩、加强经济核算，进行会计监督和会计分析提供依据。通过对账簿资料的检查、分析，可以了解企业贯彻有关方针、政策、制度的情况，考核资金、成本、利润计划的执行情况，从而评价经营成果和财务成果，挖掘潜力，促使企业加强经济核算，改进经营管理。

三、会计账簿的种类

(一) 按账簿的用途分类

会计账簿按其用途不同,分为序时账簿、分类账簿和备查账簿。

1. 序时账簿

序时账簿又称日记账,是按照经济业务发生或完成时间的先后顺序逐日逐笔进行登记的账簿。序时账簿有利于企业全面地了解有关经济业务的来龙去脉,及时进行账证核对,确保会计记录的完整性和正确性。

序时账簿按其记录内容的不同又可分为普通日记账和特种日记账两种。普通日记账是用来序时登记全部经济业务发生情况的日记账,如企业设置的分录簿。特种日记账是专门用来登记某一类特定项目经济业务发生情况的日记账,如企业设置的库存现金日记账和银行存款日记账;企业为加强对采购和销售的管理,设置的购货日记账和销货日记账等。在实际工作中,因经济业务的复杂性,一般很少采用普通日记账,应用较为广泛的是特种日记账。在我国,大多数单位一般只设库存现金日记账和银行存款日记账,而不设置转账日记账。

2. 分类账簿

分类账簿是按照总分类账户和明细分类账户对全部经济业务进行分类登记的账簿。分类账簿提供的核算信息是编制会计报表的主要依据。

分类账簿又分为总分类账簿和明细分类账簿。总分类账簿又称总分类账,简称总账,是按照总分类账户进行分类登记的账簿。明细分类账簿又称明细分类账,简称明细账,是按照明细分类账户进行分类登记的账簿。总分类账簿和明细分类账簿之间的关系是统驭、控制与补充、说明的关系。总分类账簿用来核算总括内容,明细分类账簿用来核算明细内容,即补充说明总分类账簿;总分类账簿中的总括内容所登记的金额总数,应与其有关的各明细分类账簿金额之和相等,即总分类账簿统驭和控制明细分类账簿。

3. 备查账簿

备查账簿是对某些未能在序时账簿和分类账簿中登记的事项进行补充登记的账簿,也称辅助账簿。备查账簿可以由各单位根据需要进行设置。如应收票据备查簿、应付票据备查簿、租入固定资产备查簿、委托加工材料备查簿等。备查账簿可以为其他账簿中某些经济业务的记录提供必要的详细备查资料。

(二) 按账簿的外表形式分类

1. 订本式账簿

订本账是启用之前就已将账页装订在一起,并对账页进行了连续编号的账簿。其优点是可以避免账页散失,防止随意抽换账页。缺点是不便于分工记账,不能准确为各账户预留账页。这种账簿一般适用于总分类账、库存现金日记账、银行存款日记账。

2. 活页式账簿

活页账是在账簿登记完毕之前并不固定装订在一起,而是装在活页账夹中,可以随时取放的账簿。优点是便于分工记账,缺点是易发生账页散失或被抽换。所以,平时要加强监督管理,在年终使用完毕后,必须将这些活动账页整理归类装订成册,按账簿类别统一编号,妥善保管。活页式账簿适用于有关明细分类账簿。

3. 卡片式账簿

卡片账是将账户所需格式印刷在硬纸卡上,插在卡片箱里保管的账簿。优点是具有一定灵活性,便于添加新卡片,便于分类排列,便于分工记账。缺点是容易散失或被抽换。为了保证不散失,多放在一个特制的卡片箱中,由记账人员保管。卡片式账簿适用于固定资产明细账和低值易耗品明细账等的登记,也有少数企业在材料核算中使用材料卡片。

(三) 按账页格式分类

账簿按账页格式不同,分为两栏式账簿、三栏式账簿、多栏式账簿和数量金额式账簿。

(1) 两栏式账簿:只有借方和贷方两个基本金额栏目。普通日记账和转账日记账一般采用两栏式。

(2) 三栏式账簿:设有借方、贷方和余额三个基本栏目。各种日记账、总分类账以及资本、债权、债务类明细账都可采用三栏式账簿。三栏式账簿又分为设对方科目和不设对方科目两种。

(3) 多栏式账簿:在账簿的两个基本栏目借方和贷方按需要分设若干专栏。具体有借方多栏式、贷方多栏式和借贷多栏式三种类型的账簿。收入、成本、费用、利润和利润分配明细账一般可采用多栏式账簿。

(4) 数量金额式账簿:在借方、贷方和余额三个栏目内,都分设数量、单价和金额三小栏,借以反映财产物资的实物数量和价值量。原材料、库存商品、产成品等存货明细账一般都采用数量金额式账簿。

小思考

在会计电算化背景下,账簿按外表形式分类是否还有意义?

思考提示

随着手工会计向计算机会计的转变,传统手工会计有许多方面发生变化,账簿也不例外。

第二节 会计账簿的登记方法

一、会计账簿的基本内容

账簿的形式和格式多种多样,但均应具备下列基本内容。

(一) 封面

封面应写明账簿的名称,如总分类账、库存现金日记账、材料明细账等,如图 8.1 所示。

图 8.1　账簿封面

(二) 扉页

扉页应附账簿启用登记表和科目索引表，如图 8.2、图 8.3 所示。

<table>
<tr><td colspan="2">单位名称</td><td colspan="5">海城市长易机电设备有限公司</td><td colspan="4">公章</td></tr>
<tr><td colspan="2">账簿名称</td><td colspan="5">总分集账　（第 1 册）</td><td colspan="4" rowspan="4">海城市长易机电设备有限公司 ★</td></tr>
<tr><td colspan="2">账簿编号</td><td colspan="5">200601</td></tr>
<tr><td colspan="2">账簿页数</td><td colspan="5">100</td></tr>
<tr><td colspan="2">启用日期</td><td colspan="5">二 00 六年一月一日</td></tr>
<tr><td rowspan="3">经管人员</td><td colspan="2">单位主管</td><td colspan="2">财务主管</td><td colspan="3">复　核</td><td colspan="3">记账</td></tr>
<tr><td>姓名</td><td>盖章</td><td>姓名</td><td>盖章</td><td colspan="2">姓名</td><td>盖章</td><td colspan="2">姓名</td><td>盖章</td></tr>
<tr><td>杨春明</td><td>杨春明</td><td>冯海霞</td><td>冯海霞</td><td colspan="2">冯海霞</td><td>冯海霞</td><td colspan="2">李雷生</td><td>李雷生</td></tr>
<tr><td rowspan="4">接交记录</td><td colspan="2">经管人员</td><td colspan="4">接管</td><td colspan="4">交出</td></tr>
<tr><td>职别</td><td>姓名</td><td>年</td><td>月</td><td>日</td><td>盖章</td><td>年</td><td>月</td><td>日</td><td>盖章</td></tr>
<tr><td></td><td></td><td></td><td></td><td></td><td></td><td></td><td></td><td></td><td></td></tr>
<tr><td></td><td></td><td></td><td></td><td></td><td></td><td></td><td></td><td></td><td></td></tr>
<tr><td>备注</td><td colspan="10"></td></tr>
</table>

图 8.2　账簿启用登记表

编号	科目	起讫页码	编号	科目	起讫页码
1001	库存现金	1	4101	盈余公积	47
1002	银行存款	3	4103	本年利润	49
1012	其他货币资金	5	4104	利润分配	51

图 8.3　科目索引表

编号	科目	起讫页码	编号	科目	起讫页码
1121	应收票据	7	5001	生产成本	53
1122	应收账款	9	5101	制造费用	57
1221	其他应收款	11	6001	主营业务收入	59
1231	坏账准备	13	6051	其他业务收入	61
1401	材料采购	15	6301	营业外收入	63
1403	原材料	17	6401	主营业务成本	65
1405	库存商品	19	6402	其他业务成本	67
1471	存货跌价准备	21	6403	营业税金及附加	69
1601	固定资产	23	6601	销售费用	71
1602	累计折旧	25	6602	管理费用	73
1603	固定资产减值准备	27	6603	财务费用	75
1901	待处理财产损溢	29	6701	资产减值损失	77
2001	短期借款	31	6711	营业外支出	79
2201	应付票据	33	6801	所得税费用	81
2202	应付账款	35			
2211	应付职工薪酬	37			
2221	应交税费	39			
2241	其他应付款	41			
4001	实收资本	43			
4002	资本公积	45			

图 8.3 科目索引表(续图)

(三) 账页

账页是账簿的主体,如图 8.4 所示。因为反映经济业务内容的不同,账页的格式也有所不同,但基本内容包括以下几个方面:

(1) 账户的名称。包括总账科目、子目(或细目)名称;

(2) 记账日期栏;

(3) 记账凭证的种类和号数;

(4) 摘要栏(对经济业务内容的简要说明);

(5) 金额栏(记录经济业务的增减变动及结余情况);

(6) 总页次和分户页次。

固定资产　总分类账

总第______页
分第______页
编号______页

2002年		凭证			借方金额										贷方金额										借或贷	金额										√
月	日	字	号		千	百	十	万	千	百	十	元	角	分	千	百	十	万	千	百	十	元	角	分		千	百	十	万	千	百	十	元	角	分	
6	1			期初余额																					借			9	4	9	0	0	0	0	0	
	9		7	购入不需安装的设备				2	0	0	0	0	0	0											借			9	6	9	0	0	0	0	0	

图 8.4　账页

二、会计账簿的登记规则

（一）准确完整

为了保证账簿记录的准确、完整，应当根据审核无误的会计凭证登记会计账簿。登记会计账簿时，应当将会计凭证日期、编号、业务内容摘要、金额和其他有关资料逐项记入账内，做到数字准确、摘要清楚、登记及时、字迹工整。每一项会计事项，一方面要记入有关的总账，另一方面要记入该总账所属的明细账。账簿记录中的日期，应该填写记账凭证上的日期；以自制原始凭证（如发料单、领料单等）作为记账依据的，账簿记录中的日期应按有关自制凭证上的日期填列。

（二）注明记账符号

账簿登记完毕后，要在记账凭证上签名或者盖章，并在记账凭证的“记账符号”栏内注明账簿页数或画对勾，注明已经登账的符号，表示已经记账完毕，避免重记、漏记。见表 8.1。

表 8.1 记账凭证

凭证字：转

2011 年 4 月 26 日　　　　凭证号：45

摘要	总账科目	明细科目	借方金额										借方金额										记账符号
			千	百	十	万	千	百	十	元	角	分	千	百	十	万	千	百	十	元	角	分	
材料验收入库	原材料	甲材料					5	0	0	0	0	0											√ √
	材料采购																5	0	0	0	0	0	√
合计						¥	5	0	0	0	0	0				¥	5	0	0	0	0	0	

附单据　张

会计主管：　　记账：李四　　审核：李四　　制单：张三

(三) 书写留空

账簿中书写的文字和数字上面要留有适当的空格，不要写满格，一般应占格距的 1/2。见表 8.2。

表 8.2 固定资产总分类账

2011 年		凭证编号	摘要	√	借方										贷方										借或贷	余额									
月	日				千	百	十	万	千	百	十	元	角	分	千	百	十	万	千	百	十	元	角	分		千	百	十	万	千	百	十	元	角	分
10	1		期初余额																						借			4	5	0	0	0	0	0	0
	25	付 26	购入机床					5	5	0	0	0	0	0											借			5	0	5	0	0	0	0	0
			略																																

(四) 正常记账使用蓝黑墨水或碳素墨水

为了保持账簿记录的持久性，防止涂改，登记账簿必须使用蓝黑墨水或碳素墨水书写，不得使用圆珠笔(银行的复写账簿除外)或者铅笔书写。

(五) 特殊记账使用红色墨水

在下列情况下，可以用红色墨水记账：

(1) 采用红字冲账的记账凭证，冲销错误记录；

(2) 在不设借贷等栏的多栏式账页中，登记减少数；

(3) 在三栏式账户的余额栏前，如未印明余额方向的，在余额栏内登记负数余额；

(4) 国家统一的会计制度规定可以采用红字登记的其他会计记录。

由于会计工作中的红字表示负数，因而除上述情况外，不得用红色墨水登记账簿。见表 8.3。

表 8.3 制造费用明细账

2011年		凭证号数	摘要	借方					合计
月	日			工资	福利费	折旧费	办公费	…	
3	1		月初余额	3 000	420	2 800	200		6 420
	5	转 5	分配工资	5 500					5 500
	5	转 6	提取福利费		770				770
	15	转 17	购办公用品				300		300
	31	转 33	提取折旧			3 200			3 200
	31	转 35	分配制造费用	8 500	1 190	6 000	500		16 190

(六) 顺序连续登记

在登记各种账簿时，应按页次顺序连续登记，不得隔页、跳行。如发生隔页、跳行现象，应在空页、空行处用红色墨水画对角线注销，注明“此页空白”或“此行空白”字样，并由记账人员和会计机构负责人签名或盖章。如表 8.4、表 8.5 所示。

表 8.4 固定资产总分类账

2011年		凭证编号	摘要	√	借方										贷方										借或贷	余额									
月	日				千	百	十	万	千	百	十	元	角	分	千	百	十	万	千	百	十	元	角	分		千	百	十	万	千	百	十	元	角	分
10	1		期初余额																						借			4	5	0	0	0	0	0	0
	25	付 26	购入机床					5	5	0	0	0	0	0											借			5	0	5	0	0	0	0	0
			略																																
此行空白			李四																																

表 8.5 固定资产总分类账

2011年		凭证编号	摘要	√	借方										贷方										借或贷	余额									
月	日				千	百	十	万	千	百	十	元	角	分	千	百	十	万	千	百	十	元	角	分		千	百	十	万	千	百	十	元	角	分
此页空白			李四																																

（七）结出余额

凡需要结出余额的账户，结出余额后，应当在“借或贷”栏目内注明“借”或“贷”字样，以示余额的方向；对于没有余额的账户，应在“借或贷”栏内写“平”字，并在“余额”栏用“0”表示。库存现金日记账和银行存款日记账必须逐日结出余额。见表 8.6。

表 8.6　原材料总分类账

2011年		凭证编号	摘要	√	借方										贷方										借或贷	余额									
月	日				千	百	十	万	千	百	十	元	角	分	千	百	十	万	千	百	十	元	角	分		千	百	十	万	千	百	十	元	角	分
8	1		期初余额																						借			1	2	0	0	0	0	0	0
	6	转 13	材料入库					2	0	0	0	0	0	0											借			1	4	0	0	0	0	0	0
	10	转 21	生产领料															8	0	0	0	0	0	0	借				6	0	0	0	0	0	0
			略																																
	31		本月合计				2	5	0	0	0	0	0	0			3	7	0	0	0	0	0	0	平								0		

（八）过次承前

每一账页登记完毕结转下页时，应当结出本页合计数及余额，写在本页最后一行和下页第一行相关栏内，并在摘要栏内注明“过次页”和“承前页”字样；也可以将本页合计数及金额只写在下页第一行相关栏内，并在摘要栏内注明“承前页”字样，以保持账簿记录的连续性，便于对账和结账。

对需要结计本月发生额的账户，结计“过次页”的本页合计数应当为自本月初起至本页末止的发生额合计数；对需要结计本年累计发生额的账户，结计“过次页”的本页合计数应当为自年初起至本页末止的累计数；对既不需要结计本月发生额也不需要结计本年累计发生额的账户，可以只将每页末的余额结转次页。如表 8.7、表 8.8 所示。

表 8.7　库存商品总分类账

2011年		凭证编号	摘要	√	借方										贷方										借或贷	余额									
月	日				千	百	十	万	千	百	十	元	角	分	千	百	十	万	千	百	十	元	角	分		千	百	十	万	千	百	十	元	角	分
11	15		承前页				2	0	0	0	0	0	0	0			1	8	0	0	0	0	0	0	借				2	0	0	0	0	0	0
	16	转 32	完工入库					5	0	0	0	0	0	0											借				7	0	0	0	0	0	0
	16	转 35	销售出库															1	0	0	0	0	0	0	借				6	0	0	0	0	0	0
	21		过次页				5	2	0	0	0	0	0	0			3	7	0	0	0	0	0	0	借			1	7	0	0	0	0	0	0

表 8.8 库存商品总分类账

2011年		凭证编号	摘要	√	借方										贷方										借或贷	余额									
月	日				千	百	十	万	千	百	十	元	角	分	千	百	十	万	千	百	十	元	角	分		千	百	十	万	千	百	十	元	角	分
11	21		承前页				5	2	0	0	0	0	0	0			3	7	0	0	0	0	0	0	借			1	7	0	0	0	0	0	0
			略																																

三、会计账簿的格式与登记方法

(一) 日记账的格式与登记方法

1. 普通日记账的格式与登记方法

普通日记账是两栏式日记账，是序时地逐笔登记各项经济业务的账簿，用来核算和监督全部经济业务的发生和完成情况。见表 8.9。

表 8.9 普通日记账(两栏式)

2011年		摘要	账户名称	金额		过账
月	日			借方	贷方	
5	6	购料，款未付	在途物资	50 000		√
			应交税费	8 500		√
			应付账款		58 500	√
	18	偿还前欠货款	应付账款	58 500		
			银行存款		58 500	
		略				

① 日期栏：将经济业务的发生日期记入该栏。

② 摘要栏：简要说明记入经济业务的内容。

③ 借方栏：将应借会计科目记入账户名称栏，并将其金额记入借方栏。

④ 贷方栏：将应贷会计科目记入账户名称栏，并将其金额记入贷方栏。

⑤ 过账栏：每天根据日记账中应借、应贷账户及其金额过入分类账后，在过账栏内注明勾对符号，表示已经过账；或者在过账栏内注明该账户的账页页数，表示已经过账，而且便于查账。

2. 特种日记账的格式与登记方法

特种日记账汇总登记同一类经济业务事项，然后将汇总金额记入分类账，可以减少过账工作，并有利于会计人员分工记账（可以由一个记账人员专门登记某一类经济业务事项），从而提高效率。常见的特种日记账主要指库存现金日记账和银行存款日记账。

(1) 库存现金日记账

库存现金日记账是用来核算和监督库存现金每天的收入、支出和结存情况的账簿，其格式有三栏式和多栏式两种。无论采用三栏式还是多栏式库存现金日记账，都必须使用订本账。

三栏式库存现金日记账，采用设有“借方（或收入）”、“贷方（或支出）”、“余额（或结余）”三栏式结构的账页。库存现金日记账由出纳人员根据同现金收付有关的记账凭证，按时间顺序逐日逐笔进行登记，并根据“上日余额＋本日收入－本日支出＝本日余额”的公式，逐日结出现金余额，与现金实存数核对，以检查每日现金收付是否有误。见表8.10。

表8.10 库存现金日记账（三栏式）

年		凭证号数	摘要	对方科目	收入	支出	结余
月	日						

① 日期栏：是指记账凭证的日期，应与现金实际收付的日期一致。

② 凭证栏：是指登记入账收付款凭证的种类和编号。

③ 摘要栏：说明登记入账的经济业务内容。

④ 对方科目：根据分录中与“库存现金”账户对应的账户填列。

⑤ 收入栏：登记库存现金的收入金额。

⑥ 支出栏：登记库存现金的支出金额。

(2) 银行存款日记账

银行存款日记账是用来核算和监督银行存款每日的收入、支出和结余情况的账簿。银行存款日记账应按会计主体在银行开立的账户和币种分别设置，每个银行账户设置一本日记账。银行存款日记账的格式和登记方法与库存现金日记账相同。银行存款日记账通常也是由出纳人员根据审核后的同银行存款收付有关的凭证，按照业务先后顺序逐日逐笔进行登记。见表8.11。

表8.11 银行存款日记账（三栏式）

年		凭证号数	摘要	结算凭证	对方科目	收入	支出	结余
月	日							

银行存款日记账的登记方法与库存现金日记账基本相同，但在银行存款日记账中需要在结算凭证栏里登记相应的结算类型及结算票据号数。

(3) 多栏式日记账

多栏式日记账就是在日记账的收入、支出栏下再分设若干专栏，用来归集重复发生的同类经济业务，汇总后一次过账或提供分析资料的特种日记账。

多栏式日记账的设置方法有两种：一种是分设库存现金多栏式日记账和银行存款多栏多日记账；另一种是分设库存现金收入多栏式日记账、库存现金支出多栏式日记账、银行存款收入多栏式日记账、银行存款支出多栏式日记账。见表 8.12～表 8.17。

表 8.12 库存现金日记账(多栏式)

年		凭证号数	摘要	收入				支出				余额
月	日						收入合计				支出合计	

表 8.13 银行存款日记账(多栏式)

年		凭证号数	摘要	结算凭证	收入			支出			余额
月	日						支出合计			收入合计	

表 8.14 库存现金收入日记账(多栏式)

年		凭证编号	摘要	贷方科目					支出合计	余额
月	日							收入合计		

表 8.15 库存现金支出日记账(多栏式)

年		凭证编号	摘要	借方科目						支出合计
月	日									

表 8.16 银行存款收入日记账(多栏式)

年		凭证编号	摘要	结算凭证	贷方科目				支出合计	余额
月	日							收入合计		

表 8.17 银行存款支出日记账(多栏式)

年		凭证编号	摘要	结算凭证	借方科目					支出合计
月	日									

(二) 明细分类账的格式与登记方法

明细分类账是按照总分类账户的二级科目或明细科目开设账户,用来分类登记经济业务的账簿。各单位根据具体情况设置必要的明细分类账,明细分类账账页因记录内容不同而有不同的格式,一般有三栏式、数量金额式、多栏式等格式。

1. 三栏式明细分类账

三栏式明细分类账只设"借方"、"贷方"、"余额"三个金额栏,不设数量栏。适用于债权、债务等只需要进行金额核算的明细分类账的登记,如应收账款明细账、应付账款明细账、短期借款明细账、长期借款明细账等,其登记方法与三栏式库存现金日记账的登记方法基本相同。见表 8.18。

表 8.18 应收账款明细账

明细科目:××公司

年		凭证号数	摘要	借方	贷方	借或贷	余额
月	日						

2. 数量金额式明细分类账

数量金额式明细分类账是在借方、借方、余额栏内分设数量、单价和金额三个栏次。适用于既进行金额核算,又要进行实物数量核算的各种财产物资账户,如原材料明细账、库存商品明细账等。见表 8.19。

表 8.19 库存商品明细账

类　　别：　　　　　　　　　　　　　　　　　　计量单位：
品种规格：　　　　　　　　　　　　　　　　　　存入地点：
储备定额：　　　　　　　　　　　　　　　　　　编　　号：

年		凭证号数	摘要	收入			发出			结存		
月	日			数量	单价	金额	数量	单价	金额	数量	单价	金额

3. 多栏式明细分类账

多栏式明细分类账一般在“借方”或“贷方”栏下设立若干专栏，也可在借、贷双方栏下分别设立若干栏，以便具体、详细地记录反映某项资金的增减变动情况。它适用于费用、成本、收入和利润等需要详细核算分析其组成、消耗情况的经济业务，如主营业务收入明细账、管理费用明细账、本年利润明细账等。多栏式明细分类账按登记的经济业务不同，具体可以分为借方多栏式明细分类账、贷方多栏式明细分类账、借贷方多栏式明细分类账三种格式。见表 8.20～表 8.22。

表 8.20 制造费用明细账

2011 年		凭证号数	摘要	借方					合计
月	日			工资	福利费	折旧费	办公费	…	
3	1		月初余额	3 000	420	2 800	200		6 420
	5	转 5	分配工资	5 500					5 500
	5	转 6	提取福利费		770				770
	15	转 17	购办公用品				300		300
	31	转 33	提取折旧			3 200			3 200
	31	转 35	分配制造费用	8 500	1 190	6 000	500		16 190

表 8.21 主营业务收入明细账

2011 年		凭证号数	摘要	贷方					合计
月	日			日化组	鞋帽组	箱包组	文具组	…	
7	1	略	销售商品	60 000					60 000
	10		销售商品		35 000				35 000
	13		退货	2 000					2 000
	20		销售商品				50 000		50 000
	25		销售商品				2 000		2 000
	31		结转本期损益	58 000	35 000	50 000	2 000		145 000

表 8.22 应交增值税明细账

年		凭证编号	摘要	借方			贷方				余额
月	日			进项税额	已纳税额	合计	销售税额	进项税额转出	出口退税	合计	

小思考

请同学们试着设计一张多栏式本年利润明细账，看谁设计的更科学合理。

思考提示

从本年利润核算的内容及多栏式明细账可在借、贷双方栏下分别设立若干栏进行分析。

（三）总账的格式与登记方法

总分类账可以直接根据各种记账凭证逐笔登记；也可以将一定时期的各种记账凭证编制为科目汇总表或汇总记账凭证后，再据以登记总账。具体登记方法取决于所采用的账务处理程序，这一内容将在第十一章介绍。不论采用哪种方法登记总账，总账均采用订本式账簿，设有借方、贷方、余额三栏式基本结构的账页。

（四）总账与明细账的关系及其平行登记

所谓总分类账与明细分类账的平行登记，是指每一项经济业务发生后，根据审核无误的同一会计凭证，既在有关总分类账户中进行总括登记，又在其所属的明细分类账户中进行明细登记。

总分类账与明细分类账平行登记的要点，可概括为以下四个方面：

1. 依据相同

对于发生的经济业务，都要以相关的会计凭证为依据，既登记总分类账户，又登记其所属的明细分类账户。

2. 期间相同

对每项经济业务在记入有关总分类账户时，必须记入同期总分类账户所属的明细分类账户中。

3. 方向相同

这里所指的方向，是指事项的变动方向，而并非特指相同的记账方向。一般情况下，总分类账与其所属的明细分类账都按借方、贷方、余额设栏。这时，在总分类账及其所属的明细分类账中的记账方向是相同的，如债权、债务结算账户。但有的明细分类账不按借方、贷方、余额设栏登记，而按收入、发出和结存或其他增减符号设栏登记，如原材料明细分类账采用数量金额式明细账、期间费用采用多栏式明细账。在这种情况下，对于某项需要冲减有关组成项目金额的事项，只能用红字记入其相反的记账方向，来表示总分类账中的相同方向的记录。如“财务费用”账户按组成项目设置借方多栏式明细账，发生需冲减利息费用的存款利息收入时，总分类账中记贷方，而其明细分类账中要以红字记入“财务费用”账户利息费用项目的借方。这时，在总分类账及其所属的明细分类账中，就不能按相同的记账符号，以相同的记账方向进行登记，只能以相同的变动方向进行登记。

4. 金额相等

将经济业务记入某一总分类账户的金额，应与记入其所属的一个或几个明细分类账户的金额合计数相等。但这种金额相等只表明其数量关系，而不一定都是借方发生额相等和贷方发生额相等的关系。如上述“财务费用”明细账，采用多栏式时，本月既有存款利息收入，又有借款利息支出的情况下，“财务费用”总分类账户的贷方发生额与其明细账的贷方发生额就不一致，但作为抵减利息支出的利息收入数额是相等的。

【例 8.1】 飞云公司 2011 年 1 月末原材料账户的余额如下：

甲材料 500 公斤，单价 100 元，金额 50 000 元；乙材料 200 公斤，单价 50 元，金额10 000 元；两者合计 60 000 元。

2 月份原材料的购进和发出情况如下：

(1) 2 月 5 日购进材料一批，货款暂欠，材料验收入库，其中甲材料 200 公斤，单价 100 元，金额 20 000 元；乙材料 20 公斤，单价 50 元，金额 1000 元；两者合计 21 000 元。为简化核算，假如材料购入直接记入原材料，不考虑税金因素。

借：原材料——甲　　20 000
　原材料——乙　　1 000
　贷：应付账款　　21 000

(2) 2 月 10 日，向大洋公司购入丙材料一批共计 400 公斤，单价 10 元，价款 4000 元，开出商业承兑汇票抵付，材料已经验收入库。

借：原材料——丙　　4 000
　贷：应付票据　　4 000

(3) 2 月 12 日，生产产品领用材料情况如下：

甲材料 250 公斤，单价 100 元，金额 25 000 元；乙材料 100 公斤，单价 50 元，金额 5 000 元；丙材料200 公斤，单价 10 元，金额 2 000 元；三者合计 32 000 元。

借：生产成本　　32 000
　贷：原材料——甲　　25 000
　　原材料——乙　　5 000
　　原材料——丙　　2 000

根据上述原材料月初结存、本月购进与发出的有关情况，在原材料总分类账户及其明细分类账户中进行平行登记。见表 8.23～表 8.26。

表 8.23 原材料总分类账

2011 年		凭证号数	摘要	借方	贷方	借或贷	余额
月	日						
2	1		月初余额			借	60 000
	5	略	材料入库	21 000		借	81 000
	10		材料入库	4 000		借	85 000
	12		生产领料		32 000	借	53 000
	28		本月合计	25 000	32 000	借	53 000

表 8.24 原材料明细账

类　　别：　　　　　　　　　　计量单位：公斤
品种规格：甲材料　　　　　　　存入地点：
储备定额：　　　　　　　　　　编　　号：

年		凭证号数	摘要	收入			发出			结存		
月	日			数量	单价	金额	数量	单价	金额	数量	单价	金额
2	1		期初余额							500	100	50 000
	5	略	材料入库	200	100	20 000				700	100	70 000
	12		生产领料				250	100	25 000	450	100	45 000
	28		全月合计	200	100	20 000	250	100	25 000	450	100	45 000

表 8.25 原材料明细账

类　　别：　　　　　　　　　　计量单位：公斤
品种规格：乙材料　　　　　　　存入地点：
储备定额：　　　　　　　　　　编　　号：

年		凭证号数	摘要	收入			发出			结存		
月	日			数量	单价	金额	数量	单价	金额	数量	单价	金额
2	1		期初余额							200	50	10 000
	5	略	材料入库	20	50	1 000				220	50	11 000
	12		生产领料				100	50	5 000	120	50	6 000
	28		全月合计	20	50	1 000	100	50	5 000	120	50	6 000

表 8.26 原材料明细账

类　　别：　　　　计量单位：公斤

品种规格：丙材料　　　　存入地点：

储备定额：　　　　编　　号：

年		凭证号数	摘要	收入			发出			结存		
月	日			数量	单价	金额	数量	单价	金额	数量	单价	金额
2	10	略	材料入库	400	10	4 000				400	10	4 000
	12		生产领料				200	10	2 000	200	10	2 000
	28		全月合计	400	10	4 000	200	10	2 000	200	10	2 000

由于总分类账户与明细分类账户既能提供全面总括的信息，又可以提供具体详细的信息，所以便于企业经营管理的需要。为了保证两者的正确无误，总分类账与明细分类账应该保持账与账相符。尽管总账与明细账之间是按照平行登记原则进行登记的，但是由于两者记账程序的不同或记账时间的不尽一致，所以必须定期核对总分类账与明细分类账的有关记录，及时发现可能存在的记账错误。

总分类账与明细分类账之间的相互核对，可以根据明细账记录编制本期发生额与余额表，从中观察总账与明细账之间的余额是否相符。

上例中，可以得到如下关系式：

总分类账户期初余额＝所属明细分类账期初余额之和

总分类账户本期借方发生额＝所属明细分类账本期借方发生额之和

总分类账户本期贷方发生额＝所属明细分类账本期贷方发生额之和

总分类账户期末余额＝所属明细分类账期末余额之和

如果企业设置了二级账户，那么总账与明细账间的相互核对就成为总分类账户、二级账户和明细分类账户三者之间的相互核对。见表 8.27。

表 8.27 原材料本期发生额及余额明细表

明细账户	期初余额	本期发生额		期末余额
		借方	贷方	
甲材料	50 000	20 000	25 000	45 000
乙材料	10 000	1 000	5 000	6 000
丙材料		4 000	2 000	2 000
合计	60 000	25 000	32 000	53 000

第三节 错账更正方法

尽管在填制记账凭证、登记账簿之前，对原始凭证、记账凭证进行过数次的复核，但由于种种原因，账簿登记有时仍出现错误。若不慎发生错误，不得涂改、挖补、刮擦或用褪色药水消除字迹，也不准重新抄写更换账页，必须根据错账的性质和发生的时间等具体情况，采用规定的方法止确地进行更正。

常用的错账更正方法主要有划线更正法、红字更正法和补充登记法。

一、划线更正法

在结账前发现账簿记录有文字或数字错误，而记账凭证没有错误，采用划线更正法。

更正时，可在错误的文字或数字上划一条红线，在红线的上方填写正确的文字或数字，并由记账及相关人员在更正处盖章。对于错误的数字，应全部划红线更正，不得只更正其中的错误数字。对于文字错误，可只划去错误的部分。

【例 8.2】 2011 年 7 月 5 日支付厂部办公费 2 000 元，编制的记账凭证正确无误，但在登记管理费用明细账时错记为 200 元。

第一步：在账簿中错误的文字或数字上划一条单红线予以注销，划线时必须保持原有的字迹清晰可辨，以备查考。见表 8.28。

表 8.28 管理费用明细账

2011 年		凭证号数	摘要	借方					合计
月	日			工资	福利费	折旧费	办公费	…	
			略						
7	5	付	支付办公费				~~200~~		~~200~~

第二步：在其上方空白处用蓝字写上正确的文字或数字，并由记账人员和会计机构负责人（或会计主管人员）在更正处加盖印鉴，以明确责任。见表 8.29。

表 8.29 管理费用明细账

2011年		凭证号数	摘要	借方					合计
月	日			工资	福利费	折旧费	办公费	…	
			略						
7	5	付	支付办公费				2 000 ~~200~~	李四	2 000 ~~200~~

二、红字更正法

红字更正法又称红字冲销法、赤字冲销法。适用于下列情况：

(1) 登账后，发现记账凭证应借应贷会计科目用错，导致账簿记录错误。具体更正方法为：首先用红字金额填制一张与原错误的记账凭证内容完全相同的记账凭证，将原有错误记录冲销。在凭证和账簿的“摘要”栏注明“注销×月×日×字×号凭证”字样，并据此用红字金额登记入账。其次，用蓝字金额填制一张正确的记账凭证，并据此用蓝字金额登记入账。在凭证和账簿的“摘要”栏注明“更正×月×日×字×号凭证”字样。

【例 8.3】 2011 年 7 月 8 日支付车间办公费 5 000 元，填制记账凭证（付 12）并据以登记入账。2011 年 7 月 30 日，经查核，发现上述记账凭证有误，借方科目被错误地填写为“管理费用”科目，其正确的借方科目应为“制造费用”科目。

第一步：用红字金额填写一张与错误记账凭证完全相同的记账凭证。见表 8.30。

表 8.30 记账凭证

凭证字：付

2011 年 7 月 30 日　　凭证号：48

摘要	总账科目	明细科目	借方金额										贷方金额										记账符号
			千	百	十	万	千	百	十	元	角	分	千	百	十	万	千	百	十	元	角	分	
注销 7 月 8 日付字 12	管理费用						5	0	0	0	0	0											√
号凭证	银行存款																5	0	0	0	0	0	√
合计						¥	5	0	0	0	0	0				¥	5	0	0	0	0	0	

附单据　张

会计主管：　记账：李四　审核：李四　制单：张三

第二步：用蓝字金额编制一张正确的记账凭证。见表 8.31。

表 8.31　记账凭证

凭证字：付

2011 年 7 月 30 日　　　　凭证号：49

摘要	总账科目	明细科目	借方金额（千百十万千百十元角分）	贷方金额（千百十万千百十元角分）	记账符号
更正 7 月 8 日付字 12 号凭证	制造费用		500000		√
	银行存款			500000	√
合计			¥500000	¥500000	

附单据　张

会计主管：　　记账：李四　　审核：李四　　制单：张三

第三步：登记相关账簿。见表 8.32～表 8.34。

表 8.32　银行存款日记账

2011 年 月	日	凭证号数	摘要	结算凭证	对方科目	收入	支出	结余
			略					
7	8	付 12	支付办公费	现支 156	管理费用		5 000	64 000
			略					
7	30	付 48	注销 7 月 8 日付字 12 号凭证	现支 156	管理费用		5 000（红字）	54 000
7	30	付 49	更正 7 月 8 日付字 12 号凭证	现支 156	管理费用		5 000	49 000
			略					

表 8.33　制造费用明细账

2011 年 月	日	凭证号数	摘要	借方 工资	福利费	折旧费	办公费	…	合计
			略						
7	30	付 49	更正 7 月 8 日付字 12 号凭证				5 000		5 000
			略						

表 8.34 管理费用明细账

2011年		凭证号数	摘要	借方					合计
月	日			工资	福利费	折旧费	办公费	…	
			略						
7	8	付12	支付办公费				5 000		5 000
			略						
7	30	付48	注销7月8日付字12号凭证				[5 000]		[5 000]
			略						

(2) 登账后,发现记账凭证应借应贷会计科目无误,但金额大于正确金额,导致账簿记录错误。具体更正方法为:按多记金额用红字金额填制一张与原错误的记账凭证会计科目、应借应贷方向相同的记账凭证,并据以用红字金额登记入账。在凭证"摘要"栏注明"冲销×月×日×字×号凭证多记金额",在账簿的"摘要"栏注明"冲销×月×日×字×号凭证多记金额"。

【例8.4】 2011年8月15日,用现金购买办公用品共计2 300元,填制记账凭证(付23)并据以登记入账。2011年8月30日,经查核,发现上述记账凭证有误,金额2 300元被错误地填写为3 200元。

第一步:按多记金额用红字金额填制记账凭证。见表8.35。

表 8.35 记账凭证

凭证字: 付

2011年8月30日　　凭证号: 52

摘要	总账科目	明细科目	借方金额 千	百	十	万	千	百	十	元	角	分	贷方金额 千	百	十	万	千	百	十	元	角	分	记账符号
冲销8月15日付字23号	管理费用							[9]	[0]	[0]	[0]	[0]											√
凭证多记金额	库存现金																	[9]	[0]	[0]	[0]	[0]	√
合计							[¥]	[9]	[0]	[0]	[0]	[0]					[¥]	[9]	[0]	[0]	[0]	[0]	

附单据　张

会计主管:　　记账:李四　　审核:李四　　制单:张三

第二步：登记相关账簿。见表 8.36、表 8.37。

表 8.36 库存现金日记账

年		凭证号数	摘要	对方科目	收入	支出	结余
月	日						
			略				
8	15	付 23	购办公用品	管理费用		3 200	7 800
			略				
8	30	付 52	冲销 8 月 15 日付字 23 号多记金额	管理费用		[900]	2 300
			略				

表 8.37 管理费用明细账

2011 年		凭证号数	摘要	借方					合计
月	日			工资	福利费	折旧费	办公费	…	
			略						
8	15	付 23	购办公用品				3 200		3 200
			略						
8	30	付 52	冲销 8 月 15 日付字 23 号凭证多记金额				[900]		[900]
			略						

三、补充登记法

在记账以后，经核对发现记账凭证中使用的会计科目、应借应贷方向没有错误，但所记金额小于正确金额，并已据此登记入账，造成账簿记录相应出错，对这种类型的错账，应采用补充登记法。

具体更正方法是：按少记金额用蓝字金额填制一张与原记账凭证中的会计科目、应借应贷方向完全相同的记账凭证。在“摘要”栏注明“补充×月×日×字×号凭证少记金额”，并依此凭证记入相应的账簿中，在账簿的“摘要”栏注明“补充×月×日×字×号凭证少记金额”。

【例 8.5】 2011 年 8 月 15 日，用现金购买办公用品共计 2 300 元，编制填制记账凭证（付 23）并据以登记入账。2011 年 8 月 30 日，经查核，发现上述记账凭证有误，金额 2 300 元被错误地填写为 230 元。

第一步：按少记金额用蓝字金额填制记账凭证。见表 8.38～表 8.40。

表 8.38 记账凭证

凭证字：付

2011 年 8 月 30 日　　　　凭证号：52

摘要	总账科目	明细科目	借方金额										贷方金额										记账符号
			千	百	十	万	千	百	十	元	角	分	千	百	十	万	千	百	十	元	角	分	
补充 8 月 15 日付字 23 号	管理费用						2	0	7	0	0	0											√
凭证少记金额	库存现金																2	0	7	0	0	0	√
合计						￥	2	0	7	0	0	0				￥	2	0	7	0	0	0	

附单据　张

会计主管：　　　记账：李四　　　审核：李四　　　制单：张三

表 8.39 库存现金日记账

年		凭证号数	摘要	对方科目	收入	支出	结余
月	日						
			略				
8	15	付 23	购办公用品	管理费用		230	10 770
			略				
8	30	付 52	补充 8 月 15 日付字 23 号少记金额	管理费用		2 070	2 300
			略				

表 8.40 管理费用明细账

2011 年		凭证号数	摘要	借方					合计
月	日			工资	福利费	折旧费	办公费	…	
			略						
8	15	付 23	购办公用品				230		230
			略						
8	30	付 52	补充 8 月 15 日付字 23 号凭证少记金额				2 070		2 070
			略						

小思考

采用补充登记法进行更正的错账是否可以用红字更正法进行更正?

思考提示

可以。

第四节　对账与结账

一、对账

在结账之前要做好对账工作。所谓对账，就是核对账目，定期对账簿、账户记录进行核对。为了保证账簿所提供的会计资料正确、真实、完整，会计人员在登记账簿时，一定要有高度的责任心，记完账后，还应定期做好对账工作，做到账证相符、账账相符、账实相符。

对账工作一般在月末进行，即在记账之后、结账之前进行。对账是把会计账簿记录的有关数字与库存实物、货币资金、有价证券等的相关资料和情况进行核对，包括与往来单位或者个人进行的相关核对。一些基础性工作，一般应在平时进行对账。若遇有特殊情况，比如有关人员因工作调动而办理移交手续之前，或者发生非常事件后，应随时进行对账。

对账的主要内容一般包括账证核对、账账核对和账实核对。

(一) 账证核对

账证核对就是核对会计账簿记录与原始凭证、记账凭证的时间、凭证字号、内容、金额是否一致，记账方向是否相符。

(二) 账账核对

账账核对就是核对不同会计账簿之间的账簿记录是否相符。账账核对的内容包括：

(1) 总分类账各账户本期借方发生额合计数与贷方发生额合计数是否相符；期末借方余额合计数与贷方余额合计数是否相符；

(2) 总分类账的借方、贷方本期发生额和期末余额与所属明细分类账的借方、贷方本期发生额和期末余额之和是否相符；

(3) 库存现金日记账和银行存款日记账的余额与库存现金和银行存款总分类账的余额是否相符；

(4) 财会部门财产物资明细分类账的期末余额与财产物资保管和使用部门的有关财产物资明细分类账的期末余额是否相符。

(三) 账实核对

账实核对就是将各项财产物资、债权债务等账面余额与实有数额之间进行核对。在实际工作中造成账实不符的原因是多方面的，如财产物资保管过程中发生的自然损耗；财产收发过程中由于计量或检验不准，造成多收或少收的差错；由于管理不善、制度不严造成的财产损坏、丢失、被盗；在账簿记录中发生的重记、漏记、错记；由于有关凭证未到，形成未达账项，造成结算双方账实不符；发生意外灾害等。因此，各单位一般需要通过定期的财产清查来弥补这方面的漏洞，保证会计信息的真实、可靠，提高会计主体的管理水平。账实核对的内容包括：

(1) 库存现金日记账账面余额与库存现金实有数额是否相符。库存现金日记账账面余额应于每日终了与库存现金实有数额相核对，不得以借条抵充现金或挪用现金，要做到日清月结。

(2) 银行存款日记账账面余额与银行对账单的余额是否相符。银行存款日记账的账面余额，应同开户银行寄送会计主体的银行对账单相核对，一般每月应至少核对一次。

(3) 各项财产物资明细账账面余额与财产物资的实有数额是否相符。材料、产成品、固定资产等财产物资明细分类账的账面余额，应与实有数相核对。

(4) 有关债权债务明细账账面余额与对方单位的账面记录是否相符。各项应收款、应付款、银行借款等结算款项，以及应交税费等，应定期寄送对账单同有关单位进行核对。

二、结账

结账是指在本期内所发生的经济业务全部登记入账的基础上，于会计期末按照规定的方法结算账目，结计出各个账户的本期发生额和期末余额。各个单位的经济活动是连续不断地进行的，为了总结每一个会计期间(月份、季度、年度)的经济活动情况，考核经营成果、编制会计报表，必须在每一个会计期末进行结账。

(一) 结账的程序

结账的程序如下所述：

(1) 结账前，将本期发生的经济业务事项全部登记入账，并保证其正确性(不能提前、延后)；

(2) 根据权责发生制的要求，调整有关账项，合理确定本期应计的收入和应计的费用；

(3) 将损益类科目转入“本年利润”科目，结平所有损益类科目；

(4) 结算出各账户的本期发生额合计及余额；

(5) 编制本期发生额及余额对照表，进行试算平衡；

(6) 划线结账，将期末余额结转至下期。

(二) 结账的方法

一般按月进行结账，称为月结；有的账目还应按季结账，称为季结；年度终了，应进行年终结账，称为年结。期末结账主要采用划线结账法，也就是期末要结出各账户的本期发生额和期末余额后，加以划线标记，将期末余额结转下期。

1. 月结

月度结账，即在每月终了时的结账。其方法是：在月末最后一笔经济业务的记录下面划一条通栏红线，在红线下面的一行“摘要”栏内注明“本月合计”和“本月累计”字样，在“借方”、“贷方”、“余额”三栏分别计算出本月借方发生额合计、贷方发生额合计和期末余额，然后在此行下面再划一条通栏红线。若无余额，在借或贷栏内则写“平”字，余额栏写“0”，划通栏红线，以便与下月发生额划分清楚。有些账户当月未发生经济业务时，可不进行月结。

2. 季结

季度结账，即每季度终了时的结账。其方法是：在当季季末最后一个月月结数字的红线下面一行，将本季度三个月的借贷方月结数加总，再加计累计数用蓝字填入，并在“摘要”栏注明“本季合计”、“本季累计”字样，然后在累计数下面一行划一条通栏红线。

3. 年结

年度结账，即每年年末进行的结账。其方法是：在本年最后一个季度的季度结账的下一行的“摘要”栏内注明“本年累计”字样，并加计累计数用蓝字填入。然后在此行下面划通栏双红线，表示全年经济业务的登账工作至此全部结束。最后再在年结线下面的“摘要”栏内加盖“结转下年”字样；在下一会计年度新建有关会计账簿的第一行余额栏内填写上年结转的余额，并在“摘要”栏内注明“上年结转”字样。见表 8.41。

表 8.41　原材料总账

2011 年		凭证号数	摘要	借方	贷方	借或贷	余额
月	日						
1	1		上年结转			借	6 500
1	31		本月合计	102 000	38 000	借	70 500
2	28		本月合计	52 000	20 000	借	102 500
2	28		本月累计	154 000	58 000	借	102 500
3	31		本月合计	52 000	44 500	借	110 000
3	31		本季合计	206 000	102 500	借	110 000
3	31		本季累计	206 000	102 500	借	110 000
12	31		本月合计	76 800	88 000	借	36 000
12	31		本季合计	184 500	155 000	借	36 000
12	31		本年累计	672 500	643 000	借	36 000
			结转下年				

小思考

新年度开始更换新账时，哪些账簿必须进行更换？哪些账簿可以继续使用而无需更换？请举例说明。

思考提示

一般来说，总账、日记账和多数明细账应每年更换一次。但有些财产物资明细账和债权债务明细账由于材料品种、规格和往来单位较多，更换新账，重抄一遍的工作量较大，因此，可以不必每年度更换一次。各种备查账簿也可以连续使用。

三、会计账簿的保管

(一) 会计账簿的更换

企业应在每一会计年度结束、新的会计年度开始时，按会计制度规定更换账簿、建立新账，以保持会计账簿记录的连续性。

总账、日记账和多数明细账应每年更换一次。在新年度开始时，将旧账簿中各账户的余额直接记入新账簿中有关账户新账页的第一行“余额”栏内，并注明方向。同时，在“摘要”栏内注明“上年结转”字样，将旧账页最后一行数字下的空格，划一条斜红线注销，在新旧账户之间转记余额，不需填制凭证。部分明细账，如固定资产明细账等，因年度内变动不多，新年度可不必更换账簿。但“摘要”栏内，要加盖“结转下年”戳记，以划分新旧年度之间的金额。备查账簿可以连续使用。新旧账簿有关账户之间的结转余额，无须编制记账凭证。

(二) 会计账簿的保管

年度终了，各种账簿在结转下年、建立新账后，一般都要把旧账送交总账会计集中统一管理。会计账簿暂由本单位财务会计部门保管一年，期满之后，由财务会计部门编造清册移交本单位的档案部门保管。

为了保证在需要时可以迅速查阅，以及各种账簿的安全和完整，各种账簿应当按年度分类归档、编造目录，妥善保管。

本章小结

会计账簿是指由一定格式的账页组成的，以经过审核的会计凭证为依据，全面、系统、连续地记录各项经济业务的簿籍。设置和登记账簿，是加工整理、积累、储存会计资料的一种重要方法，是编制会计报表的基础，是连接会计凭证与会计报表的中间环节。

会计账簿按其用途不同，分为序时账簿、分类账簿和备查账簿；按账簿的外表不同形式分为订本式账簿、活页式账簿、卡片式账簿；按账页格式不同分为两栏式账簿、三栏式账簿、多栏式账簿、数量金额式账簿。

序时账簿又称日记账，是按照经济业务发生或完成的时间顺序，逐日逐笔登记的账簿。常见的有库存现金日记账和银行存款日记账。

总分类账簿即总账，是按照总分类账户进行分类登记的账簿。总分类账可以总括反映资产、负债、所有者权益、费用成本和收入成果的情况，可以为编制会计报表、会计分析检查提供资料。其格式一般采用三栏式。明细分类账簿即明细账，是按照明细分类账户进行分类登记的账簿。可以反映某些总分类账户增减变动的详细情况，为编制会计报表、会计分析提供资料，其格式一般有三栏式、数量金额式、多栏式和横线登记式。总分类账与所属的明细分类账应平行登记。

对账是定期对会计账簿记录的有关数字与相关的会计凭证、库存实物、货币资金、有价证券、往来单位或者个人等进行相互核对，以保证账账相符、账证相符、账实相符。结账即结清账目，是指在把一定时期内所发生的全部经济业务登记入账的基础上，将各类账簿记录核算完毕，结出各种账簿本期发生额合计和期末余额的一项会计核算工作。

账簿的登记应做到数字准确、登记及时、摘要清楚、书写整洁和改错规范。发生记账差错时，必须按规定进行更正。常见的错账更正方法有划线更正法、红字更正法、补充登记法。

关键概念 账簿 序时账 总分类账 明细分类账 对账 结账

知识训练

理论知识训练

一、单项选择题

1. 会计账簿按( )分类，分为序时账、分类账、备查账。

A. 用途 B. 性质 C. 格式 D. 外形

2. 下列项目中，( )是连接会计凭证和会计报表的中间环节。

A. 复式记账 B. 设置会计科目和账户

C. 设置和登记账簿 D. 编制会计分录

3. 能够序时反映企业某一类经济业务会计信息的账簿是( )。

A. 总分类账 B. 明细分类账 C. 备查账 D. 日记账

4. 一般情况下，不需根据记账凭证登记的账簿是( )。

A. 总分类账 B. 明细分类账 C. 备查账 D. 日记账

5. 下列明细账分类账中，可以采用多栏式格式的是( )。

A. 应付账款明细分类账 B. 原材料明细分类账

C. 库存商品明细分类账 D. 管理费用明细分类账

6. 下列项目中，可以采用卡片式格式的是( )。

A. 库存现金日记账 B. 库存商品明细账

C. 制造费用明细账 D. 固定资产明细账

7. 登记账簿时，错误的做法是( )。

A. 文字和数字的书写占格距的1/2 B. 使用圆珠笔书写

C. 用红字冲销错误记录 D. 在发生的空页上注明“此页空白”

8. 在记账凭证没有错误，但在登记账簿时发生错误导致账簿记录错误的情况下，应该采用( )。

A. 划线更正法 B. 红字冲销法 C. 补充登记法 D. 重新登记法

9. 下列不属于账账核对的内容有( )。

A. 总账有关账户的余额核对 B. 总账与明细账核对

C. 总账与日记账核对 D. 会计账簿记录与原始凭证核对

10. 用转账支票归还欠A公司货款50 000元，会计人员编制的记账凭证为：借记应收账款50 000元，贷记银行存款50 000元，审核并已登记入账，该记账凭证( )。

A. 没有错误　B. 有错误，使用划线更正法更正
C. 有错误，使用红字冲销法更正　D. 有错误，使用补充登记法更正

11. 企业的结账时间应为(　　)。
A. 每项经济业务登账后　B. 每日终了时
C. 一定时期终了时　D. 会计报表编制后

12. 下列账簿中不必每年进行更换的是(　　)。
A. 应收账款明细账　B. 短期借款明细账
C. 固定资产明细账　D. 长期投资明细账

13、登记账簿时，正确的做法是(　　)。
A. 文字或数字的书写必须占满格　B. 书写可以使用蓝黑墨水、圆珠笔或铅笔
C. 用红字冲销错误记录　D. 发生的空行、空页一定要补充填写

14、对账时，账账核对不包括(　　)。
A. 总账各账户的余额核对　B. 总账与明细账之间的核对
C. 总账与备查簿之间的核对　D. 总账与日记账的核对

二、多项选择题

1. 在会计账簿登记中，可以用红色墨水记账的有(　　)。
A. 更正会计科目和金额同时错误的记账凭证
B. 登记减少数
C. 未印有余额方向的，在余额栏内登记相反方向数额
D. 更正会计科目正确，多记金额的记账凭证

2. 下列说法正确的是(　　)。
A. 登记会计账簿时应当做到数字准确、摘要清楚
B. 账簿中书写的文字和数字上面要留有适当空格
C. 登记账簿要用蓝黑墨水或者碳素墨水书写
D. 各种账簿应按页次顺序连续登记

3. 能够详细反映某一类经济业务增减变动的会计账簿是(　　)。
A. 总分类账　B. 明细分类账　C. 备查账　D. 序时账

4. 下列项目中，应当建立备查账的是(　　)。
A. 租人的固定资产　B. 接受外单位的捐赠
C. 委托加工材料　D. 无形资产

5. 会计账簿的基本构成包括(　　)。
A. 封面　B. 扉页　C. 使用说明　D. 账页

6. 启用会计账簿时，在账簿扉页上应当附启用表，其内容包括(　　)。
A. 启用日期　B. 记账人员和会计机构负责人姓名
C. 记账人员和会计机构负责人签章　D. 单位公章

7. 下列符合登记会计账簿基本要求的是(　　)。
A. 文字和数字的书写应占行高的1/3　B. 不得使用圆珠笔书写
C. 应连续登记，不得跳行、隔页　D. 无余额的账户，在“借或贷”栏内写“0”

8. 下列项目中，可以采用数量金额式格式的是(　　)。
A. 银行存款日记账　B. 应收账款明细分类账

C. 库存商品明细分类账　　D. 材料明细分类账

9. 下列项目中，可以采用三栏式格式的是（　　）。

A. 应收账款明细分类账　　B. 长期借款明细分类账

C. 实收资本明细分类账　　D. 库存现金日记账

10. 下列适合采用多栏式明细分类账的有（　　）。

A. 应收账款明细分类账　　B. 管理费用明细分类账

C. 生产成本明细分类账　　D. 制造费用明细分类账

11. 错账的更正方法包括（　　）。

A. 划线更正法　　B. 直接涂改法　　C. 红字冲销法　　D. 补充登记法

12. 对账的内容有（　　）。

A. 账实核对　　B. 账证核对　　C. 账账核对　　D. 账款核对

13. 结账的种类包括（　　）。

A. 月结　　B. 季结　　C. 年结　　D. 日结

14. 必须逐日结出余额的账簿是（　　）。

A. 库存现金总账　　B. 银行存款总账　　C. 库存现金日记账　　D. 银行存款日记账

15. 结账时正确的做法是（　　）。

A. 结出当月发生额的，在“本月合计”下面通栏划单红线

B. 结出本年累计发生额的，在“本年累计”下面通栏划单红线

C. 年末，结出全年累计发生额的，在下面通栏划单红线

D. 年末，结出全年累计发生额的，在下面通栏划双红线

三、判断题

1. 库存现金日记账的借方是根据收款凭证登记的，贷方是根据付款凭证登记的。（　　）

2. 登记账簿不得使用圆珠笔（除银行复写账簿外），但可以使用铅笔。（　　）

3. 启用日期属于账页的基本内容。（　　）

4. 库存商品适合采用多栏式明细账的格式。（　　）

5. 对账时，即会计账簿与原始凭证、记账凭证核对。（　　）

6. 结账工作是建立在持续经营前提下的。（　　）

7. 会计年度终了时，会计账簿交由档案部门保管。（　　）

8. 备查账簿需要每年更换一次。（　　）

9. 总账账户平时只需要结出月末余额，年终结账时，将总账账户结出全年发生额和年末余额，并在合计数下通栏划双红线。（　　）

10. 对需要按月进行月结的账簿，结账时，应在“本月合计”下面通栏划单红线，而不是划双红线。（　　）

四、思考题

1. 简述会计账簿的分类。

2. 简述错账的更正方法及适用范围。

3. 简述账实核对的基本内容。

4. 简述结账的内容。

业务技术训练

训练一

【训练目的】

熟悉日记账的填制。

【训练资料】

和瑞公司2011年12月初银行存款日记账期初余额为420 000元，12月份发生如下经济业务：

1. 12月1日，公司向银行存入汇票存款100 000元，凭证号为付字001号。

2. 12月1日，提取现金42 000元用于发放工资，凭证号为付字002号。

3. 12月5日，销售产品收到银行本票58 500元，凭证号为收字001号。

4. 12月9日，收到某公司转账支票一张，价值600 000元，归还应收账款，凭证号为收字002号。

5. 12月10日，兑付到期商业承兑汇票一张，支付票面金额291 720元，凭证号为付字003号。

6. 12月12日，用转账支票向本市某企业购入材料23 400元，凭证号为付字004号。

7. 12月13日，公司向银行借入短期借款200 000元，凭证号为收字003号。

8. 12月14日，存入现金1 800元，凭证号为付字024号。

9. 12月16日，向异地某企业销售产品，收到转账支票一张，款项468 000元，凭证号为收字004号。

10. 12月20日，公司采用委托收款方式向外地某公司采购材料，支付价款35 100元，凭证号为付字005号。

11. 12月24日，以转账支票支付外购材料及运杂费计24 000元，凭证号为付字006号。

12. 12月28日，缴纳增值税76 000元，凭证号为付字007号。

13. 12月31日，收到子公司分得税后利润240 000元，凭证号为收字005号。

【训练要求】

1. 根据上述资料，开设三栏式“银行存款日记账”，并按经济业务发生的时间顺序逐笔登记；

2. 按照结账要求，对上述“银行存款日记账”进行月度结账。

训练二

【训练目的】

熟悉错账更正方法。

【训练资料】

永和公司2011年5月末核对账目，发现下列问题：

1. 5月3日，从银行提取现金16 000元，备发工资。

记账凭证为：

借：库存现金　　16 000

　　贷：银行存款　　16 000

账簿误记录为1 600元。

2. 5月11日,预付祥和公司购货款25 000元。

记账凭证为:

借:预收账款　　25 000

　　贷:银行存款　　25 000

并据收登账。

3. 5月20日,开出现金支票1张,支付公司购货运费540元。

记账凭证为:

借:材料采购　　450

　　贷:银行存款　　450

并据以登账。

4. 5月23日,以银行存款支付公司行政部门用房的租金2 300元。

记账凭证为:

借:管理费用　　3 200

　　贷:银行存款　　3 200

【训练要求】

根据上述资料中的账证记录判断错误类型,并采用错账更正方法予以更正。

第九章　财 产 清 查

学习目标

了解财产清查的必要性；明确财产清查前的各项准备工作；掌握财产清查的方法及清查结果的会计处理方法。

第一节　财产清查概述

一、财产清查的概念和范围

财产清查，是通过对财产物资、货币资金和往来款项进行实地盘点与核对，以查明其实有数同账面数是否相符的一种专门的会计核算方法。

财产清查的范围极为广泛，从形态上看，既包括各种实物的清点，也包括各种债权、债务和结算款项的查询核对；从存放地点看，既包括对存放在本企业的财产物资的清查，也包括对存放在外单位的实物和款项的清查。另外，对其他单位委托代为保管或加工的材料物资，也同样要进行清查。

二、财产清查的目的和原因

财产清查的目的是为了查明企业实有的财产物资并确保账实一致。企业和行政、事业单位的各种财产物资，其增减变动及结存情况，都是以会计账簿来记录反映的，准确地反映各项财产物资的真实情况，是经济管理对会计核算的客观要求。然而，在客观上，却存在着种种可能导致账实不符的情况。

在实际工作中，造成账实不符的原因是多方面的。有时是工作上的差错，有时是外界的影响；有些是可以避免的，有些是不能或不能完全避免的；此外，还有发生人力所不可抗拒的自然灾害或意外损失等。概括起来，主要有以下几个方面的原因：

(1) 财产物资保管过程中的自然损溢。如由于物理、化学性质、气候变化引起的财产物资自然升溢和短缺。

(2) 管理不善造成的损溢。如计量不准，错收错付，保管不善造成残损、霉变，重复记账或漏记账以及贪污盗窃造成的损失等。

(3) 自然灾害和意外事故造成的损失。

(4) 结算过程中由于账单未到或拒付等原因造成债权债务与往来单位账面记录不一致。

三、财产清查的必要性

为了保证会计账簿记录的真实、准确,建立健全财产物资的管理制度,确保财产物资的安全与完整,必须运用财产清查这一特定的会计核算方法,对企业的各项财产物资进行定期或不定期的清查,以保证账实相符,提高各项财产物资的使用效果。财产清查主要有以下几方面的作用:

(1) 保证会计资料的真实性;

(2) 保护财产物资的安全完整,加强经济责任;

(3) 保证财经纪律和结算纪律的贯彻执行;

(4) 促进企业经营管理工作的改进,提高经济效益。

四、财产清查的种类

财产清查总是在具体的时间、地点和一定范围内进行的,为了正确地使用财产清查方法,必须对其进行分类。财产清查可以按不同的标准进行分类。

(一) 按清查的对象和范围划分,财产清查可分为全面清查和局部清查

1. 全面清查

全面清查就是对所有的财产进行全面的盘点与核对。全面清查涉及企业的全部财产,如全部固定资产、存货、货币资金、有价证券、结算资金、在途商品、代外单位加工、保管的各种财产物资等。

全面清查工作量大、范围广、时间长、参加人员多,有时企业需要停产进行清查,通常在以下几种情况下才进行全面清查:

(1) 在年终决算之前,为确保年度会计报表的真实可靠,需进行全面清查;

(2) 在企业撤销、解散、合并或改变隶属关系时,为明确经济责任,需进行全面清查;

(3) 在企业清产核资时,为准确核定资产,必须进行全面清查;

(4) 企业在合资、联营时,需进行全面清查;

(5) 单位负责人调离工作时,需进行全面清查。

2. 局部清查

局部清查是根据需要,对部分财产进行盘点与核对。由于全面清查耗时耗力,难以经常进行,所以企业经常进行的主要是局部清查。例如:

(1) 对于流动性较大的物资,如原材料、库存商品、周转材料等,除了年度清查外,年内还要轮流盘点或有重点的抽查;

(2) 对于各种贵重物资,每月应清查盘点一次;

(3) 对于银行存款和银行借款,每月同银行核对一次;

(4) 现金由出纳人员在每日终了时,自行清查一次;

(5) 各种往来款项,每年至少要核对一至两次。

另外,对发现某种物品被盗或者由于自然力造成物品毁损,以及其他责任事故造成物品损失等,都应及时进行局部清查,以便查明原因,及时处理,并调整账簿记录。

(二) 按清查的时间划分,财产清查可分为定期清查和不定期清查两种

1. 定期清查

定期清查是指按照预先安排的时间对财产物资、货币资金和往来款项进行盘点和核对。这种清查通常在年末、季末、月末结账前进行。定期清查根据不同需要,可以全面清查,也可以局部清查。一般情况下,年末要进行全面清查,季末、月末则只进行局部清查。

2. 不定期清查

不定期清查是事先并不规定清查时间,而是根据实际需要临时性的对财产物资进行盘点与核对。一般在以下情况下进行:

(1) 更换财产物资和现金保管人员时,为分清经济责任,需对有关人员所保管的财产物资和现金进行清查;

(2) 发生非常灾害和意外损失时,要对受灾损失的财产物资进行清查,以查明损失情况;

(3) 上级主管部门、财政和审计部门,对本单位进行会计检查时,应按检查要求及范围进行清查,以验证会计资料的真实可信;

(4) 按照有关规定,进行临时性的清产核资工作,以摸清企业的家底。

根据上述情况进行不定期清查,其对象和范围可以是全面清查,也可以是局部清查,应根据实际需要而定。

小思考

两公司合并交接,直接由各自公司负责人进行相关资料的监交。这样交接正确吗?在这种情况下应进行何种清查?

思考提示

应进行全面清查;这样交接不正确。在单位撤并的情况下,所属单位负责人不能监交,需要由主管单位派人督促监交。

五、财产清查的准备工作

财产清查是一项工作量大、涉及面广的工作,为了保证财产清查的质量,达到清查的目的,应该科学合理地组织。财产清查一般可分为准备阶段、实施清查阶段及分析和处理阶段。

(一) 准备阶段

财产清查涉及到管理部门、财务会计部门、财产物资保管部门以及与本单位有业务和资金往来的外部有关单位和个人。因此,为了保证财产清查工作有条不紊地进行,财产清查前

必须有组织、有领导、有步骤地做好准备工作。

1. 组织准备

财产清查前，应建立由单位有关负责人、会计主管人员、专业人员和职工代表参加的财产清查领导小组，具体负责组织进行财产清查工作。根据财产清查的目的和要求，制定财产清查计划，确定财产清查的时间、进度、对象范围、清查人员的分工及清查中出现问题后的解决方法、原则等。

2. 业务准备

财产清查前，有关部门应做好下列工作，为财产清查做好准备。

(1) 会计人员应将有关账目结算清楚，做到账证、账账相符，为清查工作提供可靠依据。

(2) 财产物资保管人员和有关部门，在清查截止日，应将全部业务填好凭证登记入账并结出余额。要对所保管的财产物资进行整理，贴上标签，标明品种、规格、结存数量，以便盘点查对。

(3) 清查人员应准备好各种计量器具和清查盘点用的单据和表格。

(二) 实施清查阶段

财产清查的重要环节是盘点财产物资的实存数量。为明确责任，在财产清查过程中，实物保管人员必须在场，并参加盘点工作，盘点结果应由清查人员填写“盘存单”，详细反映各项财产物资的编号、名称、规格、计量单位、数量、单价、金额等，并由盘点人员和实物保管人员分别签字盖章。“盘存单”是实物盘点结果的书面证明，也是反映财产物资实存金额的原始凭证。其一般格式如表 9.1 所示。

表 9.1 盘存单

编　　号

单位名称　　　　盘点时间

财产类别　　　　存放地点

编号	名称	规格	计量单位	数量	单价	金额	备注

盘点人签章：　　　　实物保管人签章：

(三) 分析和处理阶段

盘点完毕，会计部门应将“盘存单”上所列的各项财产物资的实际结存数与账面结存记录进行核对，对于账实不符的，应编制“实存账存对比表”，确定财产物资盘盈或盘亏的数额。“实存账存对比表”是调整账面记录的重要原始凭证，也是分析盘盈盘亏原因、明确经济责任的重要依据。其一般格式如表 9.2 所示。

表 9.2 实存账存对比表

单位名称　　　　　　　　　　　　年　月　日

<table>
<tr><th rowspan="3">编号</th><th rowspan="3">类别及名称</th><th rowspan="3">计量单位</th><th rowspan="3">单价</th><th colspan="2">实存</th><th colspan="2">实存</th><th colspan="4">对比结果</th><th rowspan="3">备注</th></tr>
<tr><th rowspan="2">数量</th><th rowspan="2">金额</th><th rowspan="2">数量</th><th rowspan="2">金额</th><th colspan="2">盘盈</th><th colspan="2">盘亏</th></tr>
<tr><th>数量</th><th>金额</th><th>数量</th><th>金额</th></tr>
<tr><td></td><td></td><td></td><td></td><td></td><td></td><td></td><td></td><td></td><td></td><td></td><td></td><td></td></tr>
<tr><td></td><td></td><td></td><td></td><td></td><td></td><td></td><td></td><td></td><td></td><td></td><td></td><td></td></tr>
</table>

第二节　财产清查的方法

一、货币资产清查的方法

(一) 库存现金的清查方法

库存现金清查采用实地盘点法，主要是清查库存现金的实有数，并与库存现金日记账相核对，以查明账实是否相符的方法。包括以下两种情况：

(1) 由出纳人员每日清点库存现金的实有数，并与库存现金日记账当日余额相核对，以确保账实相符，这也是出纳人员的职责。

(2) 由清查人员定期或不定期地进行清查。清查时，出纳人员必须在场，配合清查人员清查账务处理是否合理合法、账簿记录有无错误，以确定账实是否相符。对于临时挪用和借给个人的现金，不允许以白条收据抵库；对于超过银行核定限额的库存现金要及时送存开户银行；不允许随意坐支现金。

库存现金盘点结束后，应根据实地盘点的结果与库存现金日记账核对的情况及时填制“库存现金盘点报告表”。“库存现金盘点报告表”是重要的原始凭证，既能反映库存现金的实存数，是据以调整账面记录的原始凭证，又是分析现金溢缺的重要依据。“库存现金盘点报告表”应由盘点人员和出纳员认真填写，共同签章。“库存现金盘点报告表”的一般格式如表 9.3 所示。

表 9.3 库存现金盘点报告表

单位名称：　　　　　　　　　年　月　日

<table>
<tr><th rowspan="2">实存金额</th><th rowspan="2">账存金额</th><th colspan="2">对比结果</th><th rowspan="2">备注</th></tr>
<tr><th>盘盈</th><th>盘亏</th></tr>
<tr><td></td><td></td><td></td><td></td><td></td></tr>
</table>

盘点人员签章　　　　　　　　　　　　出纳员签章

（二）银行存款的清查方法

银行存款的清查，主要方法是与银行核对账目，每月定期将银行对账单上企业银行存款的余额与银行存款日记账的账面余额逐笔进行核对，以查明账实是否相符。当然，在与银行核对账目之前，应先详细检查本单位银行存款日记账的正确性与完整性，然后与银行对账单逐笔核对。但由于办理结算手续和凭证传递时间的原因，即使企业和银行双方记账过程都没有错误，企业银行存款日记账的余额和银行对账单的余额也可能不一致，产生这种不一致的原因主要是因为存在未达账项。未达账项是指由于结算凭证传递时间的原因，造成企业与银行双方之间对于同一项业务，一方先收到结算凭证、先收款或付款记账，而另一方尚未收到结算凭证、未收款或未付款未记账的账项。企业与银行之间的未达账项大致有以下四种类型：

(1) 企业存入银行的款项，企业已经作为存款记入本企业银行存款日记账，而开户银行尚未办妥手续，未记入企业存款户，简称“企业已收，银行未收”；

(2) 企业开出支票或其他付款凭证，已作为存款减少记入本企业银行存款日记账，而银行尚未支付或办理，未记入企业存款户，简称“企业已付，银行未付”；

(3) 企业委托银行代收的款项或银行付给企业的利息等，银行已收妥记入企业存款户，而企业没有收到有关凭证尚未记入本企业银行存款日记账，简称“银行已收，企业未收”；

(4) 银行代企业支付款项后，已作为款项减少记入企业存款户，但企业没有接到付款通知尚未记入本企业银行存款日记账，简称“银行已付，企业未付”。

上述任何一种情况的发生，都会导致企业银行存款日记账的余额与银行对账单的余额不一致。因此，在银行存款的清查中，除了对发现记账造成的错误要及时进行处理外，还应注意有无未达账项，如果发现有未达账项，可通过编制“银行存款余额调节表”加以调节，通过调节可以得出企业银行存款的实际余额。“银行存款余额调节表”的编制方法是：在企业与银行两方面余额的基础上各自补记一方已入账而另一方尚未入账的数额，以消除未达账项的影响，求得双方的一致。

【例 9.1】 某企业 2011 年 6 月 25 日以后的银行存款日记账记录与 6 月 30 日收到的银行对账单记录如表 9.4、表 9.5 所示：

表 9.4 银行存款日记账

月 日	凭证号	摘要	借方	贷方	余额
6.25	略	略			30 000
6.26	00123	销售 A 产品	12 000√		
6.27	02566	购甲材料		22 000√	
6.28	00323	销售 B 产品收到支票	300		
6.29	04895	付汽车修理费		2 100	
3.30	07755	销售 A 产品收到支票	1 800√		20 000

表 9.5 银行存款对账单

月 日	凭证号	摘要	借方	贷方	余额
6.25	略	略			30 000
6.26	00123	A 货款		12 000√	
6.27	07755	A 货款		1 800√	
6.28	02566	甲材料货款	22 000√		
6.29	00334	M 公司汇款		400	
6.30	02099	交水费	200		22 000

注:借方、贷方未打"√"为未达账项

通过核对,查出有四笔未达账项,编制"银行存款余额调节表"(见表 9.6),通过调整得出企业银行存款的实际余额。

表 9.6 银行存款余额调节表

2011 年 6 月 30 日

项目	金额	项目	金额
银行存款日记账余额	20 000	银行对账单余额	22 000
加:银行已收,企业未收	400	加:企业已收,银行未收	300
减:银行已付,企业未付	200	减:企业已付,银行未付	2 100
调节后余额	20 200	调节后余额	20 200

调节后的银行存款余额是企业的银行存款实际余额,但并非银行存款的账面余额。

二、存货盘存制度及清查方法

(一) 存货盘存制度

存货盘存制度是指在日常会计核算中采取什么方法来确定各项存货的账面结存金额的一种制度,包括实地盘存制和永续盘存制两种。

1. 实地盘存制

实地盘存制是指对各项存货平时只在明细账中登记增加数,不登记减少数,月末根据实地盘点的结存数倒挤出减少数,并据以登记有关账簿的一种方法。

本期减少数可如下计算:

期末存货金额 = 期末存货盘点数量 × 存货单价

本期减少金额 = 期初账面结存金额 + 本期增加金额 − 期末存货金额

实地盘存制的优点体现在平时不用在存货明细账上记录存货发出和结存数量及金额,使得工作量大大减轻,但该方法在账面上不反映存货发出与结存等具体情况,这样不利于对存货进行监督、控制与管理，也可能造成会计资料失准。所以，该方法一般适用于品种多、价值低、收发频繁的存货。

2. 永续盘存制

永续盘存制，也称账面盘存制，是指通过账簿记录连续反映各项存货增减变化及结存情况的方法。采用这种方法要求平时在各种存货的明细账上，根据会计凭证将各项存货的增减数额连续进行登记，并随时结出账面余额。

可根据下列公式结出账面余额：

发出存货价值＝发出存货数量×存货单价

期末账面结存金额＝期初账面结存金额＋本期增加金额－本期减少金额

永续盘存制的优点主要体现在存货明细账上，可以随时反映存货的收、发、存的数量和金额信息，清楚地记录各种存货的变化情况，有利于企业加强对存货的管理和控制。但这种方法的缺点是平时登记存货明细账的工作量加大。

在我国会计实务中，因永续盘存制与实地盘存制相比具有利于存货管理和控制的优越性，所以为多数企业采用。

（二）存货的清查方法

存货的清查是指对原材料、在产品、委托加工物资和库存商品等，从质量和数量上进行清查，并核定其实际价值。存货清查常用的方法有：

（1）实地盘点法：是通过逐一清点或使用计量器计量来确定财产物资实存数量的一种方法。这种方法适用于原材料和库存商品等多数财产物资的清查。

（2）抽样盘存法：是通过测算总体积或总重量，再抽样盘点单位体积和单位重量，然后测算出总数的方法。这种方法适用于那些价值小、数量多、质量比较均匀的财产物资。如煤、盐、装包前仓库的粮食等。

（3）技术推算法：是通过量方、计尺等技术推算的方法来确定财产物资结存数量的一种方法。这种方法适用于难以逐一清点的物资清查，如散装的饲料、化肥等。

（4）外调核对法：是通过去函、去人调查，并与本单位实存数相核对的一种方法。这种方法适用于委托加工、保管的材料和发出商品的清查。

三、债权资产的清查方法

企业的债权资产一般包括应收账款、应收票据、其他应收款、预付账款等。对这些往来债权款项的清查一般采取“函证核对法”，即同对方单位核对账目的方法。清查时，首先将本企业的各项债权往来款项正确完整地登记入账，然后逐户编制一式两联的“往来款项对账单”，送交对方单位并委托对方单位进行核对。如果对方单位核对无误，应在回单上盖章后退回本单位；如果对方发现数字不符，应在回单上注明不符的具体内容和原因后退回本单位，作为进一步核对的依据。“往来款项对账单”的格式如图 9.1 所示。

往来款项对账单

单位：

你单位×年×月×日购入我单位×产品××台，已付货款××元，尚有××元货款未付，请核对后将回单联寄回。

核查单位：(盖章)

20××年×月×日

……………………………沿此虚线裁开，将以下回单联寄回！……………………………

往来款项对账单(回联)

核查单位：

你单位寄来的“往来款项对账单”已经收到，经核对相符无误(或不符，应注明具体内容)。

××单位(盖章)

20××年×月×日

图 9.1　往来款项对账单

发出“往来款项对账单”的单位收到对方的回单联后，对其中不符或错误的账目应及时查明原因，并按规定的手续和方法进行更正。最后根据清查的结果编制“往来款项清查报告表”。其一般的格式如表 9.7 所示。

表 9.7　往来款项清查报告表

××企业　　　　　　　　　　×年×月×日

明细科目		清查结果		不符单位及原因分析					备注
名称	金额	相符	不符	不符单位名称	争执中款项	未达账项	无法收回	拖付款项	

记账人员签章　　　　　　　　　清查人员签章

第三节　财产清查结果的会计处理

一、财产清查结果处理的程序

财产清查中发现的企业在财产管理上和会计核算上存在的各种问题，要根据国家有关的政策、法令和制度的规定，认真加以处理：

(1) 认真查明账实不符的性质和原因，并确定处理方法；

(2) 及时处理多余物资和清理长期未清的债权和债务；

(3) 总结经验教训，建立健全财产管理制度；

(4) 及时调整账目，做到账实相符。

对于财产清查的账务处理，应当分两步进行：

第一步，审批之前，将已查明的财产物资盘盈、盘亏和损失等，根据相关原始凭证（如实存账存对比表）编制记账凭证，并据以登记有关账簿，做到账实相符。调整账簿记录的原则是：以"实存"为准，盘盈时补增账面记录，盘亏时冲销账面记录。调整账面记录，账实相符之后，将"实存账存对比表"和撰写的相关文字说明，按照规定程序报送有关领导和部门批准。

第二步，有关领导对所呈报的财产清查结果提出处理意见后，企业单位应严格按照批复意见编制有关记账凭证，进行批准后的账务处理，登记有关账簿，并追回由于责任者个人原因所造成的财产损失。

二、财产清查结果会计处理的方法

（一）账户的设置

为了反映和监督企业在财产清查中查明的各种财产物资盘盈、盘亏、毁损及其处理情况，企业应设置"待处理财产损溢"账户。该账户属于资产类账户，用于核算财产物资盘盈、盘亏和毁损情况及处理情况，借方登记发生的待处理财产盘亏、毁损数和结转已批准处理的财产盘盈数；贷方登记发生的待处理财产盘盈数和结转已批准处理的财产盘亏和毁损数。账户的余额在借方，表示尚未批准处理的财产物资的盘盈、盘亏、毁损数。为了进行明细核算，可在"待处理财产损溢"账户下设置"待处理固定资产损溢"和"待处理流动资产损溢"两个明细账户。"待处理财产损溢"账户结构如图 9.2 所示。

借方　　　　待处理财产损溢	贷方
发生额：清查确定的各种待处理财产物资的盘亏和毁损数； 经批准后结转的各种财产物资的盘盈数	发生额：清查确定的各项待处理财产物资的盘盈数； 经批准后结转的各种财产物资的盘亏和毁损数
期末余额：尚未批准处理的各种待处理财产物资盘亏毁损数	期末余额：尚未批准处理的各种待处理财产物资盘盈数

图 9.2 "待处理财产损溢"账户结构

（二）清查结果的会计处理

1. 库存现金清查结果的会计处理

会计部门对库存现金的溢缺，应根据"库存现金盘点报告单"，依据规定的程序作出处理。

（1）库存现金短缺的处理

批准前：

借：待处理财产损溢——待处理流动资产损溢

　　贷：库存现金

批准后，根据主管部门的批示，依据导致库存现金短缺的不同原因作出相应的会计处理：

① 如属于人为责任造成，则

借:其他应收款——现金短款(××责任人)

贷:待处理财产损溢——待处理流动资产损溢

② 如属于应由保险公司赔付的部分,则

借:其他应收款——××保险公司

贷:待处理财产损溢——待处理流动资产损溢

③ 如属于管理不善或无法查明原因的,则

借:管理费用——现金短款

贷:待处理财产损溢——待处理流动资产损溢

(2) 库存现金溢余的处理

批准前:

借:库存现金

贷:待处理财产损溢——待处理流动资产损溢

批准后,按规定的程序,经主管部门批示后,作如下处理:

① 如账面已作支付处理,但实际却未付给有关单位或个人的,则

借:待处理财产损溢——待处理流动资产损溢

贷:其他应付款——现金溢余(××单位或个人)

②如属于无法查明原因的,作为利得处理:

借:待处理财产损溢——待处理流动资产损溢

贷:营业外收入——现金溢余

【例 9.2】 某企业在库存现金清查中发现短款 50 元,查明原因系出纳员王刚保管不慎造成的。其会计处理为:

批准前:

借:待处理财产损溢——待处理流动资产损溢 50

贷:库存现金 50

批准后:

借:其他应收款——现金短款(王刚) 50

贷:待处理财产损溢——待处理流动资产损溢 50

若为无法查明原因的现金短款,则批准后处理为:

借:管理费用——现金短款 50

贷:待处理财产损溢——待处理流动资产损溢 50

【例 9.3】 某企业在库存现金清查中发现长款 100 元,经查明是应付给 A 单位款项。其会计处理为:

批准前:

借:库存现金 100

贷:待处理财产损溢——待处理流动资产损溢 100

批准后:

借:待处理财产损溢——待处理流动资产损溢 100

贷:其他应付款——现金长款(A 单位) 100

若为无法查明原因的现金长款,则批准后处理为:

借:待处理财产损溢——待处理流动资产损溢 100

贷:营业外收入——现金长款 100

2. 存货清查结果的会计处理

存货清查中,若某些存货的账存数和实存数不符,出现盘盈或盘亏,清查人员应及时查明存货盈亏的原因,根据各种存货的"盘存单"编制"账存实存对比表",再据以填制记账凭证,登记账簿,使存货账实相符。然后再根据主管部门的批示意见,结合存货盈亏的原因作相应的转账处理。

(1) 存货盘亏的会计处理

企业存货发生盘亏时,应查明原因,报经批准,会计部门应及时调整账面记录,使存货账实相符,批准后再根据不同的情况作相应的处理。现以原材料为例说明存货盘亏的会计处理:

批准前:

借:待处理财产损溢——待处理流动资产损溢

贷:原材料

应交税费——应交增值税(进项税额转出)

批准后:

① 若由过失人责任造成,则

借:其他应收款——××个人

贷:待处理财产损溢——待处理流动资产损溢

② 若由管理不善、计量器具误差、自然原因引起的定额损耗等,则

借:管理费用

贷:待处理财产损溢——待处理流动资产损溢

【例 9.4】 某企业于月底对A材料清查时,盘亏10千克,每千克100元,经查明系保管人员李明保管不善造成被盗,应由其赔偿损失。其会计处理如下:

批准前:

借:待处理财产损溢——待处理流动资产损溢 1 170

贷:原材料——A材料 1 000

应交税费——应交增值税(进项税额转出) 170

批准后:

借:其他应收款——李明 1 170

贷:待处理财产损溢——待处理流动资产损溢 1 170

若以上盘亏无法查明原因,则

借:管理费用 1 170

贷:待处理财产损溢——待处理流动资产损溢 1 170

当然,存货也可能因意外事故或自然灾害等不可抗力造成毁损,为了查明损失情况,也需要对存货进行清查,若存货损失应由保险公司赔偿,记入"其他应收款——保险赔款(××保险公司)"科目,残料入库记入"原材料"科目,企业负担的余下损失记入"营业外支出——非常损失"科目。

【例 9.5】 某企业一仓库发生火灾(假设无过失人责任),造成C材料损失1 000千克,每千克110元,共计110 000元,保险公司根据责任条款承担该公司90%的损失,余下损失由该公司承担。

该公司处理如下：

批准前：

借：待处理财产损溢——待处理流动资产损溢　117 000

　贷：原材料——C材料　100 000

　　应交税费——应交增值税(进项税额转出)　17 000

批准后：

借：其他应收款——保险赔款(××保险公司)　105 300(117 000×90%)

　营业外支出——非常损失　11 700

　贷：待处理财产损溢——待处理流动资产损溢　117 000

(2) 存货盘盈的会计处理

企业存货盘盈，也需查明原因，按规定程序报经批准后，作冲减管理费用处理。

批准前：

借：原材料

　贷：待处理财产损溢——待处理流动资产损溢

批准后：

借：待处理财产损溢——待处理流动资产损溢

　贷：管理费用

【例 9.6】 某企业月底对D材料进行清查，发现盘盈10千克，每千克20元，经查明是计量器具误差造成，批准后，冲减当月管理费用。

批准前：

借：原材料　200

　贷：待处理财产损溢——待处理流动资产损溢　200

批准后：

借：待处理财产损溢——待处理流动资产损溢　200

　贷：管理费用　200

企业的其他存货，如库存商品、周转材料、委托加工物资等盘点盈亏的处理可以比照原材料的处理，在此不再赘述。

3. 固定资产清查结果的会计处理

(1) 固定资产盘盈的会计处理

《企业会计准则第28号——会计政策、会计估计变更和差错更正》规定，企业盘盈固定资产应作为前期差错处理。企业在实地清查中发现盘盈的固定资产，应按其重置价值登记固定资产卡片，同时调整以前年度损益，其会计处理为：

盘盈时：

借：固定资产(重置价值)

　贷：以前年损益调整

调整所得税费用：

借：以前年度损益调整

　贷：应交税费——应交所得税

调整盈余公积：

借：以前年度损益调整

贷:盈余公积——法定盈余公积

最后,将“以前年度损益调整”科目借贷方差额结转“利润分配——未分配利润”科目。会计处理为:

借:以前年度损益调整

　　贷:利润分配——未分配利润

【例 9.7】 某企业在固定资产清查时,发现账外设备一台,重置价值为 10 000 元,假定该企业适用所得税税率为 25%,按 10%计提法定盈余公积。则会计处理为:

盘盈设备时:

	借方	贷方
借:固定资产	10 000	
贷:以前年度损益调整		10 000

因调增以前年度利润,相应调增所得税费用,处理为:

	借方	贷方
借:以前年度损益调整	2 500	
贷:应交税费——应交所得税		2 500

因调增以前年度利润,盈余公积也需作相应的调整,处理为:

	借方	贷方
借:以前年度损益调整	1 000	
贷:盈余公积——法定盈余公积		1 000

最后,结转“以前年度损益调整”科目:

	借方	贷方
借:以前年度损益调整	6 500	
贷:利润分配——未分配利润		6 500

(2) 固定资产盘亏的会计处理

企业盘亏的固定资产,应查明原因,及时填写“固定资产盘亏报告表”,并写出盘亏书面报告,报主管部门或单位。会计部门处理为:

批准前:

借:待处理财产损溢——待处理固定资产损溢(按固定资产账面净值)

　　累计折旧(按固定资产账面已提折旧)

　　固定资产减值准备(按固定资产账面已提减值)

　　贷:固定资产(按固定资产账面原值)

批准后:

借:营业外支出——固定资产盘亏损失

　　贷:待处理财产损溢——等处理固定资产损溢

4. 债权清查结果的会计处理

对于生产性的企业来说,债权主要表现为生产经营过程中产生的应收账款、应收票据、预付账款和其他应收款等,清查一般采用与对方核对的方法,若债权无法收回,应作为坏账处理,经批准予以转销。

在我国会计实务中,坏账转销一般采用备抵法。所谓备抵法,是指企业按期估计坏账损失,形成坏账准备金,发生坏账时,应冲减坏账准备,同时减少相应的债权金额的一种核算方法。

备抵法下,企业需设置“坏账准备”科目。该科目是债权资产的抵减科目,借方登记企业发生坏账金额和转销多提坏账的金额;贷方登记企业提取或补提坏账的金额以及以前发生的坏账现又收回的金额,该科目余额一般在贷方,表示企业已提的坏账准备金额。

在备抵法下，坏账提取有不同的方法，我们现以应收账款为例，介绍按应收账款余额百分比法提取坏账准备及相关处理。

【例 9.8】 某企业 2006 年末应收账款余额为 800 000 元，企业根据风险特征估计坏账准备的提取比例为应收账款余额的 0.4%。2007 年发生坏账 4 000 元，该年末应收账款余额为 980 000 元。2008 年发生坏账损失 3 000 元，上年冲销的账款中有 2 000 元本年度又收回。该年度末应收账款余额为 600 000 元。假设坏账准备科目在 2006 年初余额为 0。

要求：计算各年提取的坏账准备并编制会计分录。

其会计处理为：

(1) 2006 年末应提坏账准备＝800 000×0.4%＝3 200(元)

根据上述计算结果编制如下会计分录：

借：资产减值损失	3 200	
贷：坏账准备		3 200

(2) 2007 年发生坏账损失 4 000 元，编制如下会计分录：

借：坏账准备	4 000	
贷：应收账款		4 000

(3) 2007 年末计提坏账准备前坏账准备账户为借方余额为 800，2007 年末应提坏账准备为 980 000×0.4%＋800＝3920＋800＝4720(元)。

根据上述计算结果，编制如下会计分录：

借：资产减值损失	4 720	
贷：坏账准备		4 720

(3) 2008 年发生坏账损失 3 000 元，编制如下的会计分录：

借：坏账准备	3 000	
贷：应收账款		3 000

2008 年收回已冲销的应收账款时，编制如下会计分录：

借：应收账款	2 000	
贷：坏账准备		2 000

同时

借：银行存款	2 000	
贷：应收账款		2 000

2008 年末计提坏账前坏账准备的余额为 2 920 元(3 920－3 000＋2 000)(贷方)，应提坏账准备为 600 000×0.4%－2 920＝－520(元)。

根据上述计算结果，编制如下会计分录：

借：坏账准备	520	
贷：资产减值损失		520

小思考

企业计提坏账准备与利润的关系如何？

思考提示

企业计提坏账准备,借记资产减值损失,减少当期利润。

本章小结

财产清查,是通过对财产物资、货币资金和往来款项进行实地盘点与核对,以查明其实有数同账面数是否相符的一种专门的会计核算方法。

财产清查的作用主要有:① 保证会计资料的真实性;② 保护财产物资的安全完整,加强经济责任;③ 保证财经纪律和结算纪律的贯彻执行;④ 促进企业经营管理工作的改进,提高经济效益。

财产清查可按清查的对象和范围划分,也可按清查的时间划分。

财产清查的程序可分为准备阶段、实施清查阶段及分析和处理阶段三个阶段。

财产的盘存制度包括永续盘存制和实地盘存制两种。

财产清查的内容包括实物资产的清查,库存现金的清查,银行存款的清查,债权资产的清查。银行存款的清查,应将银行对账单上企业的银行存款余额与本单位银行存款日记账的账面余额逐笔核对,以查明账实是否相符。如有未达账项,应通过编制"银行存款余调节表"予以调节。

财产清查结果的账务处理,应设置"待处理财产损溢"账户,用于核算财产物资盘盈、盘亏和毁损情况及处理情况。

关键概念 财产清查 全面清查 局部清查 定期清查 不定期清查 未达账项 永续盘存制 实地盘存制 坏账准备

知识训练

理论知识训练

一、单项选择题

1. 财产清查是通过对各项资产的实地盘点或核对,来查明( )是否相符的一种专门方法。

A. 账簿记录与会计凭证 B. 有关会计账簿之间

C. 实有数与账面数 D. 会计账簿与财务报表

2. 按预先计划安排的时间对财产进行盘点和核对是( )。

A. 全面清查 B. 局部清查 C. 定期清查 D. 不定期清查

3. 采用"实地盘存制",平时对财产物资的记录( )。

A. 只登记收入数,不登记发出数 B. 只登记发出数,不登记收入数

C. 先登记收入数,后登记发出数 D. 先登记发出数,后登记收入数

4. 下列项目可以采用实地盘点方法的有( )。

A. 银行存款 B. 固定资产 C. 应收账款 D. 预付账款

5. 债权资产的清查一般采用( )。

A. 实地盘点法 B. 技术推算盘点法 C. 余额调节法 D. 函证核对法

二、多项选择题

1. 财产清查按照清查的时间可分为(　　)。

A. 全面清查　B. 局部清查　C. 定期清查　D. 不定期清查

2. 企业进行全面清查主要发生的情况有(　　)。

A. 年终决算后　B. 清产核资时

C. 关停并转时　D. 单位主要负责人调离时

3. 银行存款余额调节表是(　　)。

A. 原始凭证　B. 盘存表的表现形式

C. 只起到对账作用　D. 银行存款清查的方法

4. 采用实地盘点法进行清查的项目有(　　)。

A. 固定资产　B. 库存商品　C. 银行存款　D. 现金

5. 对于盘亏的财产物资,经批准后进行账务处理,可能涉及的借方账户有(　　)。

A. 管理费用　B. 营业外支出　C. 营业外收入　D. 其他应收款

6. 下列可用作原始凭证,调整账簿记录的有(　　)。

A. 实存账存对比表　B. 未达账项登记表

C. 现金盘点报告表　D. 银行存款余额调节表

三、判断题

1. 库存现金和银行存款的清查都是采用实地盘点的方法进行的。(　　)

2. 属于自然灾害造成的存货毁损,在处理时,一般是将扣除保险公司赔款和残值后的净损失计入“管理费用”科目。(　　)

3. 对于盘亏固定资产的净损失,报经批准后应转入“营业外支出”科目。(　　)

4. 对于财产清查结果的账务处理一般分两步进行,即审批前先调整有关账面记录,审批后转入有关账户。(　　)

四、问答题

1. 什么是财产清查?为什么要进行财产清查?

2. 财产清查的种类有哪些?

3. 什么是永续盘存制?什么是实地盘存制?两者各有什么优缺点?

4. 哪些因素会造成各项财产账面数与实际数不一致?

5. 现金、银行存款的清查应注意哪些问题?

6. 什么是“未达账项”?它产生的原因是什么?企业能否根据银行存款余额调节表将未达账项登记入账?为什么?

7. 说明“待处理财产损溢”账户的用途与结构。

业务技术训练

训练一

【训练目的】

训练财产清查及会计处理方法。

【训练资料】

某企业6月30日对存货和固定资产清查发现有关情况如下:(不考虑增值税)

(1) 库存A产品账面结存数量2 000件,单位成本35元,金额70 000元。实存1 985

件，盘亏15件，价值525元。经查明系保管人员过失所致，经批准责令赔偿。

(2) 甲材料账面结存数量250千克，每千克20元，金额5 000元，全部毁损，作为废料处理，计价100元。经查明由于自然灾害所致，其损失经批准作为非常损失处理。

(3) 盘亏机器一台，原价8 000元，已提折旧2 400元，经批准同意转销。

(4) 乙材料账面结存数量120吨，每吨成本100元，价值12 000元，实存118吨，盘亏2吨，价值200元。经查明属于定额内损耗，经批准转销。

(5) 丙材料账面结存数量300千克，每千克10元，价值3 000元；实存310千克，盘盈10千克，价值100元。经查明为收发计量差错原因造成，经批准转销。

【训练要求】

根据以上资料，编制存货和固定资产清查的相关会计分录。

训练二

【训练目的】

训练银行存款的清查方法。

【训练资料】

风华公司2005年12月31日银行对账单的存款余额为55 912元。该公司的银行存款日记账账面余额为59 212元。

经查12月底公司与银行未达账项如下：

1. 本公司签发的转账支票＃1411—＃1424三张，共计13 200元尚未送存银行兑现。
2. 30日的营业款35 000元，已经送存银行，但银行尚未入账。
3. 银行误将光华公司20 000元存款记入本公司存款户，通知银行予以改正。
4. 银行已扣除手续费1 500元，但公司尚未接到通知而尚未入账。

【训练要求】

根据上述资料，编制银行存款余额调节表(见表9.8)。

表9.8 银行存款余额调节表

2005年12月31日

项目	金额	项目	金额
企业银行存款日记账余额		银行对账单余额	
调节后余额		调节后余额	

第十章　财务会计报告

学习目标

知道财务会计报告的概念与作用；明确财务会计报告的内容；掌握资产负债表和利润表的编制原理与编制方法；了解现金流量表与所有者权益变动表的相关内容。

第一节　财务会计报告概述

一、财务会计报告的概念与组成

（一）财务会计报告的概念

财务会计报告，简称财务报告，是会计主体对外提供的反映某一特定日期财务状况与某一会计期间经营成果、现金流量等会计信息的一种书面文件。企业的财务会计报告是企业会计核算的最终成果，是企业对外提供财务会计信息的主要形式。甚至可以说，企业的日常会计核算工作都是为了期末编制财务会计报告积累资料和做好前期的准备工作。

在日常会计核算中，企业、事业等单位通过设置和登记会计账簿，全面、连续、系统地记录经济业务，借以反映经济活动情况和实行会计监督。但是会计账簿是按照每一账户记录特定的经济内容，因而账户提供的资料不能充分反映单位经济业务的全貌；同时，分散记录于各账户的资料不能清晰地反映经济指标间的内在联系；单位的账簿也不便于会计职能部门以外的其他职能部门使用，更无法将账簿提供给单位外部的有关部门或人员使用。因此，在会计工作中，还必须通过编制财务会计报告，为会计主体内部经营管理者、外部利益关系人（投资者、债权人、政府管理部门等）提供反映会计主体财务状况、经营成果和现金流量等方面的会计信息。

（二）财务会计报告的组成

企业的财务会计报告由财务会计报表和其他应当在财务报告中披露的相关信息和资料组成。财务会计报表是财务会计报告的主干部分，包括报表报身和附注。由于它一般以表格的形式简明扼要地体现出来，因而称为财务会计报表。

企业对外提供的财务会计报表至少应当包括：资产负债表、利润表和现金流量表以及所有者权益变动表。其中,资产负债表是反映企业在报告期末的资产、负债和所有者权益情况的会计报表;利润表是反映企业在报告期内的收入、费用和利润情况的会计报表;现金流量表是反映企业在报告期内现金和现金等价物增减变动情况的会计报表;所有者权益变动表是反映构成所有者权益的各组成部分当期的增减变动情况的报表。

财务会计报表附注是财务会计报表不可缺少的组成部分,是对财务会计报表本身难以充分表达或无法表达的内容和项目,以另一种形式(如脚注说明、括弧旁注说明等文字形式)对财务会计报表的编制基础、编制依据、编制原则和方法及主要项目所作的补充说明和详细解释。一是可以提高财务会计报表内有关信息的可比性;二是通过释疑,增进了财务会计报表内有关信息的易懂性;三是详细说明、重点报道,突出了有关会计信息的重要性。

在财务会计报告体系中,财务会计报表固然是其中的主要部分,但是,我们还应该看到,还有一些会计信息或其他经济信息是会计报表所无法揭示的,而这些信息对财务会计报表的用户来说或许可以帮助他们更全面地了解报告单位,对其经营成果与财务状况作出更为恰当的评价。属于这一类的信息具体可以根据有关法律法规的规定和外部使用者的信息需求而定,如企业可以在财务报告中披露其承担的社会责任、对社会的贡献、可持续发展能力等信息。这些属于非财务信息,无法包括在财务会计报表中,企业应当在财务报告中予以披露。

二、财务会计报告的作用

财务会计报告是提供会计信息的重要手段,是会计核算体系中一个非常重要的组成部分。及时、正确、合理地编报财务会计报告,对满足各使用者的需要,提高各单位经营管理水平,加强整个国民经济宏观管理,都具有非常重要的意义,具体表现在:

(1) 对编报单位本身来说,通过阅读、研究和分析财务会计报告,可以使管理当局和经营管理人员从资产、负债、所有者权益以及收入、费用和利润等各会计要素之间的复杂联系中,掌握本单位经济活动、财务收支和财务成果的全面情况,科学地解释过去,从对报表的指标体系分析中寻找本单位在生产经营活动中存在的差距和原因,以便正确地规划未来,进行经营理财决策,进一步发掘提高经济效益的潜力。

(2) 主管部门、投资者、债权人和其他外部经济利害关系集团,可以从定期公布的客观、公正的财务会计报告中,了解和评价会计主体管理当局的经营业绩、受托责任的履行情况,完整、全面地认识和掌握企业的财务状况和经济成果,获得对其决策有用的会计信息。另外,财务会计报告还有助于投资人、债权人及公众对不同会计主体的经营成绩和财务实力进行比较和预测,合理确定投资或贷款的方向,促进社会资源流向高收益的行业或企业。

(3) 通过对基层企业财务会计报告的逐级汇总,便于了解和掌握国民经济的发展速度,为编制宏观经济计划提供依据;同时,也有利于加强对企业的财务监督,严肃财经纪律,从而确保社会主义市场经济的健康、有序进行。

第二节　财务会计报表的种类与编制要求

一、财务会计报表的种类

(一) 财务会计报表的概念

财务会计报表是以企业的会计账簿和其他会计资料为依据，以货币作为计量单位，按照规定的格式、内容和填报要求定期编制并对外报送的总括地反映企业的财务状况、经营成果和现金流量的一种书面文件。

(二) 财务会计报表的种类

1. 按照财务会计报表所反映的经济内容分类

财务会计报表按其所反映的经济内容的不同，分为财务状况报表和经营成果报表。

(1) 财务状况报表，是通过资产负债表和现金流量表分别反映特定日期和一定时期会计主体财务状况的财务会计报表。通过资产负债表，可以反映会计主体在某一时点的资产、负债和所有者权益的基本情况，揭示单位资产、负债和所有者权益的规模、结构及其相互关系等财务状况；通过现金流量表可以综合反映一定会计期间内现金和现金等价物流人和流出情况，系统地揭示会计主体在一定时期内重要的财务事项以及对资金变化的原因所作的具体说明。

(2) 经营成果报表，是通过利润表反映会计主体在一定时期内的收入实现、费用发生和利润形成等情况的财务会计报表。通过经营成果报表，可以反映会计主体的收入、费用和利润等基本情况，评价会计主体的经营业绩，揭示会计主体的获利能力。

2. 按编制时间分类

会计主体必须分期进行会计核算和编制财务会计报表。财务会计报表根据所反映的期间长短不同，可以分为月度、季度、半年度和年度财务会计报表。

(1) 月度(或季度)财务会计报表，是在月份(或季度)终了后，通过资产负债表和利润表，以简明扼要的形式反映企业财务状况和经营成果主要指标的报表。

(2) 半年度财务会计报表，是指在每个会计年度的前六个月结束后编制和对外提供的财务会计报表，主要包括资产负债表、利润表、现金流量表及有关附表。

(3) 年度财务会计报表，是在年度终了后，按会计年度编制和报送，以全面反映会计主体财务状况、经营成果和现金流量以及所有者权益变动情况的报表。年报在种类和揭示的指标信息方面最为完整、齐全，包括资产负债表、利润表、现金流量表、所有者权益变动表及有关附表。

月度、季度和半年度财务会计报表统称为中期财务会计报表。

3. 按编制单位和编报范围分类

财务会计报表按照其编制单位和编报范围的不同，可分为基层财务会计报表和汇总财务会计报表。

(1) 基层财务会计报表是由实行独立核算的基层单位编制的报表。

(2) 汇总财务会计报表是上级主管部门根据所属单位的基层财务会计报告和本部门的会计资料汇总编制的报表,通常按行政隶属关系逐级汇总,以反映某一部门、行业或地区的总括情况。

4. 按财务会计报表所反映的资金运动状况分类

财务会计报表按照其反映的资金运动状况,可分为静态报表和动态报表。

(1) 静态财务会计报表是反映某会计主体特定时日财务状况的报表,如资产负债表等。

(2) 动态财务会计报表是反映某会计主体一定时期的经营成果或财务状况、现金流量变动情况的报告,如利润表和现金流量表等。

5. 按编制用途分类

财务会计报表按照其编制用途进行分类,可分为对外会计报表和内部会计报表。

(1) 对外会计报表是会计主体按照统一会计准则的规定编制的,报送上级主管部门和其他政府管理部门、投资者、债权人和其他使用本会计主体相关资料的外部需求者的财务会计报表。

(2) 内部会计报表是单位根据自身需要编制的,提供给本单位内部使用的报表。内部报表由单位的财会部门统一设置制定,经单位领导审批后,由单位的内部责任部门填报,以满足单位加强经济任制的核算和内部管理的需要。

6. 按母、子公司之间关系分类

财务会计报表按照母、子公司之间的关系进行分类,可分为个别财务会计报表和合并财务会计报表。

个别财务会计报表是由本会计主体(如母公司或子公司)编制的单独反映本主体自身经营成果、财务状况和现金流量变动情况的报表。合并财务报表是指由母公司编制的反映母公司和其全部子公司形成的企业集团整体经营成果、财务状况和现金流量的报表。合并财务会计报表所包含的内容和报表指标与个别财务会计报表相同,只是其指标的数值中既包含母公司的情况又包含其所属子公司的情况。

二、财务会计报表的编制要求

编制财务会计报表的基本目的,是向会计信息的使用者提供有关财务方面的信息资料,及时、准确、完整、清晰地反映会计主体的财务状况和经营成果。为了充分发挥会计信息的作用,确保会计信息的质量,各会计主体应当按照《中华人民共和国会计法》、《企业财务会计报告条例》、《企业会计准则——财务报表列报》等的规定,编制和对外提供真实、完整的财务会计报表。

(一) 财务会计报表编报的时间要求

信息的基本特征是时效性。同样道理,财务会计报表只有及时编制和报送,才能有利于会计信息的利用。否则,即使是真实、可靠、全面、完整的财务会计报表,如果失去了编报的及时性,也就失去了其应有的价值。在市场经济条件下,市场瞬息万变,因而对财务会计报表的及时地性提出了更高的要求,企业必须根据市场提供的变化情况,及时调整生产经营活动，如果不能及时获得有关信息资料，并对市场的变化情况作出及时地反应，那么就必然在市场竞争中处于被动地位。

为了确保财务会计报表编报的及时性，政府有关部门对各会计主体财务会计报表的编报时间做出了明确的规定。一般说来，月度报表应于月份终了后6天内报出（节假日顺延，下同）；季度报表应当于季度终了后15天内对外提供；半年度报表应当于年度中期结束后60天内对外提供；年度报表应当于年度终了后4个月内报出。这就要求会计部门必须加强日常的核算工作，认真做好记账、算账、对账、财产清查和账项调整等编报前的准备工作，加强会计人员的配合协作，高质、高效地完成会计信息的报送工作。

（二）财务会计报表编报的格式要求

各会计主体必须按照会计准则的统一规定，编制和报送特定内容、种类和格式的财务会计报表。对外提供的资产负债表、利润表、现金流量表和所有者权益变动表的格式可参见本章第三节至第六节内容。

（三）财务会计报表的编制程序和质量要求

为了确保财务会计报表的质量，使会计信息真正成为使用者进行管理和决策的重要依据，各单位要在对账、结账和财产清查的基础上，以登记完整、核对无误的会计账簿记录和其他有关资料为主要依据，编制财务会计报表。财务会计报表的编制必须要做到以下基本要求：

1. 数字真实

财务会计报表要客观地、真实地反映会计主体实际存在的经济现象和经营活动过程，不允许对已经核实并应列入报表的数据资料再作出任何修正，不允许对报表中揭示的任何一项正确的核算数据进行任何增删，任何人不得篡改或者授意、指使、强令他人篡改财务会计报表的有关数字。

2. 计算准确

财务会计报表必须以会计账簿中准确无误的数字资料为依据，并确保各财务会计报表之间、财务会计报表各项目之间、本期报表与上期报表之间存在有对应关系的数字上的衔接，不得用估计甚至捏造的数字填列报表。

3. 内容完整

各会计主体对国家规定应予填报的各种财务会计报表和表内各项目要填报齐全，不得随意漏编、漏报；应当汇总编制的所属各单位的财务会计报表必须全部汇总；各项补充资料和应该编制的有关附表，必须同时编报。有关法律、行政法规规定财务会计报表必须经注册会计师审计的，注册会计师及其所在的会计师事务所所出具的审计报告，应当随同财务会计报表一并提供。

4. 说明清楚

财务会计报表编制之后，还必须按照会计准则和有关制度规定以及上一级主管部门的要求，编写报表附注，以便使用者了解与财务状况、经营业绩有关的问题，以作出正确的决策和判断。

财务会计报表应当由会计主体的会计负责人和主管会计工作的负责人、会计机构负责人（会计主管人员）签名并盖章；设置总会计师的会计主体还须由总会计师签名并盖章。会计主体负责人应当保证财务会计报表真实、完整。

第三节　资产负债表

一、资产负债表的概念与作用

(一) 资产负债表的概念

资产负债表是反映企业某一特定日期(月末、季末、半年末、年末)财务状况的报表,是根据会计基本等式“资产=负债+所有者权益”设立的,属于静态报表。

(二) 资产负债表的作用

资产负债表是会计报表分析的主要信息来源,是进行各项经济活动分析的基础。它对于一切会计信息使用者都具有十分重要的意义。

(1) 企业管理当局通过资产负债表,可以了解企业在生产经营活动中所控制的经济资源和承担的责任、义务,了解资产、负债各项目的构成比例是否合理。通过前后期资产负债表的对比,还可以从企业资产、负债的结构变化中,分析企业经营管理工作的绩效。

(2) 企业的投资者通过资产负债表,可以考核企业管理人员是否有效地利用了经济资源,是否使资产得到增值,从而对企业经营管理人员的业绩进行考核评价。

(3) 企业债权人和供应商通过资产负债表,可以了解企业的偿债能力与支付能力及现有的财务状况,为他们掌握投资风险、预测企业发展前景、作出投资决策提供必要的信息。

(4) 财政税务等部门根据资产负债表可以了解企业贯彻执行财经法规和缴纳税款情况,以便进行宏观调控。

小思考

资产负债表主要反映企业某一特定日期财务状况,该表能否反映企业财务状况变动的原因?

思考提示

资产负债表只能提供企业静态的财务状况即财务状况变动后的结果,现金流量表可揭示企业财务状况变动的原因。

(三) 资产负债表的结构

资产负债表由表头和表体组成。资产负债表的表头列示报表的名称、编制单位、编制日期和货币计量单位等内容。资产负债表的表体根据“资产=负债+所有者权益”的基本公式,按照一定的标准和次序,把企业某一时日的资产、负债和所有者权益各要素按流动性(即周转、变现能力)进行项目分类。

资产负债表常见的格式有两种:账户式和报告式。

目前,在会计实务中应用比较普遍的资产负债表格式是“账户式”结构,如表10.2所示。“账户式”资产负债表的结构特征如下所述:

(1) 资产负债表分为左、右两方。左方为资产,是企业从事生产经营活动的经济资源;右方为权益,代表企业经济资源的所有权归属,包括债权人权益(负债)和所有者权益。由于全部资产的所有权总是属于投资人和债权人的,所以资产负债表左方的总计和右方总计始终保持平衡关系,即“资产总额=负债总额+所有者权益总额”。

(2) 资产负债表左、右两方内部项目的排列,严格区分为流动性项目与非流动性项目。其中,流动性项目是自资产负债表日一年或长于一年的一个正常营业周期内发生变化的资产和负债项目;非流动性项目是自资产负债表日一年以上可以变现或需要偿还的项目。

(3) 左方资产内部各个项目按照各项资产的流动性的大小或变现能力的强弱来排列。流动性越大、变现能力越强的资产项目越往前排;流动性越小、变现能力越弱的资产项目越往后排。依此顺序,左方资产项目的排列顺序为流动资产和长期资产。其中,流动资产内部各项目也按照各自的流动性大小来排列,先是货币资金,后是应收账款和存货。同样,长期资产内部也按照各项目的流动性大小来排列,其排列顺序是:长期股权投资、固定资产、无形资产及其他资产等。

(4) 右方的权益项目包括负债和所有者权益两项,它们是按照权益的顺序排列的。由于企业的资产首先要用来偿还债务,所以负债是第一顺序的权益,具有优先清偿的特征,列于所有者权益之前;而所有者权益则属于剩余权益,列于负债之后。

(5) 右方负债内部各个项目依其偿还顺序,即按照偿还期由近至远的顺序排列,偿还期越近的流动负债项目越往前排,偿还期越远的非流动负债项目则越往后排。

(6) 右方所有者权益内部各个项目按照各项目的稳定性程度或永久性程度排列。稳定性程度越好或永久性程度越好的实收资本和资本公积项目越往前排,稳定性程度差或永久性程度差的盈余公积和未分配利润项目则往后排。

资产负债表各项目的排列顺序,实质上是提供企业偿债能力的资料。左方资产项目按照变现能力顺序排列,越往上层的项目,其变现速度越快,所以左方是反映企业可以用于偿还债务的资产;右方的权益项目的排列顺序是:需要偿还的权益(负债)放于上层,而不需要清偿的所有者权益排在下层,需要立即清偿的流动负债放在最上层。这样,将左、右双方对比,就能揭示企业的偿债能力信息。

“报告式”资产负债表是将资产、负债和所有者权益项目采用垂直式分列。

二、资产负债表的编制

资产负债表是一种静态报表,在编制该表时,应根据有关账户的期初、期末余额填列。资产负债表一般采用对比式填列,即各项目均应对比填列“年初余额”和“期末余额”。这样做,有利于进行纵向的对比分析,也有利于考察各项目在本期增减变动的情况,便于年末编制现金流量表时获得必要的数据。

（一）“年初余额”栏的填列

资产负债表中“年初余额”栏内的各项数字，应根据上年末资产负债表“期末余额”栏内所列数字填列。如果本年度资产负债表规定的各个项目的名称和内容同上年度不一致，应对上年年末资产负债表各个项目的名称和数字按照本年度的规定进行调整，填入本表“年初余额”栏内。

（二）“期末余额”栏的填列

资产负债表“期末余额”栏内各项数字，应根据会计账簿记录填列。大多数报表项目可以直接根据账户余额填列，少数报表项目则要根据账户余额分析计算填列。具体的填列规则和方法可归纳为以下几种：

1. 直接根据有关总分类账户的余额填列

当报表指标与账户名称完全一致时，可用账簿余额直接填写报表的指标。例如，报表中资产类的交易性金融资产、应收票据、应收股利、应收利息、工程物资、固定资产清理、累计折旧等项目，负债类的短期借款、应付票据、其他应付款、应付职工薪酬、应付股利、应交税费、长期借款、应付债券，专项应付款等项目，所有者权益类的实收资本、资本公积、盈余公积等项目，均采用此法填写。当报表指标与账户名称不完全一致. 但两者反映内容一致时，也可用账簿余额直接填写报表的指标。例如，报表中资产类的固定资产原价等项目，均采用此法填写。

2. 根据几个有关总分类账户余额合计填列

当报表指标与账户名称完全不一致时，应根据指标性质和有关账户间的相互关系，采用账户余额和数法填制报表，如报表中资产类的“货币资金”（现金、银行存款、其他货币资金等账户的余额合计数）、“存货”（原材料、生产成本、库存商品等账户的余额合计数）等项目，均采用此法填写。

3. 根据几个有关总分类账户余额相抵的差额填列

当报表指标与账户名称完全不一致，应根据指标性质和有关账户间的相互关系，采用账户余额差数法填制报表。例如，报表中所有者权益的“未分配利润”项目，在年度期间应根据“本年利润”账户期末贷方余额与“利润分配”账户期末借方余额的差额填写。但在年末时该项目应直接根据“利润分配”账户余额填列。又如“固定资产”项目，应该根据“固定资产”账户借方余额，减“累计折旧”账户贷方余额，减“固定资产减值准备”账户贷方余额填列。

4. 根据若干个明细分类账户余额分析计算填列

资产负债表中的某些指标，如“应收账款”、“预付账款”、“应付账款”、“预收账款”等项目，应根据相关的若干个明细分类账户的余额分析计算填列。“应收账款”项目应根据“应收账款”和“预收账款”总分类账户所属各明细账户的期末借方余额合计数，减去“坏账准备”账户中有关应收账款计提的坏账准备期末余额后的数额填列；“预付账款”项目应根据“预付账款”和“应付账款”总分类账户所属各明细分类账户的期末借方余额合计填列；“应付账款”项目应根据“应付账款”和“预付账款”总分类账户所属各明细分类账户的期末贷方合计填列；“预收账款”项目应根据“预收账款”和“应收账款”总分类账户所属各明细分类账户的期末贷方余额合计填列；“其他应收款”项目应根据“其他应收款”总分类账户期末借方余额，扣除“坏账准备”账户中有关其他应收款计提坏账准备期末贷方余额后的数额填列。

5. 根据表内项目资料填列

在资产负债表中，还有一些项目需要根据表中相关项目的勾稽关系填列。例如："流动资产合计"项目，应根据该表所有流动资产项目之和填列。

另外，资产负债表中资产项目的金额大多是根据资产类账户的借方余额填列的，如果出现贷方余额，则以"－"号表示；负债项目的金额大多是根据负债类账户的贷方余额填列的，如果出现借方余额，也以"－"号表示；"未分配利润"项目如果是未弥补亏损，也以"－"号表示。

（三）资产负债表编制举例

【例 10.1】 华强公司 2011 年 12 月 31 日总分类账户和所属明细分类账户的期末余额资料如表 10.1 所示。

表 10.1 华强公司账户余额表

单位：元

账户名称	借方余额	贷方余额	账户名称	借方余额	贷方余额
库存现金	1 000		短期借款		70 000
银行存款	116 000		应付账款		270 000
其他货币资金	20 000		——丁公司		90 000
交易性金融资产	30 000		——戊公司		80 000
应收账款	44 000		——卯公司		120 000
——甲公司	15 000		——寅公司	20 000	
——乙公司	41 000		预收账款		16 000
——丙公司		12 000	——D 公司		8 000
预付账款	14 900		——E 公司		10 000
——A 公司	6 400		——F 公司	2 000	
——B 公司	9 700		其他应付款		7 000
——C 公司		1 200	应付职工薪酬		36 000
其他应收款	4 500		应交税费		79 000
原材料	178 000		应付利息		4 600
生产成本	8 000		长期借款		85 300
库存商品	57 000		其中一年内到期的长期负债		5 500
可供出售金融资产	50 000		实收资本		880 000
持有至到期投资	280 000		资本公积		18 400
其中一年内到期数	10 000		盈余公积		10 000
固定资产	740 000		利润分配		42 500
无形资产	75 000		本年利润		21 000
长期待摊费用	13 200		坏账准备		1 300
			存货跌价准备		1 500
			累计折旧		89 000

根据上述资料，归纳分析整理相关账户余额，填入资产负债表，如表 10.2 所示。

表 10.2　资产负债表

会企 01 表

编制单位：华强公司　　　　2011 年 12 月 31 日　　　　单位：元

资产	年初余额	期末余额	负债和股东权益	年初余额	期末余额
流动资产：	（略）		**流动负债：**	（略）	
货币资金		137 000	短期借款		70 000
交易性金融资产		30 000	交易性金融负债		
应收票据			应付票据		
应收账款		56 700	应付账款		291 200
预付账款		36 100	预收账款		30 000
应收利息			应付职工薪酬		36 000
应收股利			应交税费		79 000
其他应收款		4 500	应付利息		4 600
存货		241 500	应付股利		
一年内到期的非流动资产		10 000	其他应付款		7 000
其他流动资产			一年内到期的非流动负债		5 500
流动资产合计		515 800	其他流动负债		
非流动资产：			流动负债合计		523 300
可供出售金融资产		50 000	**非流动负债：**		
持有至到期投资		270 000	长期借款		79 800
长期应收款			应付债券		
长期股权投资			长期应付款		
投资性房地产			专项应付款		
固定资产		651 000	预计负债		
在建工程			长期负债合计		
工程物资			递延所得税负债		
固定资产清理			其他非流动负债		
生产性生物资产			非流动负债合计		79 800
油气资产			负债合计		603 100
无形资产		75 000	所有者权益		
开发支出			实收资本		880 000
商誉			资本公积		18 400
长期待摊费用		13 200	减：库存股		
递延所得税资产			盈余公积		10 000
其他非流动资产			未分配利润		63 500
非流动资产合计		1 059 200	所有者权益合计		971 900
资产总计		1 575 000	负债和股东权益总计		1 575 000

表中各项目填写说明如下：

(1) 资产负债表中“年初数”栏中的数字是根据该企业上年度12月份资产负债表中“期末数”栏中的数字直接填列。

(2) “货币资金”＝现金＋银行存款＋其他货币资金
＝1 000＋116 000＋20 000＝137 000(元)

(3) “应收账款”＝应收甲公司账款＋应收乙公司账款＋预收F公司账款－坏账准备
＝15 000＋41 000＋2 000－1 300＝56 700(元)

(4) “预付账款”＝预付A公司账款＋预付B公司账款＋应付寅公司账款
＝6 400＋9 700＋20 000＝36 100(元)

(5) “应付账款”＝应付丁公司账款＋应付戊公司账款＋应付卯公司账款＋预付C公司账款
＝90 000＋80 000＋120 000＋1 200＝291 200(元)

(6) “预收账款”＝预收D公司账款＋预收E公司账款＋应收丙公司账款
＝8 000＋10 000＋12 000＝30 000(元)

(7) “存货”＝原材料＋生产成本＋库存商品－存货跌价准备
＝178 000＋8 000＋57 000－1 500－241 500(元)

(8) “固定资产”＝固定资产－累计折旧
＝740 000－89 000＝651 000(元)

(9) “持有至到期投资”＝持有至到期投资－1年内到期数额
＝280 000－10 000＝270 000(元)

(10) “长期借款”＝长期借款－1年内到期数额
＝853 00－5 500＝79 800(元)

(11) “未分配利润”＝利润分配＋本年利润
＝42 500＋21 000＝63 500(元)

(12) 资产负债表其他各项目的数额可以按该公司账户余额表的数据直接填列。

第四节 利 润 表

一、利润表的概念与作用

(一) 利润表的概念

利润表是总括反映企业在一定会计期间经营成果的会计报表，是根据会计等式“收入－费用＝利润”设立的，属于动态报表。

(二)利润表的作用

利润表的作用如下所述:

(1) 通过利润表,可以了解企业利润的形成情况,据以分析、考核企业经营目标和利润计划的完成情况。

(2) 通过利润表及其他有关资料的分析来评价企业的经营业绩、获利能力,改善企业的经营管理水平。

(3) 通过利润表分析,可预测企业未来期间的盈利趋势,便于财务报表使用者判断企业未来的发展趋势,做出经济决策。

小思考

利润表主要反映企业一定期间的经营成果,该表能否反映企业从经营活动中获取了多少可供周转使用的现金?

思考提示

利润表不能反映企业从经营活动中获取了多少可供周转使用的现金,不能说明企业收益的质量,不能解释“为什么有的企业利润丰厚,而现金严重不足”的现象,因为利润表是在权责发生制的基础上编制的,现金流量表可以弥补此项不足。

(三)利润表的结构

利润表由表头和表体组成。利润表的表头列示报表的名称、编制单位、编制期间和货币计量单位等内容。利润表作为一个反映经营成果的报表,必须包括影响某一会计期间的所有损益内容,既要包括来自生产经营方面已实现的各项收入,已耗费需要在本期配比的各项成本费用,也要包括来自投资等其他方面的业务收支,以及本期发生的各项营业外收支。所以,利润表的表体由收入、费用和利润三个动态要素组成,并按其构成内容分项目列示。

在会计实务中,利润表的格式有单步式和多步式两种。

1. 单步式利润表

单步式利润表是将所有收入及费用分别汇总,两者相减得出本期损益。因只有一个相减步骤,故称为单步式。其具体格式见表10.3。

表10.3 单步式利润表

编制单位: 年 月份 单位:元

项目	报告期金额	本年累计金额
收入		
主营业务收入		
……		
收入合计		
费用		

续表 10.3

项目	报告期金额	本年累计金额
主营业务成本		
……		
费用合计		
利润(或亏损)总额		

2. 多步式利润表

多步式也称逐步报告式利润表。这种格式的利润表是按照企业利润的构成内容,分层次、分步骤地逐步逐项计算编制。它根据经营活动与非经营活动对企业利润的贡献情况排列,通常分为如下几步:

(1) 第一步,从营业收入出发,减去营业成本、营业税金及附加,减去销售费用、管理费用、财务费用等,加上投资收益计算得出营业利润;

(2) 第二步,以营业利润为基础,加上营业外收入,减去营业外支出,即可计算得出利润总额;

(3) 第三步,以利润总额为基础,减去所得税费用,计算得出净利润。

从实际运行情况看,多步式利润表能够科学地揭示企业利润及构成内容的形成过程,从而便于对企业生产经营情况进行分析,有利于不同企业之间进行比较,更加有利于预测企业今后的盈利能力,因此,世界上大多数国家多采用多步式利润表。按照国际惯例,我国现行会计准则也采用了多步式利润表格式。

小思考

我国《企业会计准则——基本准则》对"收入"、"费用"作了狭义的定义,而利润表中的"收入"和"费用"是广义的还是狭义的呢?

思考提示

对于利润表中的收入和费用概念均应从广义上加以理解。广义的收入包括所有经营活动和非经营活动的所得,即包括营业收入、投资收入和营业外收入等。广义的费用包括企业的各种费用和损失,如生产费用、期间费用、投资损失和营业外支出等。

二、利润表的编制

利润表属于动态报表,所以编制利润表的数据主要来源于各损益类账户的发生额。另外,根据财务报表列报准则的规定,企业需要提供比较利润表,以使报表使用者通过比较不同期间利润的实现情况,判断企业经营成果的未来发展趋势,所以利润表还就各项目再分为"本期金额"和"上期金额"两栏分别填列。

(一)"上期金额"栏的填列

利润表中"上期金额"栏内各项数字,应根据上年该期利润表"本期金额"栏所列数字填列。如果上年度利润表的项目名称和内容与本年度利润表不相一致,应对上年度利润表项目的名称和数字按本期的规定进行调整,填入报表中的“上期金额”栏内。

(二)“本期金额”栏的填列

利润表中“本期金额”栏反映各项目的本期实际发生数,一般应根据各损益类账户的本期发生额分析填列。具体来说:

(1)“营业收入”项目,反映企业经营主要业务和其他业务所确认的收入总额。本项目应根据“主营业务收入”和“其他业务收入”账户的发生额分析填列。

(2)“营业成本”项目,反映企业经营主要业务和其他业务发生的实际成本总额。本项目应根据“主营业务成本”和“其他业务成本”账户的发生额分析填列。

(3)“营业税金及附加”项目,反映企业经营业务应负担的营业税、消费税、城市维护建设税、资源税、土地增值税和教育费附加等。本项目应根据“营业税金及附加”账户的发生额分析填列。

(4)“销售费用”项目,反映企业在销售商品过程中发生的包装费、广告费等费用和为销售本企业商品而专设的销售机构的职工薪酬、业务费等经营费用。本项目应根据“销售费用”账户的发生额分析填列。

(5)“管理费用”项目,反映企业为组织和管理生产经营发生的管理费用。本项目应根据“管理费用”账户的发生额分析填列。

(6)“财务费用”项目,反映企业筹集生产经营所需资金等而发生的筹资费用。本项目应根据“财务费用”账户的发生额分析填列。

(7)“资产减值损失”项目,反映企业各项资产发生的减值损失。本项目应根据“资产减值损失”账户的发生额分析填列。

(8)“公允价值变动收益”项目,反映企业应计入当期损益的资产或负债公允价值变动收益。本项目应根据“公允价值变动损益”账户的发生额分析填列,如为净损失,本项目以“-”号列示。

(9)“投资收益”项目,反映企业以各种方式对外投资所取得的收益。其中,“对联营企业和合营企业的投资收益”项目,反映采用权益法核算的对联营企业和合营企业投资在被投资单位实现的净损益中应享有的份额(不包括处置投资形成的收益)。本项目应根据“投资收益”账户的发生额分析填列,如为投资损失,本项目以“-”号列示。

(10)“营业利润”项目,反映企业实现的营业利润。如为亏损,本项目以“-”号列示。

(11)“营业外收入”项目,反映企业发生的与其经营业务无直接关系的各项收入。本项目应根据“营业外收入”账户的发生额分析填列。

(12)“营业外支出”项目,反映企业发生的与其经营业务无直接关系的各项支出。本项目应根据“营业外收入”账户的发生额分析填列。其中,处置非流动资产损失,应当单独列示。

(13)“利润总额”项目,反映企业实现的利润,如为亏损,本项目以“-”号列示。该项目可根据上述有关项目在利润表中计算求得。同时,本项目还可以于期末结转损益时,与“本年利润”账户本期借、贷方发生额的差额核对,以检查其计算的正确性。

(14)“所得税费用”项目,反映企业根据所得税准则确认的应从当期利润总额中扣除的所得税费用。本项目应根据“所得税费用”账户的发生额分析填列。

(15)“净利润”项目,反映企业实现的净利润,如为亏损,本项目以“-”号列示。

(16)“基本每股收益”和“稀释每股收益”项目,应当反映根据每股收益准则的规定计算的金额。非上市公司没有此项目。

(三) 利润表编制举例

【例 10.2】 华强公司 2011 年度有关损益类账户的发生额如表 10.4 所示。

表 10.4 损益类账户发生额

单位:元

账户名称	借方发生额	贷方发生额
主营业务收入		170 000
主营业务成本	120 000	
其他业务收入		40 000
其他业务成本	35 000	
营业税金及附加	9 600	
销售费用	7 400	
管理费用	7 000	
财务费用	2 500	
资产减值损失	2 800	
公允价值变动损益		1 500
投资收益		2 500
营业外收入		500
营业外支出	2 200	
所得税费用	7 000	

根据以上资料,编制利润表,如表 10.5 所示。

表 10.5 利润表

2011 年度 会企 02 表

编制单位:华强公司 单位:元

项目	行次	上期金额	本期金额
一、营业收入	1		210 000
减:营业成本	2		155 000
营业税金及附加	3		9 600
销售费用	4		7 400
管理费用	5		7 000
财务费用	6		2 500

续表 10.5

项　　目	行次	上期金额	本期金额
资产减值损失	7		2 800
加:公允价值变动收益(损失以"-"号填列)	8		1 500
投资收益(损失以"-"号填列)	9		2 500
其中:对联营企业和合营企业投资收益	10		
二、营业利润(亏损以"-"号填列)	11		29 700
加:营业外收入	12		500
减:营业外支出	13		2 200
其中:非流动资产处置损失	14		
三、利润总额(亏损以"-"号填列)	15		28 000
减:所得税费用	16		7 000
四、净利润(净亏损以"-"号填列)	17		21 000
五、每股收益	18		
(一)基本每股收益	19		
(二)稀释每股收益	20		

第五节　现金流量表

在市场经济条件下,企业的现金流转情况在很大程度上影响着企业的生存和发展。企业现金充裕,就可以及时购入必要的材料物资和固定资产,及时支付工资、偿还债务、支付股利和利息;反之,轻则影响企业的正常生产经营,重则危及企业的生存。现金管理已经成为企业财务管理的一个重要方面,受到企业管理人员、投资者、债权人以及政府监管部门的高度关注。

一、现金流量表的概念与作用

(一) 现金流量表的概念

现金流量表,是以收付实现制为基础,反映企业在一定会计期间现金和现金等价物流入和流出动态信息的报表。

(二) 现金流量表的作用

现金流量表根据企业在报告期内现金收支的有关资料,从经营活动、投资活动和筹资活动三个方面揭示了有关企业现金流量的全部信息。

(1) 现金流量表有助于所有者、债权人评价企业产生未来有利现金流量的能力。所有者、债权人进行投资与信贷的主要目的是增加未来现金资源。他们在作投资与信贷决策时必须考虑利息的收取及本金的偿还、股利的获得及股价变动收益甚至原始投资的保障。所有这些都取决于企业现金流量的金额、时间及确定性。只有企业能产生正的经营现金流量，才能保证偿还债务、分配股利。

(2) 现金流量表有助于所有者、债权人评价企业偿还债务、支付股利能力和对外筹资的能力。企业是否具有这些能力，主要视企业获取现金流量的能力。企业经营活动产生的现金流入的信息能较为客观的衡量这些指标。尽管企业可以通过筹资活动与投资活动来取得现金，但是债务本息的偿还最终取决于经营活动的净现金流入。因此，经营活动的净现金流入占总现金净流入量比率越高，企业的财务基础越稳固，偿债能力和对外筹资能力越强。

二、现金流量表的编制基础

现金流量表的编制基础是“现金”，包括现金和现金等价物。

(1) 现金，是指企业库存现金以及可以随时用于支付的存款。不能随时用于支付的存款不属于现金。

(2) 现金等价物，是指企业持有的期限短、流动性强、易于转换为已知金额现金、价值变动风险很小的投资。期限短，一般是指从购买日起三个月内到期。现金等价物通常包括三个月内到期的债券投资等。权益性投资变现的金额通常不确定，因而不属于现金等价物。企业应当根据具体情况确定现金等价物的范围，一经确定不得随意变更。

三、现金流量的分类

现金流量，是指现金和现金等价物的流入和流出，可以分为三类，即经营活动产生的现金流量、投资活动产生的现金流量和筹资活动产生的现金流量。

(一) 经营活动产生的现金流量

经营活动，是指企业投资活动和筹资活动以外的所有交易和事项，包括销售商品或提供劳务、购买商品或接受劳务、收到返还的税费、经营性租赁、支付工资、支付广告费用、交纳各项税款等。

(二) 投资活动产生的现金流量

投资活动，是指企业长期资产的购建和不包括在现金等价物范围内的投资及其处置活动，包括取得和收回投资、购建和处置固定资产、购买和处置无形资产等。

小思考

现金流量表中的“投资”与日常会计核算上的“投资”一样吗？

思考提示

不一样。现金流量表中的“投资”既包括对外投资，又包括长期资产的购建及处置；而日常会计核算上的“投资”仅指对外投资。

(三) 筹资活动产生的现金流量

筹资活动，是指导致企业资本及债务规模和构成发生变化的活动，包括发行股票或接受投入资本、分派现金股利、取得和偿还银行借款、发行和偿还公司债券等。

小思考

偿付应付账款、应付票据等商业应付款，是否属于筹资活动？

思考提示

不属于筹资活动，因为偿付商业应付款属于经营活动。

四、现金流量表的基本结构

现金流量表采用报告式的结构，包括正表和补充资料(在附注中披露)两部分。

正表部分分类反映经营活动产生的现金流量、投资活动产生的现金流量和筹资活动产生的现金流量，最后汇总反映企业现金及现金等价物净增加额。在有外币现金流量及境外子公司的现金流量折算为人民币的企业，还应单设“汇率变动对现金及现金等价物的影响”项目。具体格式见表10.6。

表10.6 现金流量表

会企03表

编制单位： 20××年度 单位：元

项　　目	本期金额	上期金额
一、经营活动产生的现金流量：		
销售商品、提供劳务收到的现金		
收到的税费返还		
收到其他与经营活动有关的现金		
经营活动现金流入小计		
购买商品、接受劳务支付的现金		
支付给职工以及为职工支付的现金		
支付的各项税费		
支付其他与经营活动有关的现金		
经营活动现金流出小计		

续表 10.6

项　　目	本期金额	上期金额
经营活动产生的现金流量净额		
二、投资活动产生的现金流量：		
收回投资收到的现金		
取得投资收益收到的现金		
处置固定资产、无形资产和其他长期资产收回的现金净额		
处置子公司及其他营业单位收到的现金净额		
收到其他与投资活动有关的现金		
投资活动现金流入小计		
购建固定资产、无形资产和其他长期资产支付的现金		
投资支付的现金		
取得子公司及其他营业单位支付的现金净额		
支付其他与投资活动有关的现金		
投资活动现金流出小计		
投资活动产生的现金流量净额		
三、筹资活动产生的现金流量：		
吸收投资收到的现金		
取得借款收到的现金		
收到其他与筹资活动有关的现金		
筹资活动现金流入小计		
偿还债务支付的现金		
分配股利、利润或偿付利息支付的现金		
支付其他与筹资活动有关的现金		
筹资活动现金流出小计		
筹资活动产生的现金流量净额		
四、汇率变动对现金及现金等价物的影响		
五、现金及现金等价物净增加额		
加：期初现金及现金等价物余额		
六、期末现金及现金等价物余额		

现金流量表补充资料披露格式，见表 10.7。

表 10.7 现金流量表附注

补充资料	本期金额	上期金额
1. 将净利润调节为经营活动现金流量：		
净利润		
加：资产减值准备		
固定资产折旧、油气资产折耗、生产性生物资产折旧		
无形资产摊销		
长期待摊费用摊销		
处置固定资产、无形资产和其他长期资产的损失(收益以“－”号填列)		
固定资产报废损失(收益以“－”号填列)		
公允价值变动损失(收益以“－”号填列)		
财务费用(收益以“－”号填列)		
投资损失(收益以“－”号填列)		
递延所得税资产减少(增加以“－”号填列)		
递延所得税负债增加(减少以“－”号填列)		
存货的减少(增加以“－”号填列)		
经营性应收项目的减少(增加以“－”号填列)		
经营性应付项目的增加(减少以“－”号填列)		
其他		
经营活动产生的现金流量净额		
2. 不涉及现金收支的重大投资和筹资活动：		
债务转为资本		
一年内到期的可转换公司债券		
融资租入固定资产		
3. 现金及现金等价物净变动情况：		
现金的期末余额		
减：现金的期初余额		
加：现金等价物的期末余额		
减：现金等价物的期初余额		
现金及现金等价物净增加额		

五、现金流量表的基本编制方法

现金流量表的编制主要是通过现金收入和支出的类别反映来自企业经营活动的现金流量。企业有关经营活动的现金流量信息,可从会计记录中直接获得,也可以在利润表营业收入、营业成本等数据的基础上,以收付实现制为基础,通过调整存货和经营性应收应付项目的变动,以及固定资产折旧、无形资产摊销等项目后获得。

现金流量表的编制较为复杂,有关各项目的具体填列方法,将在《企业财务会计》课程中介绍,在此不予详及。

第六节　所有者权益(股东权益)变动表

一、所有者权益变动表的概念与作用

(一) 所有者权益变动表的概念

所有者权益变动表是反映构成所有者权益的各组成部分当期的增减变动情况的报表。

(二) 所有者权益变动表的作用

所有者权益变动表在一定程度上体现了企业综合收益。

综合收益,是指企业在某一期间与所有者之外的其他方面进行交易或发生其他事项所引起的净资产变动。综合收益的构成包括两部分:净利润和直接计人所有者权益的利得和损失。其中,前者是企业已实现并已确认的收益,后者是企业未实现但根据会计准则的规定已确认的收益。用公式表示为:综合收益=净利润+直接计入所有者权益的利得和损失。

其中,净利润=收入-费用+直接计入当期损益的利得和损失

二、所有者权益变动表的基本结构

所有者权益变动表由表头和表体组成。其中,表头列示报表的名称、编制单位、编制期间和货币计量单位等内容;表体是主干,要求按以下形式列报:

1. 以矩阵的形式列报

为了清楚地表明构成所有者权益的各组成部分当期的增减变动情况,所有者权益变动表以矩阵的形式列示。一方面,列示导致所有者权益变动的交易或事项,改变了以往仅仅按照所有者权益的各组成部分反映所有者权益变动情况,而是按所有者权益变动的来源对一定时期所有者权益变动情况进行全面反映;另一方面,按照所有者权益各组成部分(包括实收资本、资本公积、盈余公积、未分配利润和库存股)及其总额列示交易或事项对所有者权益的影响。

2. 列示所有者权益变动表的比较信息

根据财务报表列报准则的规定，企业需要提供比较所有者权益变动表。因此，所有者权益变动表还就各项目再分为“本年金额”和“上年金额”两栏分别填列。所有者权益变动表具体格式见表 10.8。

表 10.8 所有者权益变动表

会企 04 表

编制单位： 20××年度 单位:元

项目	本年金额					
	实收资本（或股本）	资本公积	减:库存股	盈余公积	未分配利润	所有者权益合计
一、上年年末余额						
加:会计政策变更						
前期差错更正						
二、本年年初余额						
三、本年增减变动金额（减少以“－”号填列）						
（一）净利润						
（二）直接计入所有者权益的利得和损失						
1. 可供出售金融资产公允价值变动净额						
2. 权益法下被投资单位其他所有者权益变动的影响						
3. 与计入所有者权益项目相关的所得税影响						
4. 其他						
上述（一）和（二）小计						
（三）所有者投入和减少资本						
1. 所有者投入资本						
2. 股份支付计入所有者权益的金额						
3. 其他						
（四）利润分配						
1. 提取盈余公积						
2. 对所有者（或股东）的分配						
3. 其他						
（五）所有者权益内部结转						
1. 资本公积转增资本（或股本）						
2. 盈余公积转增资本（或股本）						
3. 盈余公积弥补亏损						
4. 其他						
四、本年年末余额						

三、所有者权益变动表的基本编制方法

(一)“上年金额”栏的填列

所有者权益变动表中“上年金额”栏内各项数字,应根据上年度所有者权益变动表“本年金额”栏内所列数字填列。如果上年度所有者权益变动表规定的各个项目的名称和内容同本年度不相一致,应对上年度所有者权益变动表各项目的名称和数字按本年度的规定进行调整,填入所有者权益变动表“上年金额”栏内。

(二)“本年金额”栏的填列

所有者权益变动表中“本年金额”栏内各项数字一般应根据“实收资本(或股本)”、“资本公积”、“盈余公积”、“利润分配”、“库存股”、“以前年度损益调整”等科目的发生额分析填列。

企业的净利润及其分配情况作为所有者权益变动的组成部分,不需要再单独编制“利润分配表”来列示。

小思考

资产负债表、利润表和现金流量表的基本编制基础有何不同?

思考提示

资产负债表、利润表的基本编制基础是权责发生制,而现金流量表的编制基础是收付实现制。

本章小结

财务会计报表是对企业财务状况、经营成果和现金流量的结构性表述,是会计核算的最终成果,是企业对外提供会计信息的主要形式。财务报表至少应当包括下列组成部分:资产负债表、利润表、现金流量表、所有者权益(或股东权益)变动表、附注。

资产负债表是反映企业在某一特定日期财务状况的报表。我国企业的资产负债表采用账户式。编制的理论基础是会计等式“资产=负债+所有者权益”,编制的方法是根据总账和明细账的期末余额分析填列。

利润表是反映企业在一定期间经营成果的报表。我国企业的利润表采用多步式,编制的理论基础是会计等式“收入-费用=利润”,编制的方法是根据总账的本期发生额分析填列。

现金流量表是指反映企业在一定会计期间现金和现金等价物流人和流出的报表,主要包括经营活动、投资活动和筹资活动产生的现金流量。

所有者权益变动表是反映构成所有者权益的各组成部分当期的增减变动情况的报表。所有者权益变动表在一定程度上体现了企业的综合收益。综合收益包括两部分:净利润和直接计人所有者权益的利得和损失。

关键概念 财务报告 资产负债表 利润表 现金流量表 现金 现金等价物 现金流量 所有者权益变动表

知识训练

理论知识训练

一、单项选择题

1. 财务会计报表编制的资料来源是(　　)。

A. 原始凭证　　B. 记账凭证　　C. 科目汇总表　　D. 账簿

2. 依照我国的会计准则,资产负债表采用的格式为(　　)。

A. 单步式　　B. 多步式　　C. 账户式　　D. 报告式

3. 依照我国的会计准则,利润表所采用的格式为(　　)。

A. 单步式　　B. 多步式　　C. 账户式　　D. 报告式

4. 利润表是反映企业经营成果的报表,其时间特征是(　　)。

A. 某一特定日期　　B. 一定期间　　C. 某一时点　　D. 某一月末

5. 资产负债表中资产项目的排列次序是(　　)。

A. 金额的大小　　B. 重要性的大小　　C. 随意排列　　D. 流动性的大小

6. 资产负债表内各项目的填列依据是(　　)。

A. 总账的期末余额　　B. 总账的期末余额和有关明细账期末余额

C. 总账的本期发生额　　D. 总账的本期发生额和明细账本期发生额

7. 期末“预付账款”账户的贷方余额,应在资产负债表中(　　)。

A. 以负数列示在预付账款项目中　　B. 用红字列示在预付账款项目中

C. 预收账款项目反映　　D. 应付账款项目反映

8. 资产负债表的下列项目中,需要根据几个总账账户期末余额进行汇总填列的是(　　)。

A. 长期借款　　B. 短期借款　　C. 货币资金　　D. 累计折旧

9. 资产负债表中的应收账款项目,应根据(　　)填列。

A. “应收账款”总账的期末余额

B. “应收账款”所属明细账的期末余额

C. “应收账款”和“应付账款”所属明细账的期末借方余额的合计数

D. “应收账款”和“预收账款”所属明细账的期末借方余额的合计数

10. 不包括在利润表中“营业税金及附加”项目的税金是(　　)。

A. 营业税　　B. 城市维护建设税

C. 教育费附加　　D. 增值税

二、多项选择题

1. 企业的下列财务会计报表中,属于对外财务会计报表的有(　　)。

A. 资产负债表　　B. 利润表

C. 所有者权益变动表　　D. 现金流量表

2. 财务会计报表按照编报的时间可以分为(　　)。

A. 日报　　B. 月报　　C. 季报　　D. 半年报　　E. 年报

3. 下列财务会计报表中,属于动态报表的有(　　)。

A. 资产负债表　　B. 利润表

C. 现金流量表　　D. 所有者权益变动表

4. 会计报表表头的要素包括(　　)。

A. 会计报表的名称　　B. 编制单位名称

C. 编制时间　　D. 货币计量单位

5. 下列项目中,在资产负债表左边反映的项目是(　　)。

A. 累计折旧　　B. 预付账款　　C. 预收账款　　D. 坏账准备

6. 现金流量表中的现金等价物应同时具备下列条件(　　)。

A. 期限短　　B. 易于转变为已知金额现金

C. 价值变动风险小　　D. 流动性强

7. 经营活动产生的现金流量主要包括(　　)。

A. 处置子公司收到的现金净额　　B. 支付给职工的现金

C. 销售商品、提供劳务收到的现金　　D. 支付的各项税费

8. 下列属于筹资活动的有(　　)。

A. 购建固定资产支付的现金　　B. 吸收投资收到的现金

C. 分配股利支付的现金　　D. 偿付利息支付的现金

9. 企业财务报表的显著位置至少应当披露的内容有(　　)。

A. 编报企业的名称　　B. 报表会计期间

C. 货币单位　　D. 合并报表应予以标示

E. 编制方法

10. 现金流量表正表主要包括(　　)。

A. 经营活动产生的现金流量　　B. 筹资活动产生的现金流量

C. 现金及现金等价物净增加额　　D. 投资活动产生的现金流量

E. 汇率变动对现金的影响

三、判断题

1. 利润表是反映企业特定时点经营成果的报表。(　　)

2. 资产负债表和现金流量表都属于静态报表,利润表属于动态报表。(　　)

3. 根据利润表可以分析、评价企业的盈利状况并预测企业未来的损益变化趋势及获利能力。(　　)

4. 会计报表附注是对在资产负债表、利润表、现金流量表和所有者权益变动表等报表中列示项目的文字描述或明细资料,以及对未能在这些报表中列示项目的说明等。(　　)

5. 长期借款项目,应根据“长期借款”总账科目余额填列。(　　)

6. 资产负债表是一种静态报表,应根据总账期末余额直接填列。(　　)

7. 编制资产负债表的理论依据是“资产=负债+所有者权益”。(　　)

8. 企业不应以附注披露代替确认和计量。(　　)

9. 性质或功能不同的项目,无论是否具有重要性,均应在财务报表中单独列报。(　　)

10. 现金流量表应按收付实现制的要求编制。(　　)

四、思考题

1. 简述财务会计报告的构成和财务会计报表的分类。

2. 简述资产负债表的概念、作用、理论依据、基本格式和编制方法。

3. 简述利润表的概念、作用、理论依据、基本格式和编制方法。

4. 简述现金流量表的概念、作用、编制基础、基本格式。

5. 简述所有者权益变动表的概念、作用、基本格式、基本编制方法。

业务技术训练

训练一

【训练目的】

了解财务会计报表的种类。

【训练资料】

1. 资产负债表	A. 月报
2. 利润表	B. 年报
3. 现金流量表	C. 反映财务状况报表
4. 所有者权益变动表	D. 反映财务成果报表
	E. 动态报表
	F. 静态报表

【训练要求】

用直线连接上列财务会计报表的类别。

训练二

【训练目的】

掌握资产负债表主要项目的填列方法。

【训练资料】

1. 货币资金	A. 根据总账科目期末
2. 短期借款	余额直接填列
3. 预付账款	B. 根据明细科目期末
4. 固定资产	余额直接填列
5. 存货	C. 根据若干总账科目期末
6. 应交税费	余额分析计算填列
7. 实收资本	D. 根据若干明细科目期末
8. 未分配利润	余额分析计算填列
9. 应付股利	

【训练要求】

用直线连接上列报表项目的填列方法。

训练三

【训练目的】

练习资产负债表的编制。

【训练资料】

某企业20××年12月31日全部总分类账户及有关明细账户的期末余额如下：

总账科目	明细科目	借方余额	贷方余额	总账科目	明细科目	借方科目	贷方科目
库存现金		800		短期借款			90 000
银行存款		60 000		应付账款			38 000
交易性金融资产		15 000			丙单位	2 000	
					丁单位		40 000
应收账款		4 800					
	A单位		800	预收账款			6 000
	B单位	4 000			C单位		8 500
					D单位	2 500	
预付账款		10 000					
	甲单位		1 500	其他应付款			4 000
	乙单位	11 500			工会		5 000
					代扣款		
其他应收款		2 000				1 000	
	总务科	1 800		应付职工薪酬			32 400
	王宏	200		应交税费			10 000
原材料		70 000		应付股利			20 000
生产成本		32 000		应付利息			800
库存商品		65 000		长期借款			30 000
长期投资		10 000		实收资本			250 000
固定资产		300 000		盈余公积			24 000
累计折旧			80 000	利润分配	未分配		
长期待摊费用		1 200			利润		74 000

【训练要求】

根据所给资料编制20××年12月末资产负债表。

训练四

【训练目的】

练习利润表的编制。

【训练资料】

某企业20××年1～12月各损益类账户资料如下：

	1～12月发生额
主营业务收入	485 000(贷)
主营业务成本	327 000(借)
其他业务收入	150 000(贷)
其他业务成本	110 000(借)
销售费用	10 000(借)
营业税金及附加	3 000(借)
管理费用	15 000(借)
财务费用	1 000(借)
资产减值损失	12 000(借)
公允价值变动损益	10 000(贷)
投资收益	40 000(贷)
营业外收入	1 500(贷)
营业外支出	2 000(借)
所得税费用	35 500(借)

【训练要求】

根据上述资料编制该企业20××年度的利润表。

第十一章　账务处理程序

学习目标

了解账务处理程序的含义和种类；明确各种账务处理程序的主要区别；掌握记账凭证账务处理程序，科目汇总表账务处理程序，汇总记账凭证账务处理程序的基本程序、优缺点与适用范围。

第一节　账务处理程序概述

一、账务处理程序的概念

账务处理程序，亦称会计核算形式、会计核算程序，是指会计凭证与账簿组织、记账程序和记账方法相互结合的方式和步骤。会计凭证与账簿组织，包括账簿的种类和格式，各种凭证之间、账簿之间及凭证与账簿之间的相互关系。记账程序和记账方法，是指从审核和整理原始凭证，到填制记账凭证、登记各种账簿，以及编制会计报表的步骤和方法。凭证和账簿组织、记账程序和记账方法相互结合的不同方式构成不同的账务处理程序。

为了充分发挥会计的核算和监督职能，提供真实、准确、全面的会计信息，企业必须填制和审核会计凭证，设置和登记账簿，编制会计报表。各企业在遵守国家有关会计法规的前提下，应结合本单位的实际情况，设计适宜的账务处理程序。

合理、适用的账务处理程序，是做好会计核算工作的前提，它可以提高会计工作的效率，向会计信息的使用者及时提供高质量的会计信息。因此，合理设计账务处理程序，对于充分发挥会计的核算和监督职能具有重要的意义。

由于各个行业的经营特点不同，业务性质和规模大小也不同，因而，管理要求也各不相同，会计核算形式和方法也会有所差异。选择账务处理程序，一般应符合以下要求：

(1) 必须满足经营管理的需要。整个账务处理程序，从填制会计凭证开始，经过登记账簿，到编制会计报表，均应按照经营管理的需要设计，提供必要的会计核算信息。

(2) 必须符合本单位的实际情况。选择账务处理程序，要同本单位经济业务的特点、经营规模、业务繁简及会计部门技术力量相适应。经营业务单一、企业规模较小、会计部门技术力量比较薄弱的企业，可以采用比较简单的账务处理程序；反之，可采用较复杂的账务处理程序。这样，才便于科学的分工协作，落实岗位责任制。

(3) 在保证会计核算工作质量的前提下，力求简化核算手续，尽可能地提高会计工作的效率，节约账务处理的费用。

二、账务处理程序的种类

在我国会计工作的长期实践中，逐步形成了适应不同会计主体需要的账务处理程序。概括起来，常用的账务处理程序主要有记账凭证账务处理程序、科目汇总表账务处理程序、汇总记账凭证账务处理程序等。各种账务处理程序既有共同点，又有各自的特点。各种账务处理程序的相同点主要表现在：

① 根据原始凭证或原始凭证汇总表填制记账凭证(包括收款凭证、付款凭证和转账凭证)；

② 根据审核无误的收款凭证和付款凭证逐日逐笔登记现金日记账和银行存款日记账；

③ 根据记账凭证及其所附原始凭证或原始凭证汇总表逐笔登记各种明细分类账；

④ 月末，按照对账的要求，定期将总分类账与日记账、明细分类账相核对；

⑤ 月末，根据总分类账和明细分类账资料，编制财务报表。

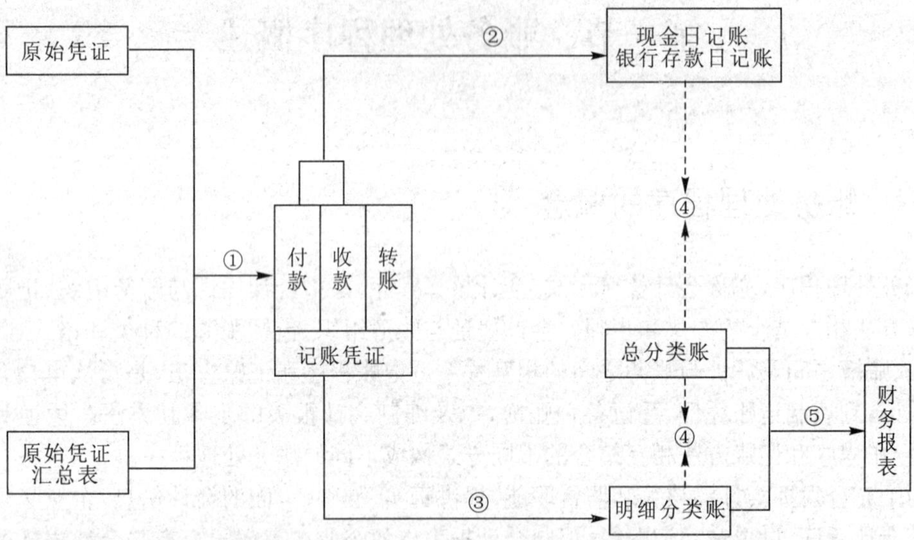

图 11.1　各种会计核算程序中的相同点

如图 11.1 所示，登记总分类账的依据和方法，是区别各种会计核算程序的主要标志。

第二节　记账凭证账务处理程序

一、记账凭证账务处理程序的特点

记账凭证账务处理程序是指对发生的交易或事项，都要根据原始凭证或原始凭证汇总表编制记账凭证，然后直接根据记账凭证逐笔登记总分类账的一种账务处理程序。其显著特点是：在会计核算中直接根据记账凭证逐笔登记总分类账。它是最基本的账务处理程序，其他各种账务处理程序都是在此基础上发展形成的。

采用记账凭证账务处理程序时，记账凭证可以同时采用收款凭证、付款凭证、转账凭证三种格式，也可以只采用一种通用的记账凭证。

在记账凭证账务处理程序下，设置的账簿一般有现金日记账、银行存款日记账、总分类账和明细分类账。现金日记账、银行存款日记账一般采用三栏式，总分类账也采用三栏式。总分类账按总账科目开设；明细分类账可根据核算的需要设置，其格式可根据不同的情况采用三栏式、数量金额式或多栏式。

二、记账凭证账务处理程序的核算步骤

记账凭证账务处理程序的基本步骤是：

① 根据原始凭证或原始凭证汇总表编制记账凭证；

② 根据收款凭证和付款凭证，逐笔登记现金日记账和银行存款日记账；

③ 根据原始凭证、原始凭证汇总表或记账凭证登记各种明细分类账；

④ 根据收款凭证、付款凭证和转账凭证逐笔登记总分类账；

⑤ 月终，将现金日记账、银行存款日记账和各种明细分类账的余额与总分类账有关账户的余额核对相符；

⑥ 月终，根据总分类账和明细分类账的记录编制会计报表。

记账凭证账务处理程序的步骤可用图 11.2 表示。

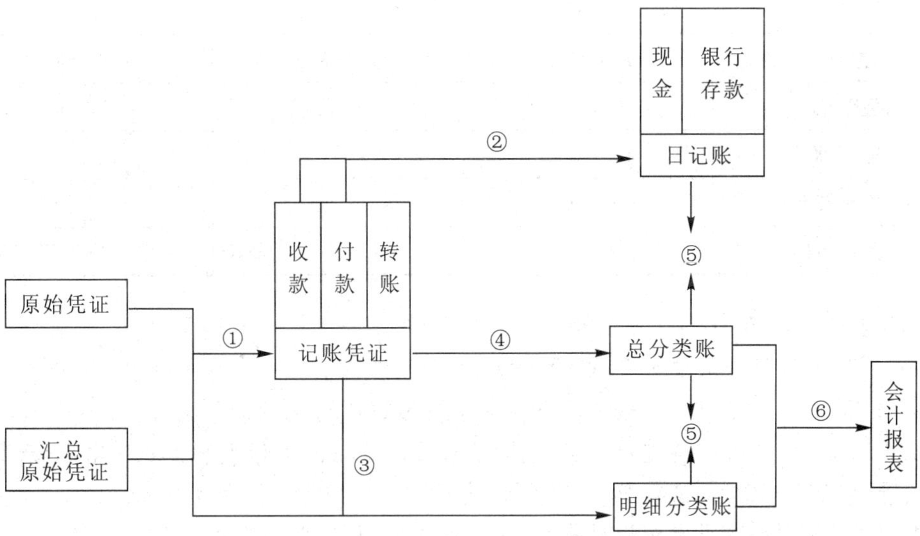

图 11.2 记账凭证账务处理程序

记账凭证账务处理程序是一种最基本的账务处理程序。由于它能够体现会计核算的基本原理和基本程序，因而具有简单明了、易于理解和掌握的优点，而且总分类账比较详细地记录和反映了经济业务的发生情况，便于核查账目。但这种账务处理程序登记总分类账的

工作量比较大。因此,这种账务处理程序一般只适用于规模较小、经济业务不多的企业。为克服这种账务处理程序的不足,可将相同经济业务的原始凭证编制成原始凭证汇总表,再据以填制记账凭证、登记总账,以减少登记总账的工作量。

小思考

从图 11.2 所列示的记账凭证账务处理程序看,总账根据记账凭证登记,而明细账登记要同时根据原始凭证(或汇总原始凭证)和记账凭证进行登记。这是为什么?

思考提示

从总账和明细账的登记内容入手进行分析。

三、记账凭证账务处理程序应用举例

【例 11.1】

(一) 宏达公司 2012 年 1 月各总分类账户的期初余额如表 11.1 所示:

表 11.1 总分类账户表

账户名称	余额	账户名称	余额
库存现金	800	短期借款	130 000
银行存款	110 000	应付账款	81 000
应收账款	56 000	应付职工薪酬	12 500
其他应收款	1 500	应付利息	11 000
原材料	42 000	实收资本	800 000
生产成本	5 500	盈余公积	89 300
库存商品	18 000		
固定资产	1 200 000		
累计折旧	310 000		

(二) 宏达公司 2012 年 1 月发生下列经济业务:

(1) 2 日,从银行提取现金 1 500 元备用。

(2) 3 日,采购员张军外出联系业务借支差旅费 800 元,以现金支付。

(3) 3 日,从新华工厂购进甲材料一批,价款 25 000 元,增值税额 4 250 元,货款暂未支付,另发生运杂费 350 元,运杂费已由新华厂垫付。

(4) 4 日,从银行取得半年期借款 60 000 元,转入本企业存款户。

(5) 5 日,车间领用甲材料一批,成本计 15 000 元,其中用于 A 产品生产 12 000 元,其余为车间一般耗用。

(6) 5 日,销售给大成商业批发公司 A 产品一批,价款 38 000 元,增值税额 6 460 元,对方开给的转账支票已交银行转账。

(7) 6 日,车间领用乙材料一批,成本计 12 000 元,其中 11 000 元用于 B 产品生产,其余为车间一般耗用。

(8) 8 日,以银行存款 36 000 元购入 1 台不需安装的新设备。

(9) 8 日,企业管理部门以现金 120 元购买办公用品,办公用品交有关使用者。

(10) 9 日,管理部门的王小明借支差旅费 600 元,以现金支付。

(11) 10 日,接银行通知,华胜公司前欠货款 38 000 元已收妥入账。

(12) 11 日,以银行存款 30 000 元偿还前欠金泰公司货款。

(13) 11 日,采购员张军外出归来,报差旅费 720 元,余款 80 元交回现金。

(14) 12 日,从光明工厂购入乙材料一批,价款计 32 000 元,增值税额 5 440 元,以银行存款支付。

(15) 13 日,以银行存款支付广告费 3 500 元。

(16) 14 日,销售给长城工厂 A 产品一批,价款 40 000 元,增值税额 6 800 元,款项暂未收到。

(17) 15 日,以银行存款支付前欠新华工厂货款及垫付的运杂费计 29 600 元。

(18) 16 日,从银行提取现金 22 000 元,准备发放工资。

(19) 17 日,发放工资 21 200 元。

(20) 18 日,管理部门李强借支差旅费 600 元,以现金付给。

(21) 19 日,销售给明星商场 B 产品一批,价款 20 000 元,增值税额 3 400 元,款项存入银行。

(22) 20 日,从光明厂购入乙材料一批,价款 12 000 元,增值税额 2 040 元,款项以银行存款支付。

(23) 21 日,销售给兴泰贸易公司 B 产品一批,价款 42 000 元,增值税额 7 140 元,款项暂未收到。

(24) 22 日,从银行提取现金 1 000 元备用。

(25) 22 日,管理部门报销零星开支 420 元,以现金支付。

(26) 23 日,职工唐伟因病住院借支住院费 800 元,以现金支付。

(27) 24 日,车间领用甲材料一批,成本 3 000 元,全部用于 A 产品生产。

(28) 24 日,接银行通知,兴泰贸易公司所欠货款 49 140 元收妥入账。

(29) 25 日,车间领用乙材料一批,成本 5 600 元,用于 B 产品生产。

(30) 26 日,以银行存款支付电费 5 200 元,其中 A 产品生产 2 600 元,B 产品生产 1 600 元,车间一般耗用 420 元,管理部门应负担 580 元。

(31) 27 日,以银行存款偿还到期的 6 个月短期借款 60 000 元,同时支付利息 2 700 元(此项借款利息已按月预提 2 250 元)。

(32) 29 日,以银行存款 2 000 元支付产品展览费。

(33) 31 日,经计算,本月应付职工工资计 28 000 元,其中 A 产品生产工人工资 15 000 元,B 产品生产工人工资 8 000 元,车间管理人员工资 1 600 元,企业管理人员工资 3 400 元。

(34) 31 日,根据当地政府的相关规定,该公司按照职工工资总额的 23%计提社会保险费,根据上年实际发生的职工福利费情况,公司预计今年应承担的职工福利费义务金额为职工工资总额的 2%。

(35) 31 日,计提本月固定资产折旧 16 000 元,其中车间使用固定资产应提 13 000 元,企业管理部门应提 3 000 元。

(36) 31 日,预提本月银行借款利息 1 500 元。

(37) 31 日,分配结转本月发生的制造费用 19 420 元,其中应由 A 产品负担 12 623 元,B 产品负担 6 797 元。

(38) 31 日,结转本月完工产品的实际成本:本月完工 A 产品实际成本 48 300 元,完工 B 产品实际成本 34 900 元。

(39) 31 日,结转本月已售产品的实际成本:已售 A 产品实际成本为 49 800 元,已售 B 产品的实际成本为 38 000 元。

(40) 31 日,结转本月主营业务收入 140 000 元。

(41) 31 日,结转本月主营业务成本 87 800 元。

(42) 31 日,结转本月管理费用 9 090 元。

(43) 31 日,结转本月销售费用 5 500 元。

(44) 31 日,结转本月财务费用 1 950 元。

(45) 31 日,企业所得税税率 25%,计算并登记本月应交所得税 8 915 元。

(46) 31 日,结转本月所得税费用 8 915 元。

要求:

(一) 编制记账凭证

根据资料,按时间顺序填制收款凭证、付款凭证和转账凭证。凭证格式见第七章,此处采用简化格式,见表 11.2。

(二) 登记日记账

根据收款凭证、付款凭证逐笔序时登记现金日记账和银行存款日记账,见表 11.3、表 11.4。

(三) 登记明细分类账

根据原始凭证及有关记账凭证逐笔登记各种明细账(略)。

(四) 登记总分类账

根据记账凭证逐笔登记总分类账。为简化起见,此处以银行存款、生产成本、原材料、应交税费总账为例。见表 11.5、表 11.6、表 11.7 和表 11.8。

(五) 将总账与日记账核对、总账与所属明细账核对(略)

(六) 编制试算平衡表,见表 11.9

(七) 编制会计报表

资产负债表见表 11.10,利润表见表 11.11。

(一) 编制记账凭证(采用以下简表代之)

表 11.2 编制记账凭证

2012 年		凭证字号	摘要	会计科目	借方金额	贷方金额
月	日					
1	2	银付字 1	提取现金备用	库存现金	1 500	
				银行存款		1 500
	3	现付字 1	张军借支差旅费	其他应收款	800	
				库存现金		800

续表 11.2

2012年		凭证字号	摘要	会计科目	借方金额	贷方金额
月	日					
	3	转字1	购进甲材料	原材料 应交税费 应付账款	25 350 4 250	 29 600
	4	银收字1	取得半年期借款	银行存款 短期借款	60 000	 60 000
	5	转字2	A产品领用甲材料	生产成本 制造费用 原材料	12 000 3 000	 15 000
	5	银收字2	销售给大成商业批发公司A产品	银行存款 主营业务收入 应交税费	44 460	 38 000 6 460
	6	转字3	领用乙材料用于B产品生产	生产成本 制造费用 原材料	11 000 1 000	 12 000
	8	银付字2	购入新设备	固定资产 银行存款	36 000	 36 000
	8	现付字2	管理部门购买办公用品	管理费用 库存现金	120	 120
	9	现付字3	王小明借支差旅费	其他应收款 库存现金	600	 600
	10	银收字3	华胜公司前欠货款收妥	银行存款 应收账款	38 000	 38 000
	11	银付字3	以银行存款偿还金泰公司货款	应付账款 银行存款	30 000	 30 000
	11	转字4	张军报销差旅费	管理费用 其他应收款	720	 720
	11	现收字1	张军交回多余现金	库存现金 其他应收款	80	 80
	12	银付字4	从光明厂购入乙材料	原材料 应交税费 银行存款	32 000 5 440	 37 440
	13	银付字5	支付广告费	销售费用 银行存款	3 500	 3 500
	14	转字5	销售给长城工厂A产品	应收账款 主营业务收入 应交税费	46 800	 40 000 6 800

续表 11.2

2012年		凭证字号	摘要	会计科目	借方金额	贷方金额
月	日					
	15	银付字6	支付新华工厂货款等	应付账款	29 600	
				银行存款		29 600
	16	银付字7	从银行提取现金备发工资	库存现金	22 000	
				银行存款		22 000
	17	现付字4	发放工资	应付职工薪酬	21 200	
				库存现金		21 200
	18	现付字5	李强借支差旅费	其他应收款	600	
				库存现金		600
	19	银收字4	销售给明星商场B产品	应收账款	23 400	
				主营业务收入		20 000
				应交税费		3 400
	20	银付字8	从光明厂购入乙材料	原材料	12 000	
				应交税费	2 040	
				银行存款		14 040
	21	转字6	销售给兴泰贸易公司B产品	应收账款	49 140	
				主营业务收入		42 000
				应交税费		7 140
	22	银付字9	提取现金备用	库存现金	1 000	
				银行存款		1 000
	22	现付字6	管理部门报销零星开支	管理费用	420	
				库存现金		420
	23	现付字7	唐伟借支住院费	其他应收款	800	
				库存现金		800
	24	转字7	车间领用甲材料用于A产品生产	生产成本	3 000	
				原材料		3 000
	24	银收字5	收到兴泰公司欠款	银行存款	49 140	
				应收账款		49 140
	25	转字8	车间领用乙材料用于B产品生产	生产成本	5 600	
				原材料		5 600
	26	银付字10	支付水电费	管理费用	580	
				生产成本	4 200	
				制造费用	420	
				银行存款		5 200
	27	银付字11	归还短期借款并付息	短期借款	60 000	
				应付利息	2 250	
				财务费用	450	
				银行存款		62 700
	29	银付字12	支付产品展览费	销售费用	2 000	
				银行存款		2 000

续表 11.2

2012年		凭证字号	摘要	会计科目	借方金额	贷方金额
月	日					
	31	转字 9	分配工资费用	生产成本	23 000	
				制造费用	1 600	
				管理费用	3 400	
				应付职工薪酬		28 000
	31	转字 10	计提社会保险费和职工福利费	生产成本	5 750	
				制造费用	400	
				管理费用	850	
				应付职工薪酬		7 000
	31	转字 11	计提固定资产折旧	制造费用	13 000	
				管理费用	3 000	
				累计折旧		16 000
	31	转字 12	预提短期借款利息	财务费用	1 500	
				应付利息		1 500
	31	转字 13	分配结转制造费用	生产成本	19 420	
				制造费用		19 420
	31	转字 14	结转本月完工产品实际成本	库存商品	83 200	
				生产成本		83 200
	31	转字 15	结转已销售产品成本	主营业务成本	87 800	
				库存商品		87 800
	31	转字 16	结转本月主营业务收入	主营业务收入	140 000	
				本年利润		140 000
	31	转字 17	结转本月主营业务成本	本年利润	87 800	
				主营业务成本		87 800
	31	转字 18	结转本月管理费用	本年利润	9 090	
				管理费用		9 090
	31	转字 19	结转本月销售费用	本年利润	5 500	
				销售费用		5 500
	31	转字 20	结转本月财务费用	本年利润	1 950	
				财务费用		1 950
	31	转字 21	登记应交所得税	所得税费用	8 915	
				应交税费		8 915
	31	转字 22	结转本月所得税费用	本年利润	8 915	
				所得税费用		8 915

（二）登记日记账

根据收款凭证、付款凭证逐笔序时登记现金日记账和银行存款日记账。

表 11.3　现金日记账

2012 年		凭证		摘要	对方科目	收入	支出	结余
月	日	种类	号数					
1	1			上年结余				800
	2	银付	1	提取现金备用	银行存款	1 500		2 300
	3	现付	1	张军借支差旅费	其他应收款		800	1 500
	8	现付	2	管理部门购买办公用品	管理费用		120	1 380
	9	现付	3	王小明借支差旅费	其他应收款		600	780
	11	现付	1	张军交回多余现金	其他应收款	80		860
	16	银付	7	从银行提取现金备发工资	银行存款	22 000		22 860
	17	现付	4	发放上月工资	应付职工薪酬		21 200	1 660
	18	现付	5	李强借支差旅费	其他应收款		600	1 060
	22	银付	9	提取现金备用	银行存款	1 000		2 060
	22	现付	6	管理部门报销零星开支	管理费用		420	1 640
	23	现付	7	唐伟借支住院费	其他应收款		800	840
	31			本月合计		24 580	24 540	840

表 11.4　银行存款日记账

2012 年		凭证		结算凭证		摘要	对方科目	收入	支出	结余
月	日	种类	号数	种类	号数					
1	1					上年结余				110 000
1	2	银付	1			提取现金	库存现金		1 500	108 500
	4	银收	1			取得半年期借款	短期借款	60 000		168 500
	5	银收	2			销售 A 产品	主营业务收入	44 460		212 960
	8	银付	2			购入设备	固定资产		36 000	176 960
	10	银付	3			收到华胜公司货款	应收账款	38 000		214 960
	11	银付	3			偿还金泰公司货款	应付账款		30 000	184 960
	12	银付	4			购入乙材料	原材料		37 440	147 520
	13	银付	5			支付广告费	销售费用		3 500	144 020
	15	银付	6			支付新华厂货款	应付账款		29 600	114 420
	16	银付	7			提取现金备发工资	库存现金		22 000	92 420
	19	银收	4			销售 A 产品	主营业务收入	23 400		115 820
	20	银收	8			购入乙材料	原材料		14 040	101 780
	22	银付	9			提取现金	库存现金		1 000	100 780
	24	银收	5			收到兴泰公司欠款	应收账款	49 140		149 920

续表 11.4

2012年		凭证		结算凭证		摘要	对方科目	收入	支出	结余
月	日	种类	号数	种类	号数					
	26	银付	10			支付水电费	生产成本等		5 200	144 720
	27	银付	11			归还短期借款	短期借款		62 700	82 020
	29	银付	12			支付产品展览费	销售费用		2 000	80 020
	31					本月合计		215 000	244 980	80 020

（三）登记明细分类账

根据原始凭证、原始凭证汇总表及记账凭证登记有关明细分类账（略）。

（四）登记总分类账

根据收款凭证、付款凭证、转账凭证逐笔登记总分类账。

表 11.5 银行存款（总账）

2012年		凭证		摘要	借方	贷方	借或贷	金额
月	日	种类	号数					
1	1			上年结余			借	110 000
1	2	银付	1	提取现金		1 500	借	108 500
	4	银收	1	取得半年期借款	60 000		借	168 500
	5	银收	2	销售 A 产品	44 460		借	212 960
	8	银付	2	购入设备		36 000	借	176 960
	10	银付	3	收到华胜公司货款	38 000		借	214 960
	11	银付	3	偿还金泰公司货款		30 000	借	184 960
	12	银付	4	购入乙材料		37 440	借	147 520
	13	银付	5	支付广告费		3 500	借	144 020
	15	银付	6	支付新华厂货款		29 600	借	114 420
	16	银付	7	提取现金备发工资		22 000	借	92 420
	19	银收	4	销售 A 产品	23 400		借	115 820
	20	银收	8	购入乙材料		14 040	借	101 780
	22	银付	9	提取现金		1 000	借	100 780
	24	银收	5	收到兴泰公司欠款	49 140		借	149 920
	26	银付	10	支付水电费		5 200	借	144 720
	27	银付	11	归还短期借款		62 700	借	82 020
	29	银付	12	支付产品展览费		2 000	借	80 020
	31	银付		本月合计	215 000	244 980	借	80 020

表 11.6 生产成本(总账)

2012年 月	日	凭证号证	摘要	借方	贷方	借或贷	金额
1	1		期初余额			借	5 500
	5	转 2	生产领用材料	12 000		借	17 500
	6	转 3	生产领用材料	11 000		借	28 500
	24	转 7	生产领用材料	3 000		借	31 500
	25	转 8	生产领用材料	5 600		借	37 100
	26	银付 10	支付水电费	4 200		借	41 300
	31	转 9	分配工资费用	23 000		借	64 300
	31	转 10	计提社会保险费	5 750		借	70 050
	31	转 13	分配结转制造费用	19 420		借	89 470
	31	转 14	结转本月完工产品实际成本		83 200	借	6 270
	31		本月合计	83 970	83 200	借	6 270

表 11.7 原材料(总账)

2007年 月	日	凭证号数	摘要	借方金额	贷方金额	借或贷	金额
1	1		期初余额			借	42 000
	3	转 1	购进甲材料	25 350		借	67 350
	5	转 2	生产领用材料		15 000	借	52 350
	6	转 3	生产领用材料		12 000	借	40 350
	12	银付 4	购入乙材料	32 000		借	72 350
	20	银付 8	购入乙材料	12 000		借	84 350
	24	转 7	生产领用材料		3 000	借	81 350
	25	转 8	生产领用材料		5 600	借	75 750
1	31		本月合计	69 350	35 600	借	72000

表 11.8 应交税费(总账)

2012年 月	日	凭证号数	摘要	借方金额	贷方金额	借或贷	金额
1	1	转 1	购进甲材料	4 250		借	4 250
	5	银收 2	销售产品		6 460	贷	2 210
	12	银付 4	购进乙材料	5 440		借	3 230
	14	转 5	销售产品		6 800	贷	3 570
	19	银收 4	销售产品		3 400	贷	6 970
	20	银付 8	购进乙材料	2 040		贷	4 930
	21	转 6	销售产品		7 140	贷	12 070
	31	转 21	计提所得税		8 915	贷	20 985
1	31		本月合计	11 730	32 715	贷	20 985

其他有关总账不一一列示。

（五）编制试算平衡表

表 11.9 总分类账户发生额及余额试算平衡表

2012 年 1 月 31 日 单位:元

账户名称	期初余额		本期发生额		期末余额	
	借方	贷方	借方	贷方	借方	贷方
库存现金	800		24 580	24 540	840	
银行存款	110 000		215 000	244 980	80 020	
应收账款	56 000		95 940	87 140	64 800	
其他应收款	1 500		2 800	800	3 500	
原材料	42 000		69 350	35 600	75 750	
生产成本	5 500		83 970	83 200	6 270	
制造费用			19 420	19 420		
库存商品	18 000		83 200	87 800	13 400	
固定资产	1 200 000		36 000		1 236 000	
累计折旧		310 000		16 000		326 000
短期借款		130 000	60 000	60 000	130 000	
应付账款		81 000	59 600	29 600		51 000
应付职工薪酬		12 500	21 200	35 000		26 300
应付利息		11 000	2 250	1 500		10 250
应交税费			11 730		32 715	20 985
实收资本		800 000				800 000
盈余公积		89 300				89 300
本年利润			113 255	140 000		26 745
所得税费用			8 915	8 915		
主营业务收入			140 000	140 000		
主营业务成本			87 800	87 800		
管理费用			9 090	9 090		
财务费用			1 950	1 950		
销售费用			5 500	5 500		
合计	1 433 800	1 433 800	1 150 000	1 150 000	1 480 580	1 480 580

（六）编制资产负债表及损益表

表 11.10　资产负债表

编制单位:宏达公司　　　　2012 年 1 月 31 日　　　　单位:元

资产	期初数	期末数	负债与所有者权益	期初数	期末数
流动资产:			**流动负债:**		
货币资金	110 800	80 860	短期借款	130 000	130 000
交易行金融资产			应付票据		
应收票据			应付账款	81 000	51 000
应收账款	56 000	64 800	预收款项		
预付款项			其他应付款		
应收利息			应付职工薪酬	12 500	26 300
应收股利			应交税费		20 985
其他应收款	1 500	3 500	应付利息	11 000	10 250
存货	65 500	95 420	应付股利		
一年内到期的非流动资产			其他应付款		
			一年内到期的非流动负债		
其他流动资产			其他流动负债		
流动资产合计	233 800	246 130	流动负债合计	234 500	240 085
非流动资产:			**非流动负债:**		
可供出售金融资产			长期借款		
持有至到期投资			应付债券		
长期应收款			长期应付款		
长期股权投资			递延所得税负债		
投资性房地产			其他非流动负债		
固定资产	890 000	910 000	非流动负债合计		
固定资产清理			负债合计	234 500	240 085
在建工程			**所有者权益(或股东权益):**		
工程物资			实收资本(或股本)	800 000	800 000
固定资产清理			资本公积		
无形资产			盈余公积	89 300	89 300
开发支出			未分配利润		26 745
商誉			所有者权益	889 300	916 045
长期待摊费用			(或股东权益)合计		
递延所得税资产					
其他非流动资产					
非流动资产合计	890 000	910 000	负债与所有者权益	1 123 800	1 154 580
资产总计	1 123 800	1 154 580	(或股东权益)合计		

表 11.11 利润表

编制单位:宏达公司　　2012 年 1 月　　单位:元

项目	本月数	本年累计数
一、营业收入	140 000	140 000
减:营业成本	87 800	87 800
营业税金及附加		
销售费用	5 500	5 500
管理费用	9 090	9 090
财务费用	1 950	1 950
资产减值损失		
加:公允价值变动收益(损失以"－"填列)		
投资收益(损失以"－"填列)		
其中:对联营企业和合营企业的投资收益		
二、营业利润(亏损以"－"列示)	35 660	35 660
加:营业外收入		
减:营业外支出		
其中:非流动资产处置损失		
三、利润总额(亏损以"－"列示)	35 660	35 660
减:所得税费用	8 915	8 915
四、净利润(净亏损以"－"号列示)	26 745	26 745
五、每股收益:		
(一) 基本每股收益		
(二) 稀释每股收益		

第三节 科目汇总表账务处理程序

一、科目汇总表账务处理程序的特点

科目汇总表账务处理程序,又称记账凭证汇总表账务处理程序。其特点是:根据记账凭证定期编制科目汇总表,再根据科目汇总表登记总分类账。

采用科目汇总表账务处理程序,需设置收款凭证、付款凭证和转账凭证;此外,还要设置科目汇总表,以便根据收、付、转凭证按会计科目定期进行汇总。现金日记账、银行存款日记账的设置与记账凭证账务处理程序相同。

二、科目汇总表账务处理程序的核算步骤

科目汇总表账务处理程序的基本步骤是:

① 根据原始凭证或原始凭证汇总表编制记账凭证；

② 根据收款凭证和付款凭证，逐笔登记现金日记账和银行存款日记账；

③ 根据原始凭证、原始凭证汇总表或记账凭证登记各种明细分类账；

④ 根据收款凭证、付款凭证和转账凭证，定期编制科目汇总表；

⑤ 根据科目汇总表登记总分类账；

⑥ 月终，将现金日记账、银行存款日记账和各种明细分类账的记录与总分类账的记录核对相符；

⑦ 月终，根据总分类账和明细分类账的记录编制会计报表。

科目汇总表账务处理程序的步骤可用图 11.3 表示。

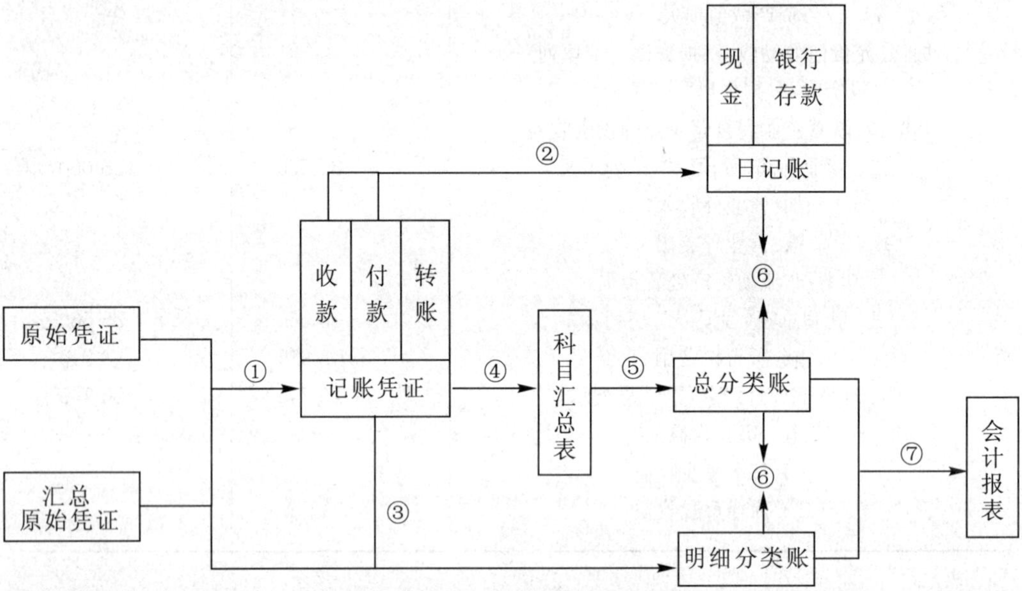

图 11.3 科目汇总表账务处理程序图

三、科目汇总表的编制方法

科目汇总表的编制方法是，根据收款凭证、付款凭证和转账凭证，按照相同的会计科目归类，定期(一般每隔 5 天或 10 天)汇总每一科目的借方本期发生额和贷方本期发生额，并将其汇总数填入相应会计科目的“借方”和“贷方”栏。对于库存现金和银行存款科目的借方发生额和贷方发生额，也可以根据现金日记账和银行存款日记账的收支数填列，而不必再根据收款凭证和付款凭证汇总填列。科目汇总表每汇总一次编制一张。根据科目汇总表各科目借方发生额和贷方发生额的合计数登记总分类账。科目汇总表的一般格式如表 11.12 所示。

表 11.12 科目汇总表

××××年×月1～10日 科汇字 号

会计科目	本期发生额			记账凭证起讫号数
	借方	贷方	账页	
库存现金				
银行存款				
应收账款				
原材料				
生产成本				
库存商品				
应付账款				
管理费用				
主营业务收入				
合计				

科目汇总表账务处理程序的优点是，大大地减少了总分类账的登记工作；科目汇总表还可以起到试算平衡的作用，有利于保证账簿登记的正确性。其缺点是，在科目汇总表和总账中，都不能反映科目之间的对应关系，因此不便于对经济业务的来龙去脉进行分析，也不便于进行会计检查。这种账务处理程序适用于规模较大、业务量较多的企业。

小思考

你知道科目汇总表上各科目发生额的具体汇总方法吗？

思考提示

实际中运用的具体汇总方法有："T"型账户汇总法，即按经济业务发生的先后顺序将本期会计业务涉及的会计科目，事先逐笔在准备好的会计工作底稿上分别登记，登记完毕后，加计各科目的本期借方、贷方发生额，核对无误后，据此登记到科目汇总表上。

四、科目汇总表账务处理程序应用举例

【例 11.2】 资料见本章第二节。

（一）编制记账凭证

根据资料，按时间顺序填制收款凭证、付款凭证和转账凭证。凭证格式见第七章，此处采用简化格式，见表 11.2。

（二）登记日记账

根据收款凭证、付款凭证逐笔序时登记现金日记账和银行存款日记账，见表 11.3、表 11.4。

（三）登记明细分类账

根据原始凭证、原始凭证汇总表及有关记账凭证逐笔登记各种明细账（略）。

（四）编制科目汇总表

根据记账凭证，编制科目汇总表。见表 11.13、11.14、11.15。

（五）登记总分类账

根据科目汇总表登记总分类账。为简化起见，此处以银行存款、生产成本、原材料、应交税费总账为例。见表 11.16、表 11.17、表 11.18 和表 11.19。

（六）将总账与日记账核对、总账与所属明细账核对（略）

（七）编制试算平衡表，见表 11.9。

（八）编制会计报表

表 11.13

2012 年 1 月 1 日至 10 日　　　　科汇字 1 号

会计科目	本期发生额		账页	记账凭证起讫号数
	借方	贷方		
库存现金	1 500	1 520	（略）	银收字 1-3 号 现付字 1-3 号 银付字 1-2 号 转字 1-3 号
银行存款	142 460	37 500		
应收账款		38 000		
其他应收款	1 400			
原材料	25 350	27 000		
生产成本	23 000			
制造费用	4 000			
固定资产	36 000			
短期借款		60 000		
应付账款		29 600		
应交税金	4 250	6 460		
管理费用	120			
主营业务收入		38 000		
合计	238 080	238 080		

表 11.14

2012 年 1 月 11 日至 20 日　　　　科汇字 2 号

会计科目	本期发生额		账页	记账凭证起讫号数
	借方	贷方		
库存现金	22 080	21 800	（略）	现收字 1 号 银收字 4 号 现付字 4-5 号 银付字 3-8 号 转字 4-5 号
银行存款	23 400	136 580		
应收账款	46 800			
其他应收款	600	800		
原材料	44 000			
应付账款	59 600			
应交税费	7 480	10 200		
应付职工薪酬	21 200			
管理费用	720			
销售费用	3 500			
主营业务收入		60 000		
合计	229 380	229 380		

表 11.15

2012年1月21日至31日　　科汇字3号

会计科目	本期发生额		账页	记账凭证起讫号数
	借方	贷方		
库存现金	1 000	1 220	（略）	银收字5号 现付字6-7号 银付字9-12号 转字6-22号
银行存款	49 140	70 900		
应收账款	49 140	49 140		
其他应收款	800			
原材料		8 600		
生产成本	58 264	81 800		
制造费用	15 244	19 244		
库存商品	81 800	87 800		
累计折旧		16 000		
短期借款	60 000			
应付职工薪酬		31 920		
预提费用	2 250	1 500		
应交税费		19 031		
管理费用	7 876	8 716		
销售费用	2 000	5 500		
财务费用	1 950	1 950		
主营业务收入	140 000	42 000		
主营业务成本	87 800	87 800		
本年利润	115 857	140 000		
所得税费用	11 891	11 891		
合计	685 012	685 012		

表 11.16　总分类账

会计科目:银行存款

2012年		凭证		摘要	借方	贷方	借或贷	金额
月	日	种类	号数					
1	1			上年结转			借	110 000
	10	科汇	1	1～10日发生额	142 460	37 500	借	214 960
	20	科汇	2	11～20日发生额	23 400	136 580	借	101 780
	31	科汇	3	21～31日发生额	49 140	70 900	借	80 020
	31			本期发生额及余额	215 000	244 980	借	80 020

表 11.17　总分类账

会计科目:生产成本

2012 年		凭证		摘要	借方	贷方	借或贷	金额
月	日	种类	号数					
	1			上年结转			借	5 500
1	10	科汇	1	1～10 日发生额	23 000		借	28 500
	31	科汇	3	21～31 日发生额	60 970	83 200	借	6 270
	31			本期发生额及余额	83 970	83 200	借	6 270

表 11.18　总分类账

会计科目:原材料

年		凭证		摘要	借方	贷方	借或贷	金额
月	日	种类	号数					
1	1			上年结转			借	42 000
	10	科汇	1	1～10 日发生额	23 350	27 000	借	40 350
	20	科汇	2	11～20 日发生额	44 000		借	84 350
	31	科汇	3	21～31 日发生额		8 600	借	75 750
	31			本期发生额及余额	69 350	35 600	借	75 750

表 11.19　总分类账

会计科目:应交税费

年		凭证		摘要	借方	贷方	借或贷	金额
月	日	种类	号数					
1	10	科汇	1	1～10 日发生额	4 250	6 460	贷	2 210
	20	科汇	2	11～20 日发生额	7 480	10 200	贷	4 930
	31	科汇	3	21～31 日发生额		16 055	贷	20 985
	31			本期发生额及余额	11 730	32 715	贷	20 985

第四节　汇总记账凭证账务处理程序

一、汇总记账凭证账务处理程序的特点

汇总记账凭证账务处理程序的特点是,先根据记账凭证编制汇总记账凭证,然后再根据汇总记账凭证登记总分类账。

采用汇总记账凭证账务处理程序,需设置收款凭证、付款凭证和转账凭证。设置的账簿主要有:现金日记账、银行存款日记账、总分类账和各种明细分类账。除此之外,还需设置汇

总收款凭证、汇总付款凭证和汇总转账凭证三种汇总记账凭证。在各种汇总记账凭证中都要求反映账户之间的对应关系，需采用设有“对方科目”栏的总账。

二、汇总记账凭证账务处理程序的核算步骤

汇总记账凭证账务处理程序的基本步骤是：

① 根据原始凭证或原始凭证汇总表编制记账凭证；

② 根据收款凭证和付款凭证逐笔登记现金日记账和银行存款日记账；

③ 根据原始凭证、原始凭证汇总表或记账凭证登记各种明细分类账；

④ 根据收款凭证、付款凭证和转账凭证定期编制汇总收款凭证、汇总付款凭证和汇总转账凭证；

⑤ 月终，根据汇总收款凭证、汇总付款凭证和汇总转账凭证登记总分类账；

⑥ 月终，将现金日记账、银行存款日记账和各种明细分类账记录与总分类账的记录核对相符；

⑦ 月终，根据总分类账和明细分类账的记录编制会计报表。

汇总记账凭证账务处理程序的步骤可用图 11.4 表示。

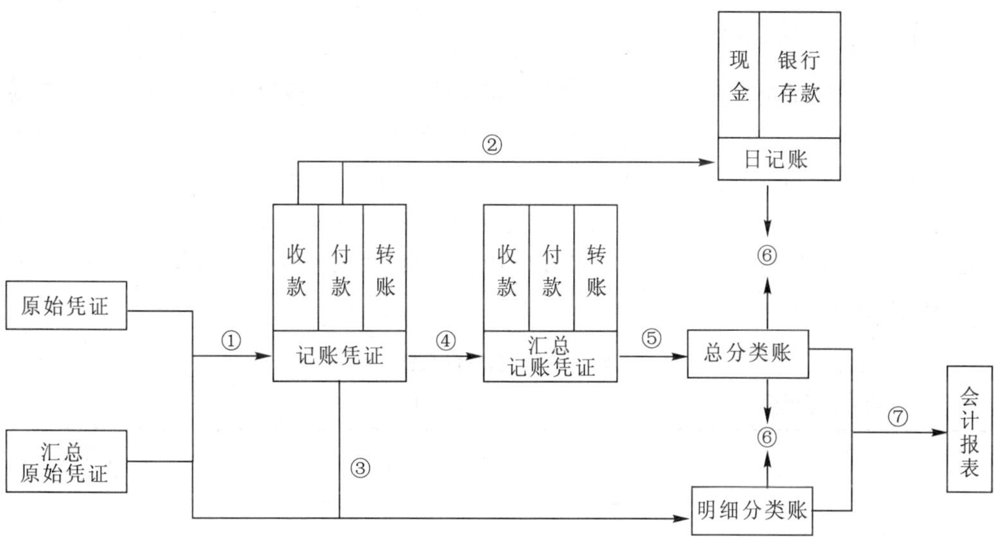

图 11.4 汇总记账凭证账务处理程序

三、汇总记账凭证的编制方法

汇总记账凭证分为汇总收款凭证、汇总付款凭证和汇总转账凭证三种，分别根据收款凭证、付款凭证和转账凭证定期汇总编制而成。具体编制方法如下所述。

(一) 汇总收款凭证的编制

汇总收款凭证的编制方法是将需要进行汇总的收款凭证按其对应的贷方科目进行分类，计算出每一个贷方科目发生额合计数，填入汇总收款凭证中，一般可 5 天或 10 天汇总一

次，每月编制一张。月末计算出每个贷方科目发生额合计数，据以登记总分类账。汇总收款凭证，应根据库存现金、银行存款的收款凭证，按库存现金和银行存款借方科目汇总。汇总收款凭证的格式如表 11.20 所示。

表 11.20　汇总收款凭证

借方科目：银行存款　　　　××××年 12 月份

贷方科目	金额				总账账页	
	1 日至 10 日 收款凭证 第 1 号至 2 号	11 日至 20 日 收款凭证 第 3 号至 5 号	21 日至 31 日 收款凭证 第 6 号至 7 号	合计	借方	贷方
应收账款 长期借款 主营业务收入 其他应收款						
合计						

(二) 汇总付款凭证的编制

汇总付款凭证是按“库存现金”或“银行存款”科目的贷方分别设置的一种汇总记账凭证，它汇总了一定时期内库存现金和银行存款的付款业务。

汇总付款凭证的编制方法是将需要汇总的付款凭证按其对应的借方科目进行归类，计算出每一个借方科目发生额合计数，填入汇总付款凭证中，一般可 5 天或 10 天汇总一次，每月编制一张。月末计算出每个借方科目发生额合计数，并据以登记总分类账。汇总付款凭证的格式如表 11.21 所示。

表 11.21　汇总付款凭证

贷方科目：库存现金　　　　××××年 12 月份

借方科目	金额				总账账页	
	1 日至 10 日 付款凭证 第 1 号至 3 号	11 日至 20 日 付款凭证 第 4 号至 5 号	21 日至 31 日 付款凭证 第 7 号至 10 号	合计	借方	贷方
应付职工薪酬 其他应付款 管理费用 制造费用						
合计						

(三) 汇总转账凭证的编制

汇总转账凭证，一般按照每一科目的贷方分别设置，并根据转账凭证按对应的借方科目进行归类，每隔5天或10天汇总填列一次，每月填制1张。月终，根据汇总转账凭证各科目的汇总合计数登记总分类账。为了便于填制汇总转账凭证，平时填制转账凭证时，应编制一个贷方科目与一个或几个借方科目相对应的会计分录，而不应编制一个借方科目与几个贷方科目相对应的会计分录。当然，如果在汇总期内某一贷方科目的转账凭证数量不多，也可不对其进行汇总，而直接据以登记总分类账。汇总转账凭证的格式见表11.22。

表11.22 汇总转账凭证

贷方科目：原材料　　　　××××年12月份

借方科目	金额				总账账页	
	1日至10日	11日至20日	21日至31日	合计	借方	贷方
生产成本 制造费用 管理费用						
合计						

汇总记账凭证账务处理程序同科目汇总表账务处理程序一样，具有减少总分类账登记工作量的优点。此外，由于汇总记账凭证是按照科目对应关系进行归类、汇总编制而成的，因此，汇总记账凭证和总分类账都能清晰地反映各科目之间的对应关系，有利于对经济业务的分析和账目的查对，从而克服科目汇总表账务处理程序在这方面存在的缺陷。这种账务处理程序适宜在规模较大，业务量较多的企业采用，而规模小，业务量少的企业一般采用记账凭证账务处理程序。

小思考

你能看出图11.2、图11.3、图11.4所列示账务处理程序的差别在哪里吗？为什么会有这种差别？

思考提示

三种账务处理程序的主要区别在于登记总账的依据与方法不同。可从三种账务处理程序的优缺点和适用范围进行分析。

四、汇总记账凭证表账务处理程序应用举例

（一）编制记账凭证

根据资料，按时间顺序填制收款凭证、付款凭证和转账凭证。凭证格式见第七章，此处采用简化格式，见表11.1。

（二）登记日记账

根据收款凭证、付款凭证逐笔序时登记现金日记账和银行存款日记账，见表11.2、表11.3。

（三）登记明细分类账

根据原始凭证、原始凭证汇总及有关记账凭证逐笔登记各种明细账（略）。

（四）编制汇总记账凭证

根据记账凭证，编制汇总记账凭证。以银行存款汇总收款凭证、银行存款汇总付款凭证和原材料汇总转账凭证为例。见表 11.23、表 11.24、表 11.25。

（五）登记总分类账

根据汇总记账凭证登记总分类账，以银行存款为例，见表 11.26。

（六）将总账与日记账核对、总账与所属明细账核对（略）

（七）编制试算平衡表（见表 11.9）

（八）编制会计报表

资产负债表见表 11.10，利润表见表 11.11。

表 11.23 汇总收款凭证

借方科目：银行存款　　××××年 1 月份　　汇收 第 1 号

贷方科目	金额				总账账页	
	1 日至 10 日收款凭证	11 日至 20 日收款凭证	21 日至 31 日收款凭证	合计	借方	贷方
短期借款	60 000			60 000	略	略
主营业务收入	38 000	20 000		58 000		
应交税费	6 460	3 400		9 860		
应收账款	38 000		49 140	87 140		
合计	142 460	23 400	49 140	215 000		

表 11.24 汇总付款凭证

贷方科目：银行存款　　××××年 1 月份　　汇付 第 1 号

借方科目	金额				总账账页	
	1 日至 10 日付款凭证	11 日至 20 日付款凭证	21 日至 31 日付款凭证	合计	借方	贷方
库存现金	1 500	22 000	1 000	24 500	略	略
固定资产	36 000			36 000		
应付账款		59 600		59 600		
原材料		44 000		44 000		
应交税费		7 480		7 480		
销售费用		3 500	2 000	5 500		
生产成本			4 200	4 200		
制造费用			420	420		
管理费用			580	580		
短期借款			60 000	60 000		
应付利息			2 250	2 250		
财务费用			450	450		
合计	37 500	136 580	70 900	244 980		

表 11.25 汇总转账凭证

贷方科目:原材料　　　　　　　　××××年1月份

借方科目	金额				总账账页	
	1日至10日	11日至20日	21日至31日	合　计	借方	贷方
生产成本	23 000 4 000		8 600	35 600	略	略
合计						

表 11.26 银行存款(总账)

2007年		凭证号数	摘要	借方金额	贷方金额	借或贷	余额
月	日						
1	1		期初余额			借	110 000
	31	汇收1	1～31日汇总	215 000		借	325 000
	31	汇付1	1～31日汇总		244 980	借	80 020
1	31		本月合计	215 000	244 980	借	80 020

本章小结

本章主要介绍了会计循环中由凭证和账簿组织、记账程序和记账方法相互结合的不同方式所构成的不同的账务处理程序以及各种账务处理程序的特点、适用范围、编制方法、优缺点。目前,我国企业采用的账务处理程序主要有记账凭证账务处理程序、科目汇总表账务处理程序、汇总记账凭证账务处理程序等。

记账凭证账务处理程序,是根据收款凭证、付款凭证和转账凭证逐笔登记总分类账的账务处理程序。其特点是,无需对记账凭证进行汇总,而是直接据以登记总分类账。这种账务处理程序一般只适用于规模较小、经济业务不多的企业。

科目汇总表账务处理程序,又称记账凭证汇总表账务处理程序。其特点是,根据记账凭证定期编制科目汇总表,再根据科目汇总表登记总分类账。其优点是,可以大大地减少总分类账的登记工作;科目汇总表还可以起到试算平衡的作用,有利于保证账簿登记的正确性。其缺点是,在科目汇总表和总账中,不能反映科目之间的对应关系,不便于对经济业务的来龙去脉进行分析,也不便于进行会计检查。这种账务处理程序适用于规模较大、业务量较多的企业。

汇总记账凭证账务处理程序的特点是,先根据记账凭证编制汇总记账凭证,然后再根据汇总记账凭证登记总分类账。这种账务处理程序适宜在规模较大、业务量较多的企业采用,而规模小,业务量少的企业一般采用记账凭证账务处理程序。

知识训练

理论知识训练

一、单项选择题

1. 根据汇总记账凭证登记总分类账,称为(　　)。

A. 记账凭证账务处理程序　　B. 汇总记账凭证账务处理程序

C. 科目汇总表账务处理程序　　D. 日记总账账务处理程序

2. 各种不同的账务处理程序的主要区别是(　　)。

A. 各单位经济业务的特点不同　　B. 各单位经营管理的要求不同

C. 登记总分类账的依据和方法不同　　D. 凭证的传递程序不同

3. 科目汇总表的主要缺点是不能反映出(　　)。

A. 借方发生额　　B. 贷方发生额

C. 借方和贷方发生额　　D. 科目对应关系

4. 在汇总记账凭证账务处理程序下,平时填制转账凭证时,科目的对应关系最好保持(　　)。

A. 不需要特别规定　　B. 一个借方科目同几个贷方科目相对应

C. 一个贷方科目同几个借方科目相对应　　D. 几个借方科目同几个贷方科目相对应

5. 汇总记账凭证账务处理程序下,总分类账账页格式一般采用(　　)。

A. 三栏式　　B. 多栏式

C. 设有"对应科目"栏的三栏式　　D. 数量金额式

6. 编制科目汇总表的直接依据是(　　)。

A. 原始凭证　　B. 原始凭证汇总表　　C. 记账凭证　　D. 汇总记账凭证

7. (　　)是记账凭证账务处理程序的主要缺点。

A. 不便于会计合理分工　　B. 不能体现账户的对应关系

C. 登记总账的工作量较大　　D. 方法不易掌握

8. 汇总记账凭证一般是定期汇总,(　　)填制一张。

A. 定期　　B. 每月　　C. 每旬　　D. 每5天

9. 由于现金与银行存款之间相互收付的业务只填付款凭证,不填收款凭证,因而现金汇总收款凭证所汇总的现金收入金额不全,其中,从银行提取现金的业务,应汇总在(　　)之中。

A. 银行存款汇总付款凭证　　B. 现金汇总付款凭证

C. 银行存款汇总收款凭证　　D. 现金汇总收款凭证

10. 不是定期登记总账的账务处理程序是(　　)。

A. 科目汇总表账务处理程序　　B. 记账凭证账务处理程序

C. 汇总记账凭证账务处理程序　　D. ABC

二、多项选择题

1. 汇总记账凭证核算程序的优点是(　　)。

A. 总账能反映账户的对应关系,便于对经济业务进行分析和检查

B. 减少登记总账的工作量

C. 月份内贷方科目的转账凭证不多时，可减少核算工作量

D. 有利于对全部账户的发生额进行试算平衡

2. 登记总分类账的依据可以是(　　)。

A. 记账凭证　　B. 汇总记账凭

C. 科目汇总表　　D. 现金、银行日记账

3. (　　)不属于记账凭证账务处理程序中的正确步骤。

A. 根据原始凭证编制记账凭证

B. 根据记账凭证登记总账

C. 根据记账凭证中的收、付款凭证登记现金、银行存款日记账

D. 根据记账凭证登记总账

4. (　　)属于汇总记账凭证账务处理程序下的正确步骤。

A. 根据原始凭证编制记账凭证

B. 根据收、付款凭证登记现金、银行存款日记账

C. 根据汇总记账凭证登记总账

D. 根据记账凭证编制汇总记账凭证

5. 科目汇总表和汇总记账凭证账务处理程序虽有不同，但它们也有许多共同之处，如(　　)。

A. 根据原始凭证编制记账凭证

B. 根据记账凭证或原始凭证登记明细账

C. 根据总账、明细账和有关资料编制会计报表

D. 根据收、付款凭证登记现金、银行存款日记账

6. 科目汇总表的编制方法要点是(　　)。

A. 根据记账凭证按相同会计科目编制

B. 定期汇总每一会计科目的借贷方发生额之差

C. 定期汇总每一会计科目的借方发生额和贷方发生额

D. 将汇总的有关数额分别填入科目汇总表的相应栏目内

7. 科目汇总表账务处理程序下的基本步骤包括(　　)等。

A. 根据原始凭证编制记账凭证

B. 根据收、付款凭证登记现金、银行存款日记账

C. 根据科目汇总表定期登记总账

D. 根据记账凭证定期编制科目汇总表

8. (　　)是不正确的说法。

A. 科目汇总表每月汇总编制一次

B. 汇总记账凭证是定期汇总、每月填制一张

C. 根据科目汇总表定期登记总账

D. 根据记账凭证定期登记总账

9. 无论是记账凭证账务处理程序，还是科目汇总表账务处理程序、汇总记账凭证账务处理程序，它们在(　　)等方面都有共同之处。

A. 登记日记账依据　　B. 登记明细分类账依据

C. 编制记账凭证依据　　D. 编制会计报表依据

10. 选用何种账务处理程序,应符合以下要求(　　)。

A. 与单位规模大小、业务繁简程度相适应

B. 保证正确、全面、及时、系统地提供会计信息使用者所需要的各种会计信息

C. 保证账务处理各个环节紧密衔接

D. 手续力求简便,有利于节约记账时间

三、判断题

1. 记账凭证账务处理程序是其他各种账务处理程序的基础。(　　)

2. 各种账簿都是直接根据记账凭证进行登记的。(　　)

3. 无论何种账务处理程序,都需要日记账、明细账分别与总账定期核对。(　　)

4. 为了便于编制汇总转账凭证,在编制转账凭证时,其账户的对应关系应是一借一贷或多借一贷。(　　)

5. 采用记账凭证核算程序,不仅可以简化登记总账的工作,而且便于检查和分析经济业务。(　　)

6. 采用科目汇总表核算程序,总账、明细账和日记账都应根据科目汇总表登记。(　　)

7. 账务处理程序不同,现金日记账、银行存款日记账登记的依据不同。(　　)

8. 在规模较大、业务量较多的单位,适合采用记账凭证账务处理程序,因为该处理程序简单明了、方便易学。(　　)

9. 为保证总账与其明细账的记录相符,总账应根据其所属明细账记录转入登记。(　　)

10. 各种账务处理程序之间的区别在于编制会计报表的依据和方法不同。(　　)

业务技术训练

训练一

【训练目的】

训练记账凭证会计核算程序的核算步骤和科目汇总表的编制方法。

【训练资料】

(一)南昌新世界公司 2011 年 7 月 1 日各账户的期初余额如表 11.27:

表 11.27　各账户期初余额表

会计科目	总分类科目		明细分类科目	
	借方余额	贷方余额	借方余额	贷方余额
库存现金	90 000			
银行存款	133 000			
应收账款	15 000			
坏账准备		400		
其他应收款	500			
原材料				
——A 材料	82 985		80 000	
——B 材料			2 985	
生产成本	27 000			
库存商品	81 000			

续表 11.27

会计科目	总分类科目		明细分类科目	
	借方余额	贷方余额	借方余额	贷方余额
预付账款	6 015			
固定资产	719 500			
累计折旧		180 000		
待处理财产损溢	500			
短期借款		150 000		
应付账款				
——C公司		28 400		30 000
——D公司			1 600	
其他应付款		4 100		
应付职工薪酬		7 200		
应交税费		12 900		
应付利息		1 400		
实收资本		532 000		
资本公积		45 000		
盈余公积		169 100		
本年利润		85 000		
利润分配	60 000			
合计	1 215 500	1 215 500		

（二）南昌新世纪公司 2011 年 7 月份发生下列经济业务：

(1) 7 月 2 日，收到国家投资新设备 1 台，原价为 400 000 元。

(2) 7 月 2 日，从银行取得短期借款 500 000 元，该款已存入银行。

(3) 7 月 3 日，购入不需要安装设备一台，价值 80 000 元，增值税为 13 600 元，货款和税款已经支付。

(4) 7 月 4 日，向下列供应商采购 A 材料 288 吨，货款和税款尚未支付（增值税税率为 17%）。

D 公司　216 吨　单价　150 元　货款　32 400 元　税款　5 508 元

E 公司　72 吨　单价　150 元　货款　10 800 元　税款　1 836 元

(5) 7 月 5 日，采购员李强预借差旅费 1 000 元以现金支付。

(6) 7 月 6 日，用现金支付采购 A 材料的运输费 14 400 元。

(7) 7 月 7 日，用银行存款支付前欠 A 材料货款和税款。

(8) 7 月 8 日，采购员李强回来报销差旅费 800 元，余款退回。

(9) 7 月 9 日，上述采购的 A 材料已验收入库。

(10) 7 月 10 日，领用 A 材料和 B 材料如表 11.28 所示：

表 11.28 材料采购表

材料名称 / 材料用途	A材料		B材料		金额合计
	数量(吨)	金额(元)	数量(吨)	金额(元)	
产品生产耗用					
其中:甲产品	108	21 600	10	100	21 700
乙产品	54	10 800	15	150	10 950
车间一般耗用			20	200	200
管理部门耗用			25	250	250
合计	162	32 400	70	700	33 100

(11) 7月11日,计算本月工资如表11.29所示:

表 11.29 工资表

工资	金额
生产工人工资	
甲产品生产工人工资	8 000元
乙产品生产工人工资	4 000元
车间管理人员工资	5 000元
公司行政管理人员的工资	9 000元
合计	26 000元

(12) 7月12日,提取现金26 000元,并发放工资。

(13) 7月14日,用现金购买办公用品1 200元,其中公司行政部门办公用品费400元,车间办公用品费800元。

(14) 7月15日,以银行存款支付电话费600元。

(15) 7月16日,用银行存款支付短期借款利息150元。

(16) 7月17日,销售甲产品50件给E公司,每件售价为1 000元,销售乙产品100件给F公司,每件售价为800元。E公司的货款和税款已经存入银行,F公司的货款和税款尚欠(增值税税率17%)。

(17) 7月18日,以银行存款支付广告费、展览费共计2 000元。

(18) 7月19日,让售B材料200吨给G公司,价款为4 200元,增值税714元,价款和税款尚未收到。

(19) 7月20日,结转上述B材料的成本2 000元。

(20) 7月21日,取得罚款收入10 000元,列入营业外收入。

(21) 7月22日,以银行存款3 000元赞助某福利院。

(22) 7月23日,将固定资产盘亏损失500元,批准为营业外支出。

(23) 7月24日,收到I公司预付购买乙产品的货款30 000元,存入银行。

(24) 7月25日,用银行存款支付会计师事务所审计费4 000元。

(25) 7月27日,将本月发生的制造费6 000元转入"生产成本",其中甲产品为4 000元,乙产品为2 000元。

(26) 7月31日,将本月发生的费用结转"本年利润"。

(27) 7月31日,将本月发生的收入结转"本年利润"。

(28) 7月31日,计算并结转本月应交所得税费用。

【训练要求】

根据上述资料,按科目汇总表(每半个月汇总一次)账务处理程序进行会计核算。

第十二章　会计工作组织

学习目标

了解科学地组织会计工作的重要意义；明确我国的会计法规体系、会计机构、会计人员、会计电算化等基本内容。

第一节　会计工作组织概述

一、会计工作组织的意义

（一）会计工作组织的概念

为使会计工作正常、高效地运行，各单位必须科学地组织会计工作。

会计工作组织是建立会计系统、设计会计政策和制度，以及系统内部部门和人员之间的分工与协调。会计是经济管理的重要组成部分，因此，一个单位要搞好经济管理，就必须建立会计系统。会计系统不仅要有会计机构、会计人员，而且还应有会计政策和会计法规制度，只有这样，会计系统才能有效和规范地运行；会计系统仅此并不够，还必须考虑环境——有关部门之间、人员之间的分工与协调，只有在分工恰当、明确与协调的情况下，系统才能更好地工作，从而保证会计任务的圆满完成。

（二）会计工作组织的意义

会计工作的恰当组织是完善会计工作，保证会计工作质量与效率，充分发挥会计作用的前提条件。其主要意义如下所述：

1. 为会计工作的开展与有效进行提供前提条件

会计工作的开展必须有会计机构和人员，即使不具备设置会计机构条件的单位，也必须配备专职的会计人员，以保证单位会计核算与监督工作的正常进行。

2. 为会计工作提供基本依据与规范

会计工作组织的内容包括会计政策和制度的设计，如会计的原则、程序和方法等，从而使得会计工作对问题的处理有了基本依据和规范。

3. 有利于国家方针政策和财经纪律的贯彻执行

会计系统的建立,根据单位规模和管理要求,一直可分层延伸到班、组和个人,因此会计系统对国家方针政策和财经纪律、会计核算思想、会计管理要求都可得到有效贯彻,强化经济核算和经济责任。

4. 有利于核算质量和效率的提高,保证会计信息的真实可靠、内容完整

会计政策和制度的设计应遵循内部牵制原则,即一笔经济业务的处理必须由两位或两位以上的人员来完成,加之部门间、人员间的合理分工与协调,从而保证向会计信息需求者提供有用、可靠和内容完整的会计信息。

二、会计工作组织的原则

1. 会计工作组织必须符合国家对会计工作的统一要求

组织会计工作应遵守会计法、企业会计准则和企业会计制度等法律法规的规定,服从国家对会计工作的统一要求。

2. 会计工作组织必须适应本单位的特点

组织会计工作必须适应本单位经营管理的特点。要根据单位规模的大小和业务量的多少来确定会计机构的设置和会计人员的配备,既要体现内部控制的要求,又要避免人浮于事、效率低下。

3. 会计工作组织必须符合精简节约原则

组织会计工作要考虑会计工作活动的经济性,在兼顾内部控制和保证质量的前提下,应尽量减少不必要的成本支出,充分体现会计工作的效益性原则。

三、会计工作组织的形式

会计工作组织的形式,按照部门之间会计工作分工方式的不同,可分为集中核算和非集中核算两种。

1. 集中核算

集中核算是指企业的主要会计工作集中于企业财会部门,其总分类核算、明细分类核算以及会计报表的编制都由会计部门集中办理的一种会计核算组织方式。在这种核算方式下,企业内部各业务部门(如工厂内部的车间、班组、商店内部的营业柜组等)一般不进行单独核算,只对所发生的经济业务办理原始凭证和某些原始凭证的汇总工作,并定期将原始凭证和汇总凭证送交会计部门。这种会计核算方式,可以简化核算手续,便于实施电算化,提高工作效率,节省核算费用。中小型企业适宜采用此种形式。

2. 非集中核算

非集中核算,又称分散核算,是指企业内部各业务经营部门对本部门所发生的经济业务直接进行较全面的会计核算,企业财会部门,对所属各级的会计工作实务实行领导、监督和业务指导,分配企业一级的各种费用计入期间费用,汇总各级的会计报表,进行全企业的财务决算的一种会计核算组织方式。非集中核算可以是两级管理,两级核算;也可以是三级管理,三级核算。实行非集中核算的车间、部门,不仅要填制和整理凭证,设置账簿,而且要计算收入和支出,确定盈亏,并定期编制会计报表,报送财会部门。这种会计核算方式适宜于层次分明的大中型企业,以及内部实行承包责任制的企业。

集中核算和非集中核算仅仅是一种相对的划分。一个企业可以对某些业务采用集中核算,而对另一些业务采用非集中核算。究竟采用哪种形式为宜,应根据单位的特点和管理的需要,从有利于强化经营管理,加强经济核算的角度来决定。但企业无论采用哪种形式,企业同银行的往来、债权、债务的结算等业务,都要通过企业会计部门管理。

第二节 我国的会计法规体系

我国会计法规体系采用了法律规范、准则和制度多种形式并举的模式,这既保证了会计规范在法律上的严肃性,也考虑了会计工作在实际运用中的灵活性;既考虑了我国未来会计发展的国际化需要,又兼顾了我国现阶段会计工作实践的国家特色要求,充分体现了我国会计规范建设上原则性与灵活务实性的统一。在目前的会计法规体系中,《会计法》居第一层次,是规范会计组织和会计行为的基本会计法令;《企业会计准则》居第二层次,是以《会计法》为依据制定的指导会计工作的原则规范;《企业会计制度》居第三层次,是以《会计法》和《企业会计准则》为依据制定的会计工作具体规范、程序和方法。

一、中华人员共和国会计法

我国第一部会计法《中华人民共和国会计法》于 1985 年 1 月 21 日由第六届全国人民代表大会常务委员会第九次会议通过,同年 5 月 1 日起施行。为了适应建立社会主义市场经济的要求,1993 年 12 月 29 日,第八届全国人民代表大会常务委员会第五次会议通过了《关于修改〈中华人民共和国会计法〉的决定》,对会计法作了修改。1999 年 10 月 31 日,第九届全国人民代表大会常务委员会第十二次会议根据进一步深化经济体制改革对会计工作提出的新要求,审议通过了重新修订的会计法。重新修订后的会计法,自 2000 年 7 月 1 日起施行。

《会计法》全文共七章五十二条,分为总则;会计核算;公司、企业会计核算的特别规定;会计监督;会计机构和会计人员;法律责任和附则。

第一章总则部分,明确了会计法的立法目的、适用范围、设账要求、单位负责人的基本职责、会计机构及会计人员的职责和权利、对会计人员的奖励、会计工作监管体制、会计制度制定体制。

第二章会计核算部分,主要规定了会计核算的基本要求、会计核算的内容、会计年度、记账本位币、会计凭证、会计账簿、账目核对、会计处理方法、或有事项的披露、财务会计报告、会计记录文字、会计档案管理。

第三章公司、企业会计核算的特别规定部分,主要规定了两方面的问题:其一是公司、企业的会计确认、计量、记录,会计要素的基本要求;其二是公司、企业会计核算的禁止性规定。

第四章会计监督部分,主要规定了五个方面的问题:单位内部会计监督制度;相关人员在单位内部会计监督中的职责;对违反《会计法》行为的检举;会计工作的社会监督;会计工作的国家监督。

第五章会计机构和会计人员部分，主要规定了七个方面的内容：企业会计机构设置；总会计师的设置；会计机构内部稽核制度和内部牵制制度；会计人员从业资格；会计机构负责人的任职资格；会计人员业务培训与教育；会计人员调离与接管人员应办清的交接手续及交接手续的监交规定。

第六章法律责任部分，主要规定了违反会计法应追究的行政及刑事责任。

第七章附则部分，主要规定了是对单位负责人、国家统一的会计制度等用语进行解释，并明确了《会计法》的实施日期。

二、企业会计准则

企业会计准则是指财政部于 2006 年 2 月 15 日发布的 39 项会计准则，包括修订的 1992 年发布的基本准则和 38 项具体准则。目前的企业会计准则体系由三部分内容构成：一是基本准则，二是 38 项具体准则，三是会计准则应用指南。这三方面既相对独立，又互为关联，构成统一整体。

（一）基本准则

基本准则在整个会计准则体系中占据主导地位，起着统揽全局的作用，主要对会计核算的一般要求和会计核算的主要方面作出原则性的规定，为具体会计准则和会计准则应用指南的制定提供基本框架。基本准则主要就会计核算的目标、会计假设、会计信息质量要求、会计要素的定义及其确认原则、会计要素的计量方法、财务会计报告等内容作出一般要求。

（二）具体准则

具体准则是根据基本准则的内容规定具体交易或事项的会计处理。具体准则分为一般业务准则、特殊行业特定业务准则和报告准则三大类。

（1）一般业务准则，主要规范各类企业普遍适用的一般经济业务的确认和计量要求，如存货、长期股权投资、投资性房地产、固定资产、无形资产等。

（2）特殊行业特定业务准则，主要规范特殊行业特定业务的确认和计量要求，如生物资产、套期保值、原保险合同、再保险合同、石油天然气开采等。

（3）报告准则，主要规范普遍适用于各类企业的通用财务报告的编制要求，如资产负债表日后事项、财务报表列报、现金流量表、中期财务报告等。

（三）会计准则应用指南

会计准则应用指南主要解决具体准则的应用问题，是对具体准则的补充，是具体准则的操作指南。主要针对具体准则的重点、难点和疑点加以说明、解释和补充。是为了解决具体准则的应用问题而作的说明。

三、企业会计制度

国家统一的会计制度是指国务院财政部门根据《会计法》制定的关于会计核算、会计监督、会计机构和会计人员以及会计工作管理的制度，包括规章和规范性文件。会计规章是根据《立法法》规定的程序，由财政部制定，并由部门首长签署命令予以公布的制度办法。会计规范性文件是指主管全国会计工作的行政部门即国务院财政部门制定并发布的各种核算制度及办法。

我国会计制度一般分为企业会计制度和预算会计制度两大类。企业会计制度主要指以营利为目的的生产、经营、服务业务的企业法人进行的会计核算规范。预算会计制度主要规范行政、事业单位的会计核算工作。

财政部从 1992 年起陆续颁发的分行业会计制度包括以下几个部分：总说明；会计科目，包括会计科目表、会计科目使用说明；会计报表，包括会计报表种类和格式、会计报表编制说明；主要会计事项分录举例。

此外，财政部于 2000 年 12 月 29 日发布了适用于不同行业和不同经济成分的《企业会计制度》，自 2001 年 1 月 1 日起暂在股份有限公司范围内执行。2001 年 11 月 27 日，颁布了《金融企业会计制度》，自 2002 年 1 月 1 日起暂在上市的金融企业范围内实施。2004 年 4 月 27 日颁布了《小企业会计制度》，自 2005 年 1 月 1 日起在小企业范围内执行。2004 年 8 月 18 日颁布了《民间非营利组织会计制度》，自 2005 年 1 月 1 日起在全国民间非营利组织范围内全面实施。2004 年 9 月 30 日颁布了《村集体经济组织会计制度》，自 2005 年 1 月 1 日起在村集体经济组织执行等。

上述这些会计制度的建立，进一步完善了我国的会计制度，规范了各类企业的会计核算工作，有利于提高会计信息质量。

第三节　会计机构及其管理职责

一、会计机构

（一）会计工作的主管部门

2000 年 7 月 1 日起施行的修订后的《中华人民共和国会计法》明确规定：国务院财政部门主管全国的会计工作。县级以上地方各级人民政府财政部门管理本行政区域内的会计工作。为此，财政部设有会计事务管理专职机构。该机构的主要职责是，负责制定和组织实施全国性的会计法令、规章、准则和制度；负责了解、检查会计工作情况，总结交流会计工作经验，研究、拟订和改进会计工作的措施，制定全国会计人员的业务培训规划，管理全国会计人员的技术职称工作等。各省、市、自治区的财政部门一般也设有相应的会计事务管理办事机构，管理本地区的会计工作。中央和地方的各级业务主管部门一般也设有财务会计机构，负责管理本单位的会计工作。所以，我国会计工作在管理体制上实行“统一领导，分级管理”的原则。

（二）会计机构的设置

会计机构是直接从事和组织领导会计工作的职能部门。建立和健全各单位的会计机构是保证会计工作正常进行、充分发挥会计管理作用的重要条件。企业、事业、机关、团体等单位会计机构的设置，必须满足社会经济对会计工作的要求，并且应与国家的会计管理体制相适应。各个企业、行政事业单位原则上都必须设立专职的会计工作机构。由于会计工作与财务工作都是综合性的经济管理工作，它们的关系十分密切。在我国实际工作中，通常把处理财务和会计工作的机构合并为一个部门，称为财务处、科、股、组等，具体视企业、单位组织规模大小而定。设置合理的会计机构，建立健全会计工作岗位责任制，对每一项会计工作都应定人定岗，专人负责。对会计工作的管理分工，还必须体现内部牵制制度的要求，建立稽核制度，有利于防止和发现工作中的差错和失误。

除上述情况外，我国有关法规还规定：

(1) 不具备单独设置会计机构条件的单位，应在有关机构中配备专职会计人员，并指定会计主管人员。

(2) 没有设置会计机构和配备专职会计人员的单位，应当委托经批准设立从事会计代理记账业务的中介机构，如会计师事务所或者持有代理记账许可证的其他代理记账机构进行代理记账。

二、单位内会计机构的管理职责

单位内会计机构应当根据国家会计法律、法规、规章和制度的规定，结合本单位经营管理和业务管理的特点及要求而制定的旨在规范单位内部会计管理活动的制度、措施和办法。各单位内部的会计机构制定本单位的内部会计管理制度应当遵循合法性、适应性、规范性、科学性等原则。

(一) 本机构的行政管理

1. 建立完善单位内部会计管理体系

其主要内容包括：

(1) 明确单位领导人对会计工作的领导职责；

(2) 明确总会计师对会计工作的领导职责；

(3) 明确会计机构以及会计机构负责人(或主要会计人员)的职责；

(4) 明确会计机构与其他职能机构的分工与关系；

(5) 确定单位内部的会计核算组织形式。

2. 建立完善会计人员岗位责任制度

其主要内容包括：

(1) 设置会计人员的工作岗位；

(2) 制定会计工作岗位的职责和标准；

(3) 明确会计工作岗位的人员和具体分工；

(4) 制定会计工作岗位轮换办法；

(5) 制定会计工作岗位的考核办法。

(二) 本机构的会计业务管理

1. 建立完善账务处理程序制度

其主要内容包括:会计科目及其明细科目的设置和使用;会计凭证的格式、审核要求和传递程序;会计核算方法;会计账簿的设置;编制会计报表的种类和要求;单位会计指标体系。

2. 建立完善内部牵制制度

其主要内容包括:内部牵制制度的原则;组织分工;出纳岗位的职责和限制条件;有关岗位的职责和权限。

3. 建立完善稽核制度

其主要内容包括:稽核工作的组织形式和具体分工;稽核工作的职责、权限;审核会计凭证和复核会计账簿、会计报表的方法。

4. 建立完善原始记录管理制度

其主要内容包括:原始记录的内容和填制方法;原始记录的格式;原始记录的审核;原始记录填制人的责任;原始记录签署、传递、汇集要求。

5. 建立完善定额管理制度

其主要内容包括:定额管理的范围;制定和修订定额的依据、程序和方法;定额的执行;定额考核和奖惩办法等。

6. 建立计量验收制度

其主要内容包括:计量检测手段和方法;计量验收管理的要求;计量验收人员的责任和奖惩办法。

7. 建立完善财产清查制度

其主要内容包括:财产清查的范围;财产清查的组织;财产清查的期限和方法;对财产清查中发现问题的处理办法;对财产管理人员的奖惩办法。

8. 建立完善财务收支审批制度

其主要内容包括:财务收支审批人员和审批权限;财务收支审批程序;财务收支审批人员的责任。

9. 建立完善成本核算制度

其主要内容包括:成本核算的对象;成本核算的方法和程序;成本分析等。

10. 建立完善财务会计分析制度

其主要内容包括:财务会计分析的主要内容;财务会计分析的基本要求和组织程序;财务会计分析的具体方法;财务会计分析报告的编写要求等。

(三) 本机构的人力资源管理

为了充分发挥会计的职能作用,完成会计工作任务,各企业、事业、机关单位的会计机构,都必须根据实际需要合理配备会计人员。为了充分调动会计人员的工作积极性,国家规定了会计人员的职责,并赋予相应的权限,对符合规定条件的还授予专业技术职称。

1. 会计人员从业资格

《会计从业资格管理办法》规定,凡在国家机关、社会团体、公司、企业、事业单位和其他组织(以下统称单位)从事下列会计工作的人员必须取得会计从业资格:会计机构负责人(会计主管人员);出纳;稽核;资本、基金核算;收入、支出、债权债务核算;工资、成本费用、财务成果核算;财产物资的收发、增减核算;总账;财务会计报告编制;会计机构内会计档案管理。各单位不得任用(聘用)不具备会计从业资格的人员从事会计工作。不具备会计从业资格的人员,不得从事会计工作,不得参加会计专业技术资格考试或评审、会计专业职务的聘任,不得申请取得会计人员荣誉证书。

(1) 会计从业资格的管理体制

会计从业资格证书的管理体制,主要实行属地管理原则。由县级以上财政部门会计管理机构按照属地原则进行所辖范围内的会计人员从业资格管理。同时考虑到我国国情和管理工作的实际需要,个别中央业务主管部门,经财政部授权,负责所辖部门或系统的会计从业资格管理,包括发证、年检、继续教育等。

(2) 会计从业资格的取得

申请参加会计从业资格考试的人员,应当符合下列基本条件:

① 遵守会计和其他财经法律、法规;

② 具备良好的道德品质;

③ 具备会计专业基础知识和技能。

因有《会计法》第四十二条、第四十三条、第四十四条所列违法情形,被依法吊销会计从业资格证书的人员,自被吊销之日起5年内(含5年)不得参加会计从业资格考试,不得重新取得会计从业资格证书。因有提供虚假财务会计报告,做假账,隐匿或者故意销毁会计凭证、会计账簿、财务会计报告,贪污、挪用公款,职务侵占等与会计职务有关的违法行为,被依法追究刑事责任的人员,不得参加会计从业资格考试,不得取得或者重新取得会计从业资格证书。

会计从业资格考试科目为:财经法规与会计职业道德、会计基础、初级会计电算化(或者珠算五级)。申请人符合上述基本条件且具备国家教育行政主管部门认可的中专以上(含中专,下同)会计类专业学历(或学位)的,自毕业之日起两年内(含两年),免试会计基础、初级会计电算化(或者珠算五级)。《办法》中明确规定会计类专业包括:会计学、会计电算化、注册会计师专门化、审计学、财务管理、理财学。

会计从业资格考试全科合格的申请人,可以向会计从业资格管理机构申请会计从业资格证书。会计从业资格管理机构作出准予颁发会计从业资格证书的决定,应当自作出决定之日起10日内向申请人颁发会计从业资格证书。会计从业资格证书是具备会计从业资格的证明文件,在全国范围内有效。持有会计从业资格证书的人员(以下简称"持证人员")不得涂改、转让会计从业资格证书。

(3) 会计从业资格的注册登记

持证人员从事会计工作,应当自从事会计工作之日起90日内,填写注册登记表,并持会计从业资格证书和所在单位出具的从事会计工作的证明,向单位所在地或所属部门、系统的会计从业资格管理机构办理注册登记。持证人员离开会计工作岗位超过6个月的,应当填写注册登记表,并持会计从业资格证书,向原注册登记的会计从业资格管理机构备案。

持证人员在同一会计从业资格管理机构管辖范围内调转工作单位,且继续从事会计工作的,应当自离开原工作单位之日起90日内,填写调转登记表,持会计从业资格证书及调入单位开具的从事会计工作的证明,办理调转登记。

持证人员在不同会计从业资格管理机构管辖范围调转工作单位,且继续从事会计工作的,应当填写调转登记表,持会计从业资格证书,及时向原注册登记的会计从业资格管理机构办理调出手续;并自办理调出手续之日起 90 日内,持会计从业资格证书、调转登记表和调入单位开具的从事会计工作证明,向调入单位所在地区的会计从业资格管理机构办理调入手续。会计从业资格管理机构应当建立持证人员从业档案信息系统,及时记载、更新持证人员下列信息:

① 持证人员相关基础信息和注册、变更、调转登记情况;

② 持证人员从事会计工作情况;

③ 持证人员接受继续教育情况;

④ 持证人员受到表彰奖励情况;

⑤ 持证人员因违反会计法律、法规、规章和会计职业道德被处罚情况。

持证人员的学历或学位、会计专业技术职务资格以及上述第①至第⑤项内容发生变更的,可以持相关有效证明和会计从业资格证书,向所属会计从业资格管理机构办理从业档案信息变更。

持证人员应当接受继续教育,提高业务素质和会计职业道德水平。持证人员每年参加继续教育不得少于 24 小时。

(4) 会计从业资格的监督检查

会计从业资格管理机构应当对下列情况实施监督检查:

① 从事会计工作的人员持有会计从业资格证书并注册登记情况;

② 持证人员从事会计工作和执行国家统一的会计制度情况;

③ 持证人员遵守会计职业道德情况;

④ 持证人员接受继续教育情况。

会计从业资格管理机构在实施监督检查时,持证人员应当如实提供有关情况和材料,各有关单位应当予以配合。

2. 会计人员职业道德

会计职业道德是指在会计职业活动中应当遵循的,体现会计职业特征的,调整会计职业关系的职业行为准则和规范。会计职业道德规范的主要内容包括:

(1) 爱岗敬业。要求会计人员热爱会计工作,安心本职岗位,忠于职守,尽心尽力,尽职尽责。

(2) 诚实守信。要求会计人员做老实人,说老实话,办老实事,执业谨慎,信誉至上,不为利益所诱惑,不弄虚作假,不泄露秘密。

(3) 廉洁自律。要求会计人员公私分明、不贪不占、遵纪守法、清正廉洁。

(4) 客观公正。要求会计人员端正态度,依法办事,实事求是,不偏不倚,保持应有的独立性。

(5) 坚持准则。要求会计人员熟悉国家法律、法规和国家统一的会计制度,始终坚持按法律、法规和国家统一的会计制度的要求进行会计核算,实施会计监督。

(6) 提高技能。要求会计人员增强提高专业技能的自觉性和紧迫感,勤学苦练,刻苦钻研,不断进取,提高业务水平。

(7) 参与管理。要求会计人员在做好本职工作的同时,努力钻研相关业务,全面熟悉本单位经营活动和业务流程,主动提出合理化建议,协助领导决策,积极参与管理。

(8) 强化服务。要求会计人员树立服务意识,提高服务质量,努力维护和提升会计职业的良好社会形象。

小思考

会计职业道德与会计法律制度的主要区别有哪些?

思考提示

可以从性质、作用范围、表现形式、保障机制等方面进行分析。

(四)本机构的会计档案管理

会计档案是指会计凭证、会计账簿和财务报告等会计核算专业材料,是记录和反映单位经济业务的重要史料和证据。具体包括:

(1) 会计凭证类:原始凭证,记账凭证,汇总凭证,其他会计凭证。

(2) 会计账簿类:总账,明细账,日记账,固定资产卡片,辅助账簿,其他会计账簿。

(3) 财务报告类:月度、季度、年度财务报告,包括会计报表、附表、附注及文字说明,其他财务报告。

(4) 其他类:银行存款余额调节表,银行对账单,其他应当保存的会计核算专业资料,会计档案移交清册,会计档案保管清册,会计档案销毁清册。

各单位必须加强对会计档案管理工作的领导,建立会计档案的立卷、归档、保管、查阅和销毁等管理制度,保证会计档案妥善保管、有序存放、方便查阅,严防毁损、散失和泄漏。

各单位每年形成的会计档案,应当由会计机构按照归档要求,负责整理立卷,装订成册,编制会计档案保管清册。当年形成的会计档案,在会计年度终了后,可暂由会计机构保管一年,期满之后,应当由会计机构编制移交清册,移交本单位档案机构统一保管;未设立档案机构的,应当在会计机构内部指定专人保管。出纳人员不得兼管会计档案。采用电子计算机进行会计核算的单位,应当保存打印出的纸质会计档案。具备采用磁带、磁盘、光盘、微缩胶片等磁性介质保存会计档案条件的,由国务院业务主管部门统一规定,并报财政部、国家档案局备案。

移交本单位档案机构保管的会计档案,原则上应当保持原卷册的封装。个别需要拆封重新整理的,档案机构应当会同会计机构和经办人员共同拆封整理,以分清责任。

各单位应当建立健全会计档案查阅、复制登记制度。保存的会计档案不得借出,如有特殊需要,经本单位负责人批准,可以提供查阅或者复制,并办理登记手续。查阅或者复制会计档案的人员,严禁在会计档案上涂画、拆封和抽换。

会计档案的保管期限分为永久、定期两类。定期保管期限分为3年、5年、10年、15年、25年5类。会计档案的保管期限,从会计年度终了后的第一天算起。保管期满的会计档案,可以按照以下程序销毁:

(1) 由本单位档案机构会同会计机构提出销毁意见,编制会计档案销毁清册,列明销毁会计档案的名称、卷号、册数、起止年度和档案编号、应保管期限、已保管期限、销毁时间等内容。

(2) 单位负责人在会计档案销毁清册上签署意见。

(3) 销毁会计档案时,应当由档案机构和会计机构共同派员监销。国家机关销毁会计档案时,应当由同级财政部门、审计部门派员参加监销。财政部门销毁会计档案时,应当由同级审计部门派员参加监销。

(4) 监销人在销毁会计档案前，应当按照会计档案销毁清册所列内容清点核对所要销毁的会计档案；销毁后，应当在会计档案销毁清册上签名盖章，并将监销情况报告本单位负责人。

但以下情形除外：

(1) 保管期满但未结清的债权债务原始凭证和涉及其他未了事项的原始凭证，不得销毁，应当单独抽出立卷，保管到未了事项完结时为止。单独抽出立卷的会计档案，应当在会计档案销毁清册和会计档案保管清册中列明。

(2) 正在项目建设期间的建设单位，其保管期满的会计档案不得销毁。

第四节　会计电算化

一、会计电算化的意义

会计电算化是把电子计算机和现代数据处理技术应用到会计工作中，是用电子计算机代替手工记账、算账和报账，以及部分代替人脑完成对会计信息的分析、预测、决策的过程，其目的是提高企业会计管理水平和经济效益，从而实现会计工作的现代化。

狭义的会计电算化是指以电子计算机为主体的信息技术在会计工作的应用，具体而言，就是利用会计软件及计算机设备替代手工完成或在手工下很难完成的会计工作过程。广义的会计电算化是指与会计工作电算化有关的所有工作，包括会计电算化软件的开发与应用、会计电算化人才的培训、会计电算化的宏观规划、会计电算化制度建设、会计电算化软件市场的培育与发展等。

目前会计电算化已成为一门融计算机科学、管理科学、信息科学和会计科学为一体的边缘学科，在经济管理的各个领域中处于应用电子计算机的领先地位，正在起着带动经济管理诸领域逐步走向现代化的作用。会计电算化极大地减轻了会计人员的劳动强度，提高了会计工作的效率和质量，促进了会计职能的转变。随着信息技术的快速发展和管理要求的不断提高，会计手工操作正逐步被会计电算化所取代，要满足社会经济发展对会计人才的需要，必须培养和造就大批既掌握计算机基本应用又懂会计业务处理的复合应用性会计人才。

会计电算化的重要意义有以下几点：

1. 减轻财会人员的工作强度，提高会计工作的效率

实现会计电算化后，只要将原始凭证和记账凭证输入计算机，大量的数据计算、分类、存储等工作都可以由计算机自己完成。这样不仅可将财会人员从繁重的记账、算账、报账工作中解放出来，而且由于计算机的计算速度是手工的许多倍，因此大大提高了会计工作效率，使会计信息的提供更加及时。

2. 提高会计工作质量

由于实现了计算机处理，对会计数据来源提出了一系列规范化的要求，在很大程度上解决了手工操作中不规范、易出错、易疏漏等问题，使得会计工作质量不断提高。

3. 促进工作职能的转变和财会人员素质的提高

会计电算化提高了工作效率，会计人员可以有更多的时间和精力参与到企业经营管理中去，从而促进会计工作职能的转变。随着会计电算化的发展，一方面，广大会计人员积极学习计算机知识，掌握计算机基本操作，一部分会计人员还掌握了软件开发技术；另一方面，也使会计人员有了更多的学习机会，从而使广大会计人员的素质随着会计电算化的开展而大大提高。

4. 奠定管理工作全面现代化的基础

一些企业的统计、会计信息占企业管理信息的相当大的比例，而且大多是综合性的指标，实现会计电算化后，就为企业现代化管理手段奠定了重要的基础，就可以带动或加速企业管理现代化的实现。

5. 促进会计工作自身的不断发展

会计电算化不仅是会计核算手段的变革，还会对会计核算的内容与方法，会计核算资料的保存以及会计理论研究等方面产生极大的影响，使会计工作自身进入一个更高的发展阶段。

二、会计电算化的基本功能

早期会计电算化系统所包含的功能非常少，包括工资核算、总账、报表等，主要帮助会计人员完成记账、算账、报账等相对比较简单的基本核算业务。随着信息技术的发展和会计改革的不断深入，越来越新的技术被应用于会计电算化系统，越来越丰富的会计管理理论和方法也不断融入，会计电算化系统功能日益完善。目前，会计电算化系统涵盖供、产、销、人、财、物以及决策分析等企业经济活动的各个领域，基本满足了各行各业会计核算和管理的需要。

由于企业的性质、行业特点以及会计核算和管理需求不同，会计电算化系统所包含的内容不尽相同，因此，其功能结构划分也存在差异。会计电算化系统由财务、购销存、管理分析三大模块组成，每个模块又可以进一步分解为若干子模块。

1. 总账系统

也称账务处理子系统。以凭证为原始数据，通过凭证输入和处理，完成记账和结账、银行对账、账簿查询及打印输出、系统服务和数据管理等工作。同时提供个人往来款、部门、项目核算和管理及现金银行管理等辅助核算的功能。

2. 工资子系统

以职工个人的原始工资数据为基础，完成职工工资的计算，工资费用的汇总和分配，计算个人所得税，查询、统计和打印各种工资表，自动编制工资费用分配转账凭证传递给账务处理子系统等功能。

3. 应收子系统

应收子系统完成对各种应收账款的登记、核销工作；动态反映各客户信息及应收账款信息；进行账龄分析和坏账估计；提供详细的客户和产品的统计分析，帮助会计人员有效地管理应收款。

4. 应付子系统

应付子系统完成对各种应付账款的登记、核销以及应付账款的分析预测工作；及时分析各种流动负债的数额及偿还流动负债所需的资金；提供详细的客户和产品的统计分析，帮助会计人员有效地管理应付款。

5. 固定资产子系统

主要是对设备进行管理，即存储和管理固定资产卡片，灵活地进行增加、删除、修改、查询、打印、统计与汇总；进行固定资产变动的核算，输入固定资产增减变动或项目内容变化的原始凭证后，自动登记固定资产明细账，更新固定资产卡片；完成计提折旧和分配，产生“折旧计提及分配明细表”、“固定资产综合指标统计表”等，费用分配转账凭证可自动转入账务处理子系统。

6. 成本子系统

根据成本核算的要求，通过用户对成本核算对象的定义，对成本核算方法的选择，以及对各种费用分配方法的选择，自动对从其他系统传递的数据或用户手工录入的数据汇总计算，输出用户需要的成本核算结果或其他统计资料。进行成本分析和成本预测，以满足会计核算的事前预测、事中控制和事后分析需要。

7. 资金管理子系统

实现对资金管理的需求，以银行提供的单据、企业内部单据、凭证等为依据，记录资金业务以及其他涉及资金管理方面的业务；处理对内、对外的收款、付款、转账等业务；提供逐笔计息管理功能，实现每笔资金的管理；提供各单据的动态查询情况以及各类统计分析报表。

8. 报表子系统

根据会计核算数据完成各种会计报表的编制与汇总工作；生成各种内部报表、外部报表及汇总报表；根据报表数据生成各种分析表和分析图等。随着网络技术的发展，报表子系统能够利用现代网络通信技术，为行业型、集团型用户解决远程报表的汇总、数据传输、检索查询和分析处理等功能，既可用于主管单位又可用于基层单位，支持多级单位逐级上报、汇总的应用。

9. 采购子系统

根据企业采购业务管理和采购成本核算的实际需要，制定采购计划，对采购订单、采购到货以及入库状况进行全程管理，为采购部门和财务部门提供准确及时的信息，辅助管理决策。

10. 存货子系统

针对企业存货的收发存业务进行核算，掌握存货的耗用情况，及时准确地把各类存货成本归集到各成本项目和成本对象上，为企业的成本核算提供基础数据；动态反映存货资金的增减变动，提供存货资金周转和占用的分析，为降低库存，减少资金积压，加速资金周转提供决策依据。

11. 销售子系统

以销售业务为主线，兼顾辅助业务管理，实现销售业务管理与核算一体化。销售子系统一般和存货中的产成品核算相联系，实现对销售收入、销售成本、销售费用、销售税金、销售利润的核算；生成产成品收发结存汇总表等表格；生成产品销售明细账等账簿；自动编制机制凭证供账务处理子系统使用。

12. 决策支持子系统

利用现代计算机、通信技术和决策分析方法，通过建立数据库和决策模型，利用模型向企业的决策者提供及时、可靠的财务、业务等信息，帮助决策者对未来经营方向和目标进行量化分析和论证，从而对企业生产经营活动做出科学的决策。

13. 财务分析子系统

从会计数据库中提取数据，运用各种专门的分析方法对财务数据做进一步的加工，生成各种分析和评价企业财务状况和经营成果的信息；编制预算和计划，并考核预算计划的执行情况。

14. 领导查询子系统

领导查询子系统企业管理人员科学、实用、有效地进行企业管理和决策的重要帮手。它可以从各子系统中提取数据，并将数据进一步加工、整理、分析和研究，按照领导的要求提取有用信息（如费用分析表、计划执行情况报告、信息统计表、部门收支分析表等），并以最直观的表格和图形显示。在网络计算机会计电算化系统中，领导还可以在自己办公室的计算机中及时、全面了解企业的财务状况和经营成果。

会计电算化系统是作为一个整体设计的，因此构成其功能要素的上述各子系统既相互独立又相互依赖。一方面，作为独立的子系统，它们有着各自的目标和任务；另一方面，各子系统之间又相互联系，存在着复杂的数据传递关系。子系统间的这种数据传递主要表现为各个子系统向账务处理子系统传递与各自核算有关的各类凭证，账务处理子系统统一进行总账的登记及结账等数据处理后，将有关核算结果提供给相应子系统，由报表子系统完成报表编制和输出等。

小 思 考

如果小型企业开展会计算化工作，应至少具备哪些子系统？

思考提示

小型企业具有规模小、经济业务单一、会计核算要求低等特点，因此其开展会计电算化工作相对来说比较简单。

三、会计电算化的组织管理

（一）会计电算化的宏观管理

会计电算化宏观管理是指国家各级财政部门、业务主管部门对全国和本地区、本系统的会计电算化及其相关工作的组织领导和管理。根据《会计电算化管理办法》的有关规定，我国财政部管理全国的会计电算化工作，地方各级财政部门管理本地区的会计电算化工作。财政部门管理会计电算化工作的基本内容是：

（1）会计电算化发展规划，并组织实施；

（2）会计电算化管理规章及专业标准、规范，并组织实施；

（3）会计核算软件，引导会计核算软件质量不断提高；

（4）管理会计电算化人才培训工作；

（5）总结、交流、推广会计电算化经验，指导基层单位开展会计电算化工作。

（二）会计电算化的微观管理

会计电算化微观管理是指各基层单位在国家会计电算化管理制度、标准和规范指导下，对本单位的会计电算化工作进行的组织和管理。

1. 会计电算化工作的组织

会计电算化工作的组织是指实行会计电算化后单位内部组织机构的调整以及各项职能、职责的重新划分。各单位实现会计电算化以前的会计组织机构是为适应手工会计的核算方式而组织的;实现会计电算化以后,整个会计工作的业务流程、核算方法、内部分工和对会计人员的素质要求都将发生很大的变化。因此,原有的组织机构也需要进行相应的调整,以适应会计电算化工作的要求。各单位应结合自身的性质、经营规模、管理模式、会计业务要求等因素,进行会计电算化的组织机构设计。一般而言,会计电算化后的组织机构有集中管理的信息中心形式和分散管理的组织形式两种。

2. 会计电算化人员的培训管理

加强会计电算化人才的培训是促进我国会计电算化事业发展的重要手段。会计电算化是一门新兴的边缘学科,它涉及到财会理论与实务、计算机、通讯技术、管理科学、信息系统开发技术等。因此,大力抓好会计电算化人才的选拔和培训工作,造就一批高素质的会计电算化领导人员、会计软件开发人员、使用维护人员和现代化会计管理人员,是保证会计电算化工作顺利进行的前提条件。

3. 会计电算化的内部管理制度

财政部制定的《会计电算化工作规范》提出:"开展会计电算化的单位应根据工作需要,建立、健全包括会计电算化岗位责任制、会计电算化操作管理制度、计算机硬软件和数据管理制度、电算化会计档案管理制度的会计电算化内部管理制度,保证会计电算化工作的顺利开展。"

会计电算化内部管理是指对已建立的会计电算化系统进行全面管理,以保证系统安全、正常地运行,是保证会计电算化有序进行的重要措施。会计电算化内部管理制度包括:

(1) 会计电算化岗位责任制的建立

岗位责任制主要是对会计人员的管理,建立岗位责任制要体现"责、权、利"相结合的原则。通过岗位责任制的制定,明确每个工作岗位的职责范围,切实做到事事有人管,人人有专责,分工协作,内部牵制,充分发挥系统的运行效益。

(2) 日常操作管理

会计电算化操作管理是指对电算化会计系统操作运行过程中的控制和管理工作。实现会计电算化后,会计核算工作是由会计人员通过计算操作来完成的。在操作过程中,操作失误会影响系统内会计资料的破坏或丢失。因此,只有制定并执行规范的日常操作管理制度,才能保证会计电算化系统的正常运行,完成会计核算工作,保证会计信息的安全和完整。如果操作管理制度不健全,就会给各种非法舞弊行为以可乘之机。

(3) 计算机硬件和软件系统的维护管理

计算机硬件的维护是指在系统运行过程中,出现硬件故障时的检查修复以及在设备更新、扩充、修复后的调试等工作。软件维护是指在软件操作过程中出现错误或故障时进行的排除修复工作和单位会计工作发生变化时进行的软件修改工作。

(4) 会计档案管理

会计电算化系统档案是会计电算化工作的产物,是经济活动的历史资料。为了保证会计电算化系统连续有效运行,保证会计电算化系统内数据的安全完整,必须加强会计电算化系统档案的管理工作。会计电算化系统档案管理工作是重要的基础工作,要严格按照财政部有关规定的要求对会计档案进行管理,由专人负责。会计电算化系统档案管理的主要任务是搜集整理应入档的软件资料和会计资料，保管和利用好这些资料，按照保管期限有效地保存这些资料。根据会计档案的双重性，对电算化会计档案的管理要做好防磁、防火、防潮和防尘工作。对重要的会计档案应至少准备双份，存放在两个不同地点。

本章小结

会计工作的组织，主要是通过设置会计机构，配备会计人员，制定与执行会计规章制度，实施与改进会计工作的技术手段，进行会计工作与其他经济管理工作间的协调，形成一个高效运行的会计工作体系。科学合理地组织会计工作，具有重要的意义。从事会计工作的人员必须取得会计从业资格证书，遵循会计职业道德规范。

各单位应根据会计业务的需要设置会计机构，配备专职会计人员。

会计法规体系中，《会计法》居第一层次，是规范会计组织和会计行为的基本会计法令；《企业会计准则》居第二层次，是以《会计法》为依据制定的指导会计工作的原则规范；《企业会计制度》居第三层次，是以《会计法》和《企业会计准则》为依据制定的会计工作具体规划、程序和方法。

会计电算化以电子计算机与会计软件为主要载体，把当代电子信息处理技术应用于会计工作中，对会计信息整理、加工、分析、检查。会计电算化的完善和发展必将对会计工作的内容、方式、方法、程序以及会计理论的研究等产生深远的影响。

关键概念 会计工作组织集中核算 非集中核算 会计法规体系 会计准则 会计制度 会计职业道德 会计电算化

知识训练

一、单项选择题

1.《中华人民共和国会计法》规定，主管全国会计工作的部门是（ ）。

A. 国务院　　B. 财政部

C. 全国人民代表大会　　D. 中国注册会计师协会

2. 关于会计从业资格管理，下列说法不正确的是（ ）。

A. 从事会计工作的人员必须取得会计从业资格证书

B. 会计从业资格证书是具备会计从业资格的证明文件，在全国范围内有效

C. 会计从业资格考试科目为：财经法规与会计职业道德、会计基础、初级会计电算化（或者珠算五级）

D. 持证人员在同一会计从业资格管理机构管辖范围内调转工作单位，且继续从事会计工作的，应当自离开原工作单位之日起30日内，填写调转登记表，持会计从业资格证书及调入单位开具的从事会计工作的证明，办理调转登记

3. 下列叙述，不正确的是（ ）。

A. 直接从事和组织领导会计的职能部门是会计机构

B. 会计管理电算化是会计电算化的第一个层次

C. 会计电算化已发展成为一门融电子计算机科学、管理科学、信息科学和会计科学为一体的新型科学和实用技术

D. 会计电算化有利于减轻会计人员的劳动强度,提高会计工作效率

4. (　　)是会计从业人员做好本职工作的基础和条件,是最基本的道德素质。

A. 爱岗敬业　B. 诚实守信　C. 参与管理　D. 强化服务

5. 定期检查会计人员遵守职业道德的情况的单位不包括(　　)。

A. 财政部门　B. 业务主管部门　C. 各单位　D. 审计部门

6. 我国现行《会计法》自(　　)实施。

A. 2000 年元月 1 日 B. 2000 年 7 月 1 日 C. 1999 年元月 1 日 D. 1999 年 7 月 1 日

7. “说老实话,办老实事”体现哪种会计职业道德(　　)。

A. 爱岗敬业　B. 客观公正　C. 坚持原则　D. 诚实守信

8. 会计人员对于工作中获知的商业秘密应依法保密,不得泄露,这是会计职业道德规范中(　　)的具体体现。

A. 诚实守信　B. 廉洁自律　C. 客观公正　D. 坚持准则

9. 会计电算化系统由三个基本模块组成,下列哪个不包括其中(　　)。

A. 财务　B. 购销存　C. 决策支付　D. 管理分析

10. 会计电算化系统中,下列哪个子系统是最核心的?(　　)。

A. 账务处理系统　B. 应收应付系统　C. 成本计算系统　D. 财务报表系统

二、判断题

1. 会计专业毕业的学生申请会计人员从业资格证书可以免试直接获取。(　　)

2. 会计电算化是一门融电子计算机科学、管理科学、信息科学和会计科学为一体的新型科学和实用技术。(　　)

3. 会计工作的组织形式可以分为集中核算与非集中核算两种类型。(　　)

4. 会计工作岗位可以一人一岗,一人多岗或者一岗多人,但出纳人员不得兼管稽核、会计档案保管和收入、费用、债权债务账目的登记工作。(　　)

5. 任何企业都必须设置总会计师。(　　)

6. “常在河边走,就是不湿鞋”体现了廉洁自律的会计职业道德要求。(　　)

7. 会计职业道德的遵循主要依靠会计人员的自觉性,具有很强的自律性。(　　)

8. 持有会计从业资格证书的人员每年参加继续教育不得少于 48 小时。(　　)

9. 我国会计法规体系采用了法律规范和会计准则两种形式并存的模式。(　　)

10. 计算机硬件和软件系统的维护管理是会计电算化内部管理的重要组成部分。(　　)

三、思考题

1. 简述组织会计工作的意义和原则。

2. 简述集中核算和非集中核算形式的含义及适用范围。

3.《中华人民共和国会计法》的基本内容包括哪些方面?

4.《企业会计准则》的体系包括哪些方面?

5. 影响会计机构设置的主要因素是什么?

6. 从事哪些会计工作必须取得会计从业资格?

7. 会计职业道德的基本内容是什么?

8. 企业开展会计电算化的意义是什么?

9. 会计电算化系统的基本功能包括哪几个方面?

10. 财政部门管理会计电算化工作的基本任务是什么?

附录一　中华人民共和国会计法

（1985 年 1 月 21 日第六届全国人民代表大会常务委员会第九次会议通过，根据 1993 年 12 月 29 日第八届全国人民代表大会常务委员会第五次会议《关于修改〈中华人民共和国会计法〉的决定》修正，1999 年 10 月 31 日第九届全国人民代表大会常务委员会第十二次会议修订）

第一章　总　　则

第一条　为了规范会计行为，保证会计资料真实、完整，加强经济管理和财务管理，提高经济效益，维护社会主义市场经济秩序，制定本法。

第二条　国家机关、社会团体、公司、企业、事业单位和其他组织（以下统称单位）必须依照本法办理会计事务。

第三条　各单位必须依法设置会计账簿，并保证其真实、完整。

第四条　单位负责人对本单位的会计工作和会计资料的真实性、完整性负责。

第五条　会计机构、会计人员依照本法规定进行会计核算，实行会计监督。

任何单位或者个人不得以任何方式授意、指使、强令会计机构、会计人员伪造、变造会计凭证、会计账簿和其他会计资料，提供虚假财务会计报告。

任何单位或者个人不得对依法履行职责、抵制违反本法规定行为的会计人员实行打击报复。

第六条　对认真执行本法，忠于职守，坚持原则，做出显著成绩的会计人员，给予精神的或者物质的奖励。

第七条　国务院财政部门主管全国的会计工作。

县级以上地方各级人民政府财政部门管理本行政区域内的会计工作。

第八条　国家实行统一的会计制度。国家统一的会计制度由国务院财政部门根据本法制定并公布。

国务院有关部门可以依照本法和国家统一的会计制度制定对会计核算和会计监督有特殊要求的行业实施国家统一的会计制度的具体办法或者补充规定，报国务院财政部门审核批准。

中国人民解放军总后勤部可以依照本法和国家统一的会计制度制定军队实施国家统一的会计制度的具体办法，报国务院财政部门备案。

第二章　会 计 核 算

第九条　各单位必须根据实际发生的经济业务事项进行会计核算，填制会计凭证，登记会计账簿，编制财务会计报告。

任何单位不得以虚假的经济业务事项或者资料进行会计核算。

第十条　下列经济业务事项，应当办理会计手续，进行会计核算：（一）款项和有价证券的收付；（二）财物的收发、增减和使用；（三）债权债务的发生和结算；（四）资本、基金的增减；（五）收入、支出、费用、成本的计算；（六）财务成果的计算和处理；（七）需要办理会计手续、进行会计核算的其他事项。

第十一条　会计年度自公历 1 月 1 日起至 12 月 31 日止。

第十二条　会计核算以人民币为记账本位币。

业务收支以人民币以外的货币为主的单位，可以选定其中一种货币作为记账本位币，但是编报的财务会计报告应当折算为人民币。

第十三条 会计凭证、会计账簿、财务会计报告和其他会计资料，必须符合国家统一的会计制度的规定。

使用电子计算机进行会计核算的，其软件及其生成的会计凭证、会计账簿、财务会计报告和其他会计资料，也必须符合国家统一的会计制度的规定。

任何单位和个人不得伪造、变造会计凭证、会计账簿及其他会计资料，不得提供虚假的财务会计报告。

第十四条 会计凭证包括原始凭证和记账凭证。

办理本法第十条所列的经济业务事项，必须填制或者取得原始凭证并及时送交会计机构。

会计机构、会计人员必须按照国家统一的会计制度的规定对原始凭证进行审核，对不真实、不合法的原始凭证有权不予接受，并向单位负责人报告；对记载不准确、不完整的原始凭证予以退回，并要求按照国家统一的会计制度的规定更正、补充。

原始凭证记载的各项内容均不得涂改；原始凭证有错误的，应当由出具单位重开或者更正，更正处应当加盖出具单位印章。原始凭证金额有错误的，应当由出具单位重开，不得在原始凭证上更正。

记账凭证应当根据经过审核的原始凭证及有关资料编制。

第十五条 会计账簿登记，必须以经过审核的会计凭证为依据，并符合有关法律、行政法规和国家统一的会计制度的规定。会计账簿包括总账、明细账、日记账和其他辅助性账簿。

会计账簿应当按照连续编号的页码顺序登记。会计账簿记录发生错误或者隔页、缺号、跳行的，应当按照国家统一的会计制度规定的方法更正，并由会计人员和会计机构负责人（会计主管人员）在更正处盖章。

使用电子计算机进行会计核算的，其会计账簿的登记、更正，应当符合国家统一的会计制度的规定。

第十六条 各单位发生的各项经济业务事项应当在依法设置的会计账簿上统一登记、核算，不得违反本法和国家统一的会计制度的规定私设会计账簿登记、核算。

第十七条 各单位应当定期将会计账簿记录与实物、款项及有关资料相互核对，保证会计账簿记录与实物及款项的实有数额相符、会计账簿记录与会计凭证的有关内容相符、会计账簿之间相对应的记录相符、会计账簿记录与会计报表的有关内容相符。

第十八条 各单位采用的会计处理方法，前后各期应当一致，不得随意变更；确有必要变更的，应当按照国家统一的会计制度的规定变更，并将变更的原因、情况及影响在财务会计报告中说明。

第十九条 单位提供的担保、未决诉讼等或有事项，应当按照国家统一的会计制度的规定，在财务会计报告中予以说明。

第二十条 财务会计报告应当根据经过审核的会计账簿记录和有关资料编制，并符合本法和国家统一的会计制度关于财务会计报告的编制要求、提供对象和提供期限的规定；其他法律、行政法规另有规定的，从其规定。

财务会计报告由会计报表、会计报表附注和财务情况说明书组成。向不同的会计资料使用者提供的财务会计报告，其编制依据应当一致。有关法律、行政法规规定会计报表、会计报表附注和财务情况说明书须经注册会计师审计的，注册会计师及其所在的会计师事务所出具的审计报告应当随同财务会计报告一并提供。

第二十一条 财务会计报告应当由单位负责人和主管会计工作的负责人、会计机构负责人（会计主管人员）签名并盖章；设置总会计师的单位，还须由总会计师签名并盖章。

单位负责人应当保证财务会计报告真实、完整。

第二十二条 会计记录的文字应当使用中文。在民族自治地方，会计记录可以同时使用当地通用的一种民族文字。在中华人民共和国境内的外商投资企业、外国企业和其他外国组织的会计记录可以同时使用一种外国文字。

第二十三条 各单位对会计凭证、会计账簿、财务会计报告和其他会计资料应当建立档案，妥善保管。会计档案的保管期限和销毁办法，由国务院财政部门会同有关部门制定。

第三章 公司、企业会计核算的特别规定

第二十四条 公司、企业进行会计核算，除应当遵守本法第二章的规定外，还应当遵守本章规定。

第二十五条 公司、企业必须根据实际发生的经济业务事项，按照国家统一的会计制度的规定确认、计量和记录资产、负债、所有者权益、收入、费用、成本和利润。

第二十六条 公司、企业进行会计核算不得有下列行为：(一)随意改变资产、负债、所有者权益的确认标准或者计量方法，虚列、多列、不列或者少列资产、负债、所有者权益；(二)虚列或者隐瞒收入，推迟或者提前确认收入；(三)随意改变费用、成本的确认标准或者计量方法，虚列、多列、不列或者少列费用、成本；(四)随意调整利润的计算、分配方法，编造虚假利润或者隐瞒利润；(五)违反国家统一的会计制度规定的其他行为。

第四章 会 计 监 督

第二十七条 各单位应当建立、健全本单位内部会计监督制度。单位内部会计监督制度应当符合下列要求：(一)记账人员与经济业务事项和会计事项的审批人员、经办人员、财物保管人员的职责权限应当明确，并相互分离、相互制约；(二)重大对外投资、资产处置、资金调度和其他重要经济业务事项的决策和执行的相互监督、相互制约程序应当明确；(三)财产清查的范围、期限和组织程序应当明确；(四)对会计资料定期进行内部审计的办法和程序应当明确。

第二十八条 单位负责人应当保证会计机构、会计人员依法履行职责，不得授意、指使、强令会计机构、会计人员违法办理会计事项。

会计机构、会计人员对违反本法和国家统一的会计制度规定的会计事项，有权拒绝办理或者按照职权予以纠正。

第二十九条 会计机构、会计人员发现会计账簿记录与实物、款项及有关资料不相符的，按照国家统一的会计制度的规定有权自行处理的，应当及时处理；无权处理的，应当立即向单位负责人报告，请求查明原因，作出处理。

第三十条 任何单位和个人对违反本法和国家统一的会计制度规定的行为，有权检举。收到检举的部门有权处理的，应当依法按照职责分工及时处理；无权处理的，应当及时移送有权处理的部门处理。收到检举的部门、负责处理的部门应当为检举人保密，不得将检举人姓名和检举材料转给被检举单位和被检举人个人。

第三十一条 有关法律、行政法规规定，须经注册会计师进行审计的单位，应当向受委托的会计师事务所如实提供会计凭证、会计账簿、财务会计报告和其他会计资料以及有关情况。

任何单位或者个人不得以任何方式要求或者示意注册会计师及其所在的会计师事务所出具不实或者不当的审计报告。

财政部门有权对会计师事务所出具审计报告的程序和内容进行监督。

第三十二条 财政部门对各单位的下列情况实施监督：(一)是否依法设置会计账簿；(二)会计凭证、会计账簿、财务会计报告和其他会计资料是否真实、完整；(三)会计核算是否符合本法和国家统一的会计制度的规定；(四)从事会计工作的人员是否具备从业资格。

在对前款第(二)项所列事项实施监督，发现重大违法嫌疑时，国务院财政部门及其派出机构可以向与被监督单位有经济业务往来的单位和被监督单位开立账户的金融机构查询有关情况，有关单位和金融机构应当给予支持。

第三十三条 财政、审计、税务、人民银行、证券监管、保险监管等部门应当依照有关法律、行政法规规定的职责，对有关单位的会计资料实施监督检查。

前款所列监督检查部门对有关单位的会计资料依法实施监督检查后，应当出具检查结论。有关监督检查部门已经作出的检查结论能够满足其他监督检查部门履行本部门职责需要的，其他监督检查部门应当加以利用，避免重复查账。

第三十四条 依法对有关单位的会计资料实施监督检查的部门及其工作人员对在监督检查中知悉的国家秘密和商业秘密负有保密义务。

第三十五条 各单位必须依照有关法律、行政法规的规定，接受有关监督检查部门依法实施的监督检查，如实提供会计凭证、会计账簿、财务会计报告和其他会计资料以及有关情况，不得拒绝、隐匿、谎报。

第五章 会计机构和会计人员

第三十六条 各单位应当根据会计业务的需要，设置会计机构，或者在有关机构中设置会计人员并指定会计主管人员；不具备设置条件的，应当委托经批准设立从事会计代理记账业务的中介机构代理记账。

国有的和国有资产占控股地位或者主导地位的大、中型企业必须设置总会计师。总会计师的任职资格、任免程序、职责权限由国务院规定。

第三十七条 会计机构内部应当建立稽核制度。

出纳人员不得兼任稽核、会计档案保管和收入、支出、费用、债权债务账目的登记工作。

第三十八条 从事会计工作的人员，必须取得会计从业资格证书。

担任单位会计机构负责人（会计主管人员）的，除取得会计从业资格证书外，还应当具备会计师以上专业技术职务资格或者从事会计工作三年以上经历。

会计人员从业资格管理办法由国务院财政部门规定。

第三十九条 会计人员应当遵守职业道德，提高业务素质。对会计人员的教育和培训工作应当加强。

第四十条 因有提供虚假财务会计报告，做假账，隐匿或者故意销毁会计凭证、会计账簿、财务会计报告，贪污，挪用公款，职务侵占等与会计职务有关的违法行为被依法追究刑事责任的人员，不得取得或者重新取得会计从业资格证书。

除前款规定的人员外，因违法违纪行为被吊销会计从业资格证书的人员，自被吊销会计从业资格证书之日起五年内，不得重新取得会计从业资格证书。

第四十一条 会计人员调动工作或者离职，必须与接管人员办清交接手续。

一般会计人员办理交接手续，由会计机构负责人（会计主管人员）监交；会计机构负责人（会计主管人员）办理交接手续，由单位负责人监交，必要时主管单位可以派人会同监交。

第六章 法律责任

第四十二条 违反本法规定，有下列行为之一的，由县级以上人民政府财政部门责令限期改正，可以对单位并处三千元以上五万元以下的罚款；对其直接负责的主管人员和其他直接责任人员，可以处二千元以上二万元以下的罚款；属于国家工作人员的，还应当由其所在单位或者有关单位依法给予行政处分：（一）不依法设置会计账簿的；（二）私设会计账簿的；（三）未按照规定填制、取得原始凭证或者填制、取得的原始凭证不符合规定的；（四）以未经审核的会计凭证为依据登记会计账簿或者登记会计账簿不符合规定的；（五）随意变更会计处理方法的；（六）向不同的会计资料使用者提供的财务会计报告编制依据不一致的；（七）未按照规定使用会计记录文字或者记账本位币的；（八）未按照规定保管会计资料，致使会计资料毁损、灭失的；（九）未按照规定建立并实施单位内部会计监督制度或者拒绝依法实施的监督或者不如实提供有关会计资料及有关情况的；（十）任用会计人员不符合本法规定的。

有前款所列行为之一，构成犯罪的，依法追究刑事责任。

会计人员有第一款所列行为之一，情节严重的，由县级以上人民政府财政部门吊销会计从业资格证书。

有关法律对第一款所列行为的处罚另有规定的，依照有关法律的规定办理。

第四十三条 伪造、变造会计凭证、会计账簿，编制虚假财务会计报告，构成犯罪的，依法追究刑事责任。

有前款行为，尚不构成犯罪的，由县级以上人民政府财政部门予以通报，可以对单位并处五千元以上十万元以下的罚款；对其直接负责的主管人员和其他直接责任人员，可以处三千元以上五万元以下的罚款；属于国家工作人员的，还应当由其所在单位或者有关单位依法给予撤职直至开除的行政处分；对其中的会计人员，并由县级以上人民政府财政部门吊销会计从业资格证书。

第四十四条 隐匿或者故意销毁依法应当保存的会计凭证、会计账簿、财务会计报告，构成犯罪的，依法追究刑事责任。

有前款行为，尚不构成犯罪的，由县级以上人民政府财政部门予以通报，可以对单位并处五千元以上十万元以下的罚款；对其直接负责的主管人员和其他直接责任人员，可以处三千元以上五万元以下的罚款；属于国家工作人员的，还应当由其所在单位或者有关单位依法给予撤职直至开除的行政处分；对其中的会计人员，并由县级以上人民政府财政部门吊销会计从业资格证书。

第四十五条 授意、指使、强令会计机构、会计人员及其他人员伪造、变造会计凭证、会计账簿，编制虚假财务会计报告或者隐匿、故意销毁依法应当保存的会计凭证、会计账簿、财务会计报告，构成犯罪的，依法追究刑事责任；尚不构成犯罪的，可以处五千元以上五万元以下的罚款；属于国家工作人员的，还应当由其所在单位或者有关单位依法给予降级、撤职、开除的行政处分。

第四十六条 单位负责人对依法履行职责、抵制违反本法规定行为的会计人员以降级、撤职、调离工作岗位、解聘或者开除等方式实行打击报复，构成犯罪的，依法追究刑事责任；尚不构成犯罪的，由其所在单位或者有关单位依法给予行政处分。对受打击报复的会计人员，应当恢复其名誉和原有职务、级别。

第四十七条 财政部门及有关行政部门的工作人员在实施监督管理中滥用职权、玩忽职守、徇私舞弊或者泄露国家秘密、商业秘密，构成犯罪的，依法追究刑事责任；尚不构成犯罪的，依法给予行政处分。

第四十八条 违反本法第三十条规定，将检举人姓名和检举材料转给被检举单位和被检举人个人的，由所在单位或者有关单位依法给予行政处分。

第四十九条 违反本法规定，同时违反其他法律规定的，由有关部门在各自职权范围内依法进行处罚。

第七章　附　　则

第五十条 本法下列用语的含义：

单位负责人，是指单位法定代表人或者法律、行政法规规定代表单位行使职权的主要负责人。

国家统一的会计制度，是指国务院财政部门根据本法制定的关于会计核算、会计监督、会计机构和会计人员以及会计工作管理的制度。

第五十一条 个体工商户会计管理的具体办法，由国务院财政部门根据本法的原则另行规定。

第五十二条 本法自2000年7月1日起施行。

附录二　企业财务会计报告条例

第一章　总　　则

第一条　为了规范企业财务会计报告，保证财务会计报告的真实、完整，根据《中华人民共和国会计法》，制定本条例。

第二条　企业（包括公司，下同）编制和对外提供财务会计报告，应当遵守本条例。

本条例所称财务会计报告，是指企业对外提供的反映企业某一特定日期财务状况和某一会计期间经营成果、现金流量的文件。

第三条　企业不得编制和对外提供虚假的或者隐瞒重要事实的财务会计报告。

企业负责人对本企业财务会计报告的真实性、完整性负责。

第四条　任何组织或者个人不得授意、指使、强令企业编制和对外提供虚假的或者隐瞒重要事实的财务会计报告。

第五条　注册会计师、会计师事务所审计企业财务会计报告，应当依照有关法律、行政法规以及注册会计师执业规则的规定进行，并对所出具的审计报告负责。

第二章　财务会计报告的构成

第六条　财务会计报告分为年度、半年度、季度和月度财务会计报告。

第七条　年度、半年度财务会计报告应当包括：

（一）会计报表；

（二）会计报表附注；

（三）财务情况说明书。

会计报表应当包括资产负债表、利润表、现金流量表及相关附表。

第八条　季度、月度财务会计报告通常仅指会计报表，会计报表至少应当包括资产负债表和利润表。国家统一的会计制度规定季度、月度财务会计报告需要编制会计报表附注的，从其规定。

第九条　资产负债表是反映企业在某一特定日期财务状况的报表。资产负债表应当按照资产、负债和所有者权益（或者股东权益，下同）分类分项列示。其中，资产、负债和所有者权益的定义及列示应当遵循下列规定：

（一）资产，是指过去的交易、事项形成并由企业拥有或者控制的资源，该资源预期会给企业带来经济利益。在资产负债表上，资产应当按照其流动性分类分项列示，包括流动资产、长期投资、固定资产、无形资产及其他资产。银行、保险公司和非银行金融机构的各项资产有特殊性的，按照其性质分类分项列示。

（二）负债，是指过去的交易、事项形成的现时义务，履行该义务预期会导致经济利益流出企业。在资产负债表上，负债应当按照其流动性分类分项列示，包括流动负债、长期负债等。银行、保险公司和非银行金融机构的各项负债有特殊性的，按照其性质分类分项列示。

（三）所有者权益，是指所有者在企业资产中享有的经济利益，其金额为资产减去负债后的余额。在资产负债表上，所有者权益应当按照实收资本（或者股本）、资本公积、盈余公积、未分配利润等项目分项列示。

第十条　利润表是反映企业在一定会计期间经营成果的报表。利润表应当按照各项收入、费用以及构成利润的各个项目分类分项列示。其中，收入、费用和利润的定义及列示应当遵循下列规定：

(一) 收入,是指企业在销售商品、提供劳务及让渡资产使用权等日常活动中所形成的经济利益的总流入。收入不包括为第三方或者客户代收的款项。在利润表上,收入应当按照其重要性分项列示。

(二) 费用,是指企业为销售商品、提供劳务等日常活动所发生的经济利益的流出。在利润表上,费用应当按照其性质分项列示。

(三) 利润,是指企业在一定会计期间的经营成果。在利润表上,利润应当按照营业利润、利润总额和净利润等利润的构成分类分项列示。

第十一条 现金流量表是反映企业一定会计期间现金和现金等价物(以下简称现金)流入和流出的报表。现金流量表应当按照经营活动、投资活动和筹资活动的现金流量分类分项列示。其中,经营活动、投资活动和筹资活动的定义及列示应当遵循下列规定:

(一) 经营活动,是指企业投资活动和筹资活动以外的所有交易和事项。在现金流量表上,经营活动的现金流量应当按照其经营活动的现金流入和流出的性质分项列示;银行、保险公司和非银行金融机构的经营活动按照其经营活动特点分项列示。

(二) 投资活动,是指企业长期资产的购建和不包括在现金等价物范围内的投资及其处置活动。在现金流量表上,投资活动的现金流量应当按照其投资活动的现金流入和流出的性质分项列示。

(三) 筹资活动,是指导致企业资本及债务规模和构成发生变化的活动。在现金流量表上,筹资活动的现金流量应当按照其筹资活动的现金流入和流出的性质分项列示。

第十二条 相关附表是反映企业财务状况、经营成果和现金流量的补充报表,主要包括利润分配表以及国家统一的会计制度规定的其他附表。

利润分配表是反映企业一定会计期间对实现净利润以及以前年度未分配利润的分配或者亏损弥补的报表。利润分配表应当按照利润分配各个项目分类分项列示。

第十三条 年度、半年度会计报表至少应当反映两个年度或者相关两个期间的比较数据。

第十四条 会计报表附注是为便于会计报表使用者理解会计报表的内容而对会计报表的编制基础、编制依据、编制原则和方法及主要项目等所作的解释。会计报表附注至少应当包括下列内容:

(一) 不符合基本会计假设的说明;

(二) 重要会计政策和会计估计及其变更情况、变更原因及其对财务状况和经营成果的影响;

(三) 或有事项和资产负债表日后事项的说明;

(四) 关联方关系及其交易的说明;

(五) 重要资产转让及其出售情况;

(六) 企业合并、分立;

(七) 重大投资、融资活动;

(八) 会计报表中重要项目的明细资料;

(九) 有助于理解和分析会计报表需要说明的其他事项。

第十五条 财务情况说明书至少应当对下列情况作出说明:

(一) 企业生产经营的基本情况;

(二) 利润实现和分配情况;

(三) 资金增减和周转情况;

(四) 对企业财务状况、经营成果和现金流量有重大影响的其他事项。

第三章 财务会计报告的编制

第十六条 企业应当于年度终了编报年度财务会计报告。国家统一的会计制度规定企业应当编报半年度、季度和月度财务会计报告的,从其规定。

第十七条 企业编制财务会计报告,应当根据真实的交易、事项以及完整、准确的账簿记录等资料,并按照国家统一的会计制度规定的编制基础、编制依据、编制原则和方法。

企业不得违反本条例和国家统一的会计制度规定,随意改变财务会计报告的编制基础、编制依据、编制原则和方法。

任何组织或者个人不得授意、指使、强令企业违反本条例和国家统一的会计制度规定，改变财务会计报告的编制基础、编制依据、编制原则和方法。

第十八条 企业应当依照本条例和国家统一的会计制度规定，对会计报表中各项会计要素进行合理的确认和计量，不得随意改变会计要素的确认和计量标准。

第十九条 企业应当依照有关法律、行政法规和本条例规定的结账日进行结账，不得提前或者延迟。年度结账日为公历年度每年的 12 月 31 日；半年度、季度、月度结账日分别为公历年度每半年、每季、每月的最后一天。

第二十条 企业在编制年度财务会计报告前，应当按照下列规定，全面清查资产、核实债务：

（一）结算款项，包括应收款项、应付款项、应交税金等是否存在，与债务、债权单位的相应债务、债权金额是否一致；

（二）原材料、在产品、自制半成品、库存商品等各项存货的实存数量与账面数量是否一致，是否有报废损失和积压物资等；

（三）各项投资是否存在，投资收益是否按照国家统一的会计制度规定进行确认和计量；

（四）房屋建筑物、机器设备、运输工具等各项固定资产的实存数量与账面数量是否一致；

（五）在建工程的实际发生额与账面记录是否一致；

（六）需要清查、核实的其他内容。

企业通过前款规定的清查、核实，查明财产物资的实存数量与账面数量是否一致、各项结算款项的拖欠情况及其原因、材料物资的实际储备情况、各项投资是否达到预期目的、固定资产的使用情况及其完好程度等。企业清查、核实后，应当将清查、核实的结果及其处理办法向企业的董事会或者相应机构报告，并根据国家统一的会计制度的规定进行相应的会计处理。

企业应当在年度中间根据具体情况，对各项财产物资和结算款项进行重点抽查、轮流清查或者定期清查。

第二十一条 企业在编制财务会计报告前，除应当全面清查资产、核实债务外，还应当完成下列工作：

（一）核对各会计账簿记录与会计凭证的内容、金额等是否一致，记账方向是否相符；

（二）依照本条例规定的结账日进行结账，结出有关会计账簿的余额和发生额，并核对各会计账簿之间的余额；

（三）检查相关的会计核算是否按照国家统一的会计制度的规定进行；

（四）对于国家统一的会计制度没有规定统一核算方法的交易、事项，检查其是否按照会计核算的一般原则进行确认和计量以及相关账务处理是否合理；

（五）检查是否存在因会计差错、会计政策变更等原因需要调整前期或者本期相关项目。

在前款规定工作中发现问题的，应当按照国家统一的会计制度的规定进行处理。

第二十二条 企业编制年度和半年度财务会计报告时，对经查实后的资产、负债有变动的，应当按照资产、负债的确认和计量标准进行确认和计量，并按照国家统一的会计制度的规定进行相应的会计处理。

第二十三条 企业应当按照国家统一的会计制度规定的会计报表格式和内容，根据登记完整、核对无误的会计账簿记录和其他有关资料编制会计报表，做到内容完整、数字真实、计算准确，不得漏报或者任意取舍。

第二十四条 会计报表之间、会计报表各项目之间，凡有对应关系的数字，应当相互一致；会计报表中本期与上期的有关数字应当相互衔接。

第二十五条 会计报表附注和财务情况说明书应当按照本条例和国家统一的会计制度的规定，对会计报表中需要说明的事项作出真实、完整、清楚的说明。

第二十六条 企业发生合并、分立情形的，应当按照国家统一的会计制度的规定编制相应的财务会计报告。

第二十七条 企业终止营业的，应当在终止营业时按照编制年度财务会计报告的要求全面清查资产、核实债务、进行结账,并编制财务会计报告;在清算期间,应当按照国家统一的会计制度的规定编制清算期间的财务会计报告。

第二十八条 按照国家统一的会计制度的规定,需要编制合并会计报表的企业集团,母公司除编制其个别会计报表外,还应当编制企业集团的合并会计报表。

企业集团合并会计报表,是指反映企业集团整体财务状况、经营成果和现金流量的会计报表。

第四章 财务会计报告的对外提供

第二十九条 对外提供的财务会计报告反映的会计信息应当真实、完整。

第三十条 企业应当依照法律、行政法规和国家统一的会计制度有关财务会计报告提供期限的规定,及时对外提供财务会计报告。

第三十一条 企业对外提供的财务会计报告应当依次编定页数,加具封面,装订成册,加盖公章。封面上应当注明:企业名称、企业统一代码、组织形式、地址、报表所属年度或者月份、报出日期,并由企业负责人和主管会计工作的负责人、会计机构负责人(会计主管人员)签名并盖章;设置总会计师的企业,还应当由总会计师签名并盖章。

第三十二条 企业应当依照企业章程的规定,向投资者提供财务会计报告。

国务院派出监事会的国有重点大型企业、国有重点金融机构和省、自治区、直辖市人民政府派出监事会的国有企业,应当依法定期向监事会提供财务会计报告。

第三十三条 有关部门或者机构依照法律、行政法规或者国务院的规定,要求企业提供部分或者全部财务会计报告及其有关数据的,应当向企业出示依据,并不得要求企业改变财务会计报告有关数据的会计口径。

第三十四条 非依照法律、行政法规或者国务院的规定,任何组织或者个人不得要求企业提供部分或者全部财务会计报告及其有关数据。

违反本条例规定,要求企业提供部分或者全部财务会计报告及其有关数据的,企业有权拒绝。

第三十五条 国有企业、国有控股的或者占主导地位的企业,应当至少每年一次向本企业的职工代表大会公布财务会计报告,并重点说明下列事项:

(一) 反映与职工利益密切相关的信息,包括:管理费用的构成情况,企业管理人员工资、福利和职工工资、福利费用的发放、使用和结余情况,公益金的提取及使用情况,利润分配的情况以及其他与职工利益相关的信息;

(二) 内部审计发现的问题及纠正情况;

(三) 注册会计师审计的情况;

(四) 国家审计机关发现的问题及纠正情况;

(五) 重大的投资、融资和资产处置决策及其原因的说明;

(六) 需要说明的其他重要事项。

第三十六条 企业依照本条例规定向有关各方提供的财务会计报告,其编制基础、编制依据、编制原则和方法应当一致,不得提供编制基础、编制依据、编制原则和方法不同的财务会计报告。

第三十七条 财务会计报告须经注册会计师审计的,企业应当将注册会计师及其会计师事务所出具的审计报告随同财务会计报告一并对外提供。

第三十八条 接受企业财务会计报告的组织或者个人,在企业财务会计报告未正式对外披露前,应当对其内容保密。

第五章 法律责任

第三十九条 违反本条例规定,有下列行为之一的,由县级以上人民政府财政部门责令限期改正,对企业可以处 3 000 元以上 5 万元以下的罚款;对直接负责的主管人员和其他直接责任人员,可以处 2 000 元以上 2 万元以下的罚款;属于国家工作人员的,并依法给予行政处分或者纪律处分:

（一）随意改变会计要素的确认和计量标准的；

（二）随意改变财务会计报告的编制基础、编制依据、编制原则和方法的；

（三）提前或者延迟结账日结账的；

（四）在编制年度财务会计报告前，未按照本条例规定全面清查资产、核实债务的；

（五）拒绝财政部门和其他有关部门对财务会计报告依法进行的监督检查，或者不如实提供有关情况的。

会计人员有前款所列行为之一，情节严重的，由县级以上人民政府财政部门吊销会计从业资格证书。

第四十条　企业编制、对外提供虚假的或者隐瞒重要事实的财务会计报告，构成犯罪的，依法追究刑事责任。

有前款行为，尚不构成犯罪的，由县级以上人民政府财政部门予以通报，对企业可以处5 000元以上10万元以下的罚款；对直接负责的主管人员和其他直接责任人员，可以处3 000元以上5万元以下的罚款；属于国家工作人员的，并依法给予撤职直至开除的行政处分或者纪律处分；对其中的会计人员，情节严重的，并由县级以上人民政府财政部门吊销会计从业资格证书。

第四十一条　授意、指使、强令会计机构、会计人员及其他人员编制、对外提供虚假的或者隐瞒重要事实的财务会计报告，或者隐匿、故意销毁依法应当保存的财务会计报告，构成犯罪的，依法追究刑事责任；尚不构成犯罪的，可以处5 000元以上5万元以下的罚款；属于国家工作人员的，并依法给予降级、撤职、开除的行政处分或者纪律处分。

第四十二条　违反本条例的规定，要求企业向其提供部分或者全部财务会计报告及其有关数据的，由县级以上人民政府责令改正。

第四十三条　违反本条例规定，同时违反其他法律、行政法规规定的，由有关部门在各自的职权范围内依法给予处罚。

第六章　附　　则

第四十四条　国务院财政部门可以根据本条例的规定，制定财务会计报告的具体编报办法。

第四十五条　不对外筹集资金、经营规模较小的企业编制和对外提供财务会计报告的办法，由国务院财政部门根据本条例的原则另行规定。

第四十六条　本条例自2001年1月1日起施行。

附录三 会计基础工作规范

第一章 总　　则

第一条 为了加强会计基础工作，建立规范的会计工作秩序，提高会计工作水平，根据《中华人民共和国会计法》的有关规定，制定本规范。

第二条 国家机关、社会团体、企业、事业单位、个体工商户和其他组织的会计基础工作，应当符合本规范的规定。

第三条 各单位应当依据有关法律、法规和本规范的规定，加强会计基础工作，严格执行会计法规制度，保证会计工作依法有序地进行。

第四条 单位领导人对本单位的会计基础工作负有领导责任。

第五条 各省、自治区、直辖市财政厅(局)要加强对会计基础工作的管理和指导，通过政策引导、经验交流、监督检查等措施，促进基层单位加强会计基础工作，不断提高会计工作水平。国务院各业务主管部门根据职责权限管理本部门的会计基础工作。

第二章 会计机构和会计人员

第一节 会计机构设置和会计人员配备

第六条 各单位应当根据会计业务的需要设置会计机构；不具备单独设置会计机构条件的，应当在有关机构中配人员。事业行政单位会计机构的设置和会计人员的配备，应当符合国家统一事业行政单位会计制度的规定。设置会计机构，应当配备会计机构负责人；在有关机构中配备专职会计人员，应当在专职会计人员中指定会计主管人员。会计机构负责人、会计主管人员的任免，应当符合《中华人民共和国会计法》和有关法律的规定。

第七条 会计机构负责人、会计主管人员应当具备下列基本条件：(一) 坚持原则，廉洁奉公；(二) 具有会计专业技术资格；(三) 主管一个单位或者单位内一个重要方面的财务会计工作时间不少于2年；(四) 熟悉国家财经法律、法规、规章和方针、政策，掌握本行业业务管理的有关知识；(五) 有较强的组织能力；(六) 身体状况能够适应本职工作的要求。

第八条 没有设置会计机构和配备会计人员的单位，应当根据《代理记账管理暂行办法》委托会计师事务所或者持有代理记账许可证书的其他代理记账机构进行代理记账。

第九条 大、中型企业、事业单位、业务主管部门应当根据法律和国家有关规定设置总会计师。总会计师由具有会计师以上专业技术资格的人员担任。总会计师行使《总会计师条例》规定的职责、权限。总会计师的任命(聘任)、免职(解聘)依照《总会计师条例》和有关法律的规定办理。

第十条 各单位应当根据会计业务需要配备持有会计证的会计人员。未取得会计证的人员，不得从事会计工作。

第十一条 各单位应当根据会计业务需要设置会计工作岗位。会计工作岗位一般可分为：会计机构负责人或者会计主管人员，出纳，财产物资核算，工资核算，成本费用核算；财务成果核算，资金核算，往来结算，总账报表，稽核，档案管理等。开展会计电算化和管理会计的单位，可以根据需要设置相应工作岗位，也可以与其他工作岗位相结合。

第十二条 会计工作岗位，可以一人一岗、一人多岗或者一岗多人。但出纳人员不得兼管审核、会计档案保管和收入、费用、债权债务账目的登记工作。

第十三条 会计人员的工作岗位应当有计划地进行轮换。

第十四条 会计人员应当具备必要的专业知识和专业技能，熟悉国家有关法律、法规，规章和国家统一会计制度，遵守职业道德。会计人员应当按照国家有关规定参加会计业务的培训。各单位应当合理安排会计人员的培训，保证会计人员每年有一定时间用于学习和参加培训。

第十五条 各单位领导人应当支持会计机构、会计人员依法行使职权；对忠于职守，坚持原则，做出显著成绩的会计机构、会计人员，应当给予精神的和物质的奖励。

第十六条 国家机关、国有企业、事业单位任用会计人员应当实行回避制度。单位领导人的直系亲属不得担任本单位的会计机构负责人、会计主管人员。会计机构负责人、会计主管人员的直系亲属不得在本单位会计机构中担任出纳工作。需要回避的直系亲属为：夫妻关系、直系血亲关系、三代以内旁系血亲以及配偶亲关系。

第二节 会计人员职业道德

第十七条 会计人员在会计工作中应当遵守职业道德，树立良好的职业品质、严谨的工作作风，严守工作纪律，努力提高工作效率和工作质量。

第十八条 会计人员应当热爱本职工作，努力钻研业务，使自己的知识和技能适应所从事工作的要求。

第十九条 会计人员应当熟悉财经法律、法规、规章和国家统一会计制度，并结合会计工作进行广泛宣传。

第二十条 会计人员应当按照会计法律、法规和国家统一会计制度规定的程序和要求进行会计工作，保证所提供的会计信息合法、真实、准确、及时、完整。

第二十一条 会计人员办理会计事务应当实事求是、客观公正。

第二十二条 会计人员应当熟悉本单位的生产经营和业务管理情况，运用掌握的会计信息和会计方法，为改善单位内部管理、提高经济效益服务。

第二十三条 会计人员应当保守本单位的商业秘密。除法律规定和单位领导人同意外，不能私自向外界提供或者泄露单位的会计信息。

第二十四条 财政部门、业务主管部门和各单位应当定期检查会计人员遵守职业道德的情况，并作为会计人员晋升、晋级、聘任专业职务、表彰奖励的重要考核依据。会计人员违反职业道德的，由所在单位进行处罚；情节严重的，由会计证发证机关吊销其会计证。

第三节 会计工作交接

第二十五条 会计人员工作调动或者因故离职，必须将本人所经管的会计工作全部移交给接替人员。没有办清交接手续的，不得调动或者离职。

第二十六条 接替人员应当认真接管移交工作，并继续办理移交的未了事项。

第二十七条 会计人员办理移交手续前，必须及时做好以下工作：(一) 已经受理的经济业务尚未填制会计凭证的，应当填制完毕。(二) 尚未登记的账目，应当登记完毕，并在最后一笔余额后加盖经办人员印章。(三) 整理应该移交的各项资料，对未了事项写出书面材料。(四) 编制移交清册，列明应当移交的会计凭证、会计账簿、会计报表、印章、现金、有价证券、支票簿、发票、文件、其他会计资料和物品等内容；实行会计电算化的单位，从事该项工作的移交人员还应当在移交清册中列明会计软件及密码、会计软件数据磁盘(磁带等)及有关资料、实物等内容。

第二十八条 会计人员办理交接手续，必须有监交人负责监交。一般会计人员交接，由单位会计机构负责人、会计主管人员负责监交；会计机构负责人、会计主管人员交接，由单位领导人负责监交，必要时可由上级主管部门派人会同监交。

第二十九条 移交人员在办理移交时，要按移交清册逐项移交；接替人员要逐项核对点收。(一) 现金、有价证券要根据会计账簿有关记录进行点交。库存现金、有价证券必须与会计账簿记录保持一致。不一致时，移交人员必须限期查清。(二) 会计凭证、会计账簿、会计报表和其他会计资料必须完整无缺。如有短缺，必须查清原因，并在移交清册中注明，由移交人员负责。(三) 银行存款账户余额要与银行对账单核对，如不一致，应当编制银行存款余额调节表调节相符，各种财产物资和债权债务的明细账户余额要与总账有关账户余额核对相符；必要时，要抽查个别账户的余额，与实物核对相符，或者与往来单位、个人核对清楚。(四) 移交人员经管的票据、印章和其他实物等，必须交接清楚；移交人员从事会计电算化工作的，要对有关电子数据在实际操作状态下进行交接。

第三十条　会计机构负责人、会计主管人员移交时，还必须将全部财务会计工作、重大财务收支和会计人员的情况等，向接替人员详细介绍。对需要移交的遗留问题，应当写出书面材料。

第三十一条　交接完毕后，交接双方和监交人员要在移交注册上签名或者盖章，并应在移交注册上注明：单位名称，交接日期，交接双方和监交人员的职务、姓名，移交清册页数以及需要说明的问题和意见等。移交清册一般应当填制一式三份，交接双方各执一份，存档一份。

第三十二条　接替人员应当继续使用移交的会计账簿，不得自行另立新账，以保持会计记录的连续性。

第三十三条　会计人员临时离职或者因病不能工作且需要接替或者代理的，会计机构负责人、会计主管人员或者单位领导人必须指定有关人员接替或者代理，并办理交接手续。临时离职或者因病不能工作的会计人员恢复工作的，应当与接替或者代理人员办理交接手续。移交人员因病或者其他特殊原因不能亲自办理移交的，经单位领导人批准，可由移交人员委托他人代办移交，但委托人应当承担本规范第三十五条规定的责任。

第三十四条　单位撤销时，必须留有必要的会计人员，会同有关人员办理清理工作，编制决算。未移交前，不得离职。接收单位和移交日期由主管部门确定。单位合并、分立的，其会计工作交接手续比照上述有关规定办理。

第三十五条　移交人员对所移交的会计凭证、会计账簿、会计报表和其他有关资料的合法性、真实性承担法律责任。

第三章　会计核算

第一节　会计核算一般要求

第三十六条　各单位应当按照《中华人民共和国会计法》和国家统一会计制度的规定建立会计账册，进行会计核算，及时提供合法、真实、准确、完整的会计信息。

第三十七条　各单位发生的下列事项，应当及时办理会计手续、进行会计核算：(一) 款项和有价证券的收付；(二) 财物的收发、增减和使用；(三) 债权债务的发生和结算；(四) 资本、基金的增减；(五) 收入、支出、费用、成本的计算；(六) 财务成果的计算和处理；(七) 其他需要办理会计手续、进行会计核算的事项。

第三十八条　各单位的会计核算应当以实际发生的经济业务为依据，按照规定的会计处理方法进行，保证会计指标的口径一致、相互可比和会计处理方法的前后各期相一致。

第三十九条　会计年度自公历1月1日起至12月31日止。

第四十条　会计核算以人民币为记账本位币。收支业务以外国货币为主的单位，也可以选定某种外国货币作为记账本位市，但是编制的会计报表应当折算为人民币反映。境外单位向国内有关部门编报的会计报表，应当折算为人民币反映。

第四十一条　各单位根据国家统一会计制度的要求，在不影响会计核算要求、会计报表指标汇总和对外统一会计报表的前提下，可以根据实际情况自行设置和使用会计科目。事业行政单位会计科目的设置和使用，应当符合国家统一事业行政单位会计制度的规定。

第四十二条　会计凭证、会计账簿、会计报表和其他会计资料的内容和要求必须符合国家统一会计制度的规定，不得伪造、变造会计凭证和会计账簿，不得设置账外账，不得报送虚假会计报表。

第四十三条　各单位对外报送的会计报表格式由财政部统一规定。

第四十四条　实行会计电算化的单位，对使用的会计软件及其生成的会计凭证、会计账簿。会计报表和其他会计资料的要求，应当符合财政部关于会计电算化的有关规定。

第四十五条　各单位的会计凭证、会计账簿、会计报表和其他会计资料，应当建立档案，妥善保管。会计档案建档要求、保管期限、销毁办法等依据《会计档案管理办法》的规定进行。实行会计电算化的单位，有关电子数据、会计软件资料等应当作为会计档案进行管理。

第四十六条 会计记录的文字应当使用中文,少数民族自治地区可以同时使用少数民族文字。中国境内的外商投资企业、外国企业和其他外国经济组织也可以同时使用某种外国文字。

第二节 填制会计凭证

第四十七条 各单位办理本规范第三十七条规定的事项,必须取得或者填制原始凭证,并及时送交会计机构。

第四十八条 原始凭证的基本要求是:

(一) 原始凭证的内容必须具备:凭证的名称;填制凭证的日期;填制凭证单位名称或者填制人姓名;经办人员的签名或者盖章;接受凭证单位名称;经济业务内容;数量、单价和金额。

(二) 从外单位取得的原始凭证,必须盖有填制单位的公章;从个人取得的原始凭证,必须有填制人员的签名或者盖章。自制原始凭证必须有经办单位领导人或者其指定的人员签名或者盖章。对外开出的原始凭证,必须加盖本单位公章。

(三) 凡填有大写和小写金额的原始凭证,大写与小写金额必须相符。购买实物的原始凭证,必须有验收证明。支付款项的原始凭证。必须有收款单位和收款人的收款证明。

(四) 一式几联的原始凭证,应当注明各联的用途,只能以一联作为报销凭证。一式几联的发票和收据,必须用双面复写纸(发票和收据本身具备复写纸功能的除外)套写,并连续编号。作废时应当加盖“作废”戳记,连同存根一起保存,不得撕毁。

(五) 发生销货退回的,除填制退货发票外,还必须有退货验收证明;退款时,必须取得对方的收款收据或者汇款银行的凭证,不得以退货发票代替收据。

(六) 职工公出借款凭据,必须附在记账凭证之后。收回借款时,应当另开收据或者退还借据副本,不得退还原借款收据。

(七) 经上级有关部门批准的经济业务,应当将批准文件作为原始凭证附件:如果批准文件需要单独归档的,应当在凭证上注明批准机关名称、日期和文件字号。

第四十九条 原始凭证不得涂改、挖补。发现原始凭证有错误的,应当由开出单位重开或者更正,更正处应当加盖开出单位的公章。

第五十条 会计机构、会计人员要根据审核无误的原始凭证填制记账凭证。记账凭证可以分为收款凭证、付款凭证和转账凭证,也可以使用通用记账凭证。

第五十一条 记账凭证的基本要求是:

(一) 记账凭证的内容必须具备:填制凭证的日期;凭证编号;经济业务摘要;会计科目;金额;所附原始凭证张数;填制凭证人员、稽核人员、记账人员、会计机构负责人、会计主管人员签名或者盖章。收款和付款记账凭证还应当由出纳人员签名或者盖章。以自制的原始凭证或者原始凭证汇总表代替记账凭证的,也必须具备记账凭证应有的项目。

(二) 填制记账凭证时,应当对记账凭证进行连续编号。一笔经济业务需要填制两张以上记账凭证的,可以采用分数编号法编号。

(三) 记账凭证可以根据每一张原始凭证填制,或者根据若干张同类原始凭证汇总填制,也可以根据原始凭证汇总表填制。但不得将不同内容和类别的原始凭证汇总填制在一张记账凭证上。

(四) 除结账和更正错误的记账凭证可以不附原始凭证外,其他记账凭证必须附有原始凭证。如果一张原始凭证涉及几张记账凭证,可以把原始凭证附在一张主要的记账凭证后面,并在其他记账凭证上注明附有该原始凭证的记账凭证的编号或者附原始凭证复印机。一张复始凭证所列支出需要几个单位共同负担的,应当将其他单位负担的部分,开给对方原始凭证分割单,进行结算。原始凭证分割单必须具备原始凭证的基本内容:凭证名称、填制凭证日期、填制凭证单位名称或者填制人姓名、经办人的签名或者盖章、接受凭证单位名称、经济业务内容、数量、单价、金额和费用分摊情况等。

(五) 如果在填制记账凭证时发生错误,应当重新填制。已经登记入账的记账凭证,在当年内发现填写错误时,可以用红字填写一张与原内容相同的记账凭证,在摘要栏注明“注销某月某日某号凭证”字样,同时再用蓝字重新填制一张正确的记账凭证,注明"订正某月某日某号凭证"字样。如果会计科目没有错误,只是金额错误,也可以将正确数字与错误数字之间的差额,另编一张调整的记账凭证,调增金额用蓝字,调减金额用红字。发现以前年度记账凭证有错误的,应当用蓝字填制一张更正的记账凭证。

(六)记账凭证填制完经济业务事项后,如有空行,应当自金额栏最后一笔金额数字下的空行处至合计数上的空行处划线注销。

第五十二条 填制会计凭证,字迹必须清晰、工整,并符合下列要求:

(一)阿拉伯数字应当一个一个地写,不得连笔写。阿拉伯金额数字前面应当书写货币币种符号或者货币名称简写和币种符号。币种符号与阿拉伯金额数字之间不得留有空白。凡阿拉伯数字前写有币种符号的,数字后面不再写货币单位。

(二)所有以元为单位(其他货币种类为货币基本单位,下同)的阿拉伯数字,除表示单价等情况外,一律填写到角分;元角分的,角位和分位可写"00",或者符号"-";有角无分的,分位应当写"0",不得用符号"-"代替。

(三)汉字大写数字金额如零、壹、贰、叁、肆、伍、陆、柒、捌、玖、拾、佰、仟、万、亿等,一律用正楷或者行书体书写,不得用0、一、二、三、四、五、六、七、八、九、十等简化字代替,不得任意自造简化字。大写金额数字到元或者角为止的,在"元"或者"角"字之后应当写"整"字或者"正"字;大写金额数字有分的,分字后面不写"整"或者"正"字。

(四)大写金额数字前未印有货币名称的,应当加填货币名称,货币名称与金额数字之间不得留有空白。

(五)阿拉伯金额数字中间有"0"时,汉字大写金额要写"零"字;阿拉伯数字金额中间连续有几个"0"时,汉字大写金额中可以只写一个"零"字;阿拉伯金额数字元位是"0",或者数字中间连续有几个"0"、元位也是"0"但角位不是"0"时,汉字大写金额可以只写一个"零"字,也可以不写"零"字。

第五十三条 实行会计电算化的单位,对于机制记账凭证,要认真审核,做到会计科目使用正确,数字准确无误。打印出的机制记账凭证要加盖制单人员、审核人员、记账人员及会计机构负责人、会计主管人员印章或者签字。

第五十四条 各单位会计凭证的传递程序应当科学、合理,具体办法由各单位根据会计业务需要自行规定。

第五十五条 会计机构、会计人员要妥善保管会计凭证。

(一)会计凭证应当及时传递,不得积压。

(二)会计凭证登记完毕后,应当按照分类和编号顺序保管,不得散乱丢失。

(三)记账凭证应当连同所附的原始凭证或者原始凭证汇总表,按照编号顺序,折叠整齐,按期装订成册,并加具封面,注明单位名称、年度、月份和起讫日期、凭证种类、起讫号码,由装订人在装订线封签外签名或者盖章。对于数量过多的原始凭证,可以单独装订保管,在封面上注明记账凭证日期、编号、种类,同时在记账凭证上注明"附件另订"和原始凭证名称及编号。各种经济合同、存出保证金收据以及涉外文件等重要原始凭证,应当另编目录,单独登记保管,并在有关的记账凭证和原始凭证上相互注明日期和编号。

(四)原始凭证不得外借,其他单位如因特殊原因需要使用原始凭证时,经本单位会计机构负责人、会计主管人员批准,可以复制。向外单位提供的原始凭证复制件,应当在专设的登记簿上登记,并由提供人员和收取人员共同签名或者盖章。

(五)从外单位取得的原始凭证如有遗失,应当取得原开出单位盖有公章的证明,并注明原来凭证的号码、金额和内容等,由经办单位会计机构负责人、会计主管人员和单位领导人批准后,才能代作原始凭证。如果确实无法取得证明的,如火车、轮船、飞机票等凭证,由当事人写出详细情况,由经办单位会计机构负责人、会计主管人员和单位领导人批准后,代作原始凭证。

第三节 登记会计账簿

第五十六条 各单位应当按照国家统一会计制度的规定和会计业务的需要设置会计账簿,会计账簿包括总账、明细账、日记账和其他辅助性账簿。

第五十七条 现金日记账和银行存款日记账必须采用订本式账簿。不得用银行对账单或者其他方法代替日记账。

第五十八条 实行会计电算化的单位，用计算机打印的会计账簿必须连续编号，经审核无误后装订成册，并由记账人员和会计机构负责人、会计主管人员签字或者盖章。

第五十九条 启用会计账簿时，应当在账簿封面上写明单位名称和账簿名称。在账簿扉页上应当附启用表，内容包括：启用日期、账簿页数、记账人员和会计机构负责人、会计主管人员姓名，并加盖名章和单位公章。记账人员或者会计机构负责人、会计主管人员调动工作时，应当注明交接日期、接办人员或者监交人员姓名，并由交接双方人员签名或者盖章。启用订本式账簿，应当从第一页到最后一页顺序编定页数，不得跳页、缺号。使用活页式账页，应当按账户顺序编号，并须定期装订成册。装订后再接实际使用的账页顺序编定页码。另加目录，记明每个账户的名称和页次。

第六十条 会计人员应当根据审核无误的会计凭证登记会计账簿。登记账簿的基本要求是：

（一）登记会计账簿时，应当将会计凭证日期、编号、业务内容摘要、金额和其他有关资料逐项记入账内；做到数字准确、摘要清楚、登记及时、字迹工整。

（二）登记完毕后，要在记账凭证上签名或者盖章，并注明已经登账的符号，表示已经记账。

（三）账簿中书写的文字和数字上面要留有适当空格，不要写满格；一般应占格距的二分之一。

（四）登记账簿要用蓝黑墨水或者碳素墨水书写，不得使用圆珠笔（银行的复写账簿除外）或者铅笔书写。

（五）下列情况，可以用红色墨水记账：

1. 按照红字冲账的记账凭证，冲销错误记录；

2. 在不设借贷等栏的多栏式账页中，登记减少数；

3. 在三栏式账户的余额栏前，如未印明余额方面的，在余额栏内登记负数余额；

4. 根据国家统一会计制度的规定可以用红字登记的其他会计记录。

（六）各种账簿按页次顺序连续登记，不得跳行、隔页。如果发生跳行、隔页，应当将空行、空页划线注销，或者注明“此行空白”、“此页空白”字样，并由记账人员签名或者盖章。

（七）凡需要结出余额的账户，结出余额后。应当在“借或贷”等栏内写明“借”或者“贷，‘等字样。没有余额的账户，应当在“借或贷”等栏内写“平”字，并在余额栏内用“Q”表示。现金日记账和银行存款日记账必须逐日结出余额。

（八）每一账页登记完毕结转下页时，应当结出本页合计数及余额，写在本页最后一行和下页第一行有关栏内，并在摘要栏内注明“过次页”和“承前页”字样；也可以将本页合计数及金额只写在下页第一行有关栏内，并在摘要栏内注明“承前页”字样。对需要结计本月发生额的账户，结计“过次页”的本页合计数应当为自本月初起至本页末止的发生额合计数；对需要结计本年累计发生额的账户，结计“过次页”的本页合计数应当为自年初起至本页末止的累计数；对既不需要结计本月发生额也不需要结计本年累计发生额的账户，可以只将每页末的余额结转次页。

第六十一条 实行会计电算化的单位，总账和明细账应当定期打印。发生收款和付款业务的，在输入收款凭证和付款凭证的当天必须打印出现金日记账和银行存款日记账，并与库存现金核对无误。

第六十二条 账簿记录发生错误，不准涂改、挖补、刮擦或者用药水消除字迹，不准重新抄写，必须按照下列方法进行更正：

（一）登记账簿时发生错误，应当将错误的文字或者数字划红线注销，但必须使原有字迹仍可辨认；然后在划线上方填写正确的文字或者数字，并由记账人员在更正处盖章。对于错误的数字，应当全部划红线更正，不得只更正其中的错误数字。对于文字错误，可只划去错误的部分。

（二）由于记账凭证错误而使账簿记录发生错误，应当按更正的记账凭证登记账簿。

第六十三条 各单位应当定期对会计账簿记录的有关数字与库存实物、货币资金、有价证券、往来单位或者个人等进行相互核对，保证账证相符、账账相符、账实相符。对账工作每年至少进行一次。

（一）账证核对。核对会计账簿记录与原始凭证、记账凭证的时间、凭证字号、内容、金额是否一致，记账方向是否相符。

（二）账账核对。核对不同会计账簿之间的账簿记录是否相符，包括：总账有关账户的余额核对，总账与明细账核对，总账与日记账核对，会计部门的财产物资明细账与财产物资保管和使用部门的有关明细账核对等。

（三）账实核对。核对会计账簿记录与财产等实有数额是否相符。包括：现金日记账账面余额与现金实际库存数相核对；银行存款日记账账面余额定期与银行对账单相核对；各种财物明细账账面余额与财物实存数额相核对；各种应收、应付款明细账账面余额与有关债务、债权单位或者个人核对等。

第六十四条 各单位应当按照规定定期结账。

（一）结账前，必须将本期内所发生的各项经济业务全部登记入账。

（二）结账时，应当结出每个账户的期末余额。需要结出当月发生额的，应当在摘要栏内注明“本月合计”字样，并在下面通栏划单红线。需要结出本年累计发生额的，应当在摘要栏内注明“本年累计”字样，并在下面通栏划单红线；12 月末的“本年累计”就是全年累计发生额。全年累计发生额下面应当通栏划双红线。年度终了结账时，所有总账账户都应当结出全年发生额和年末余额。

（三）年度终了，要把各账户的余额结转到下一会计年度，并在摘要栏注明“结转下年”字样；在下一会计年度新建有关会计账簿的第一行余额栏内填写上年结转的余额，并在摘要栏注明“上年结转”字样。

第四节 编制财务报告

第六十五条 各单位必须按照国家统一会计制度的规定，定期编制财务报告。财务报告包括会计报表及其说明。会计报表包括会计报表主表、会计报表附表、会计报表附注。

第六十六条 各单位对外报送的财务报告应当根据国家统一会计制度规定的格式和要求编制。单位内部使用的财务报告，其格式和要求由各单位自行规定。

第六十七条 会计报表应当根据登记完整、核对无误的会计账簿记录和其他有关资料编制，做到数字真实、计算准确、内容完整、说明清楚。任何人不得篡改或者授意、指使、强令他人篡改会计报表的有关数字。

第六十八条 会计报表之间、会计报表各项目之间，凡有对应关系的数字，应当相互一致。本期会计报表与上期会计报表之间有关的数字应当相互衔接。如果不同会计年度会计报表中各项目的内容和核算方法有变更的，应当在年度会计报表中加以说明。

第六十九条 各单位应当按照国家统一会计制度的规定认真编写会计报表附注及其说明，做到项目齐全，内容完整。

第七十条 各单位应当按照国家规定的期限对外报送财务报告。对外报送的财务报告，应当依次编定页码，加具封面，装订成册，加盖公章。封面上应当注明：单位名称，单位地址，财务报告所属年度、季度、月度，送出日期，并由单位领导人、总会计师、会计机构负责人、会计主管人员签名或者盖章。单位领导人对财务报告的合法性、真实性负法律责任。

第七十一条 根据法律和国家有关规定应当对财务报告进行审计的，则务报告编制单位应当先行委托注册会计师进行审计，并将注册会计师出具的审计报告随同财务报告按照规定的期限报送有关部门。

第七十二条 如果发现对外报送的财务报告有错误，应当及时办理更正手续。除更正本单位留存的财务报告外，并应同时通知接受财务报告的单位更正。错误较多的，应当重新编报。

第四章 会计监督

第七十三条 各单位的会计机构、会计人员对本单位的经济活动进行会计监督。

第七十四条 会计机构、会计人员进行会计监督的依据是：

（一）财经法律、法规、规章。

（二）会计法律、法规和国家统一会计制度。

（三）各省、自治区、直辖市财政厅（局）和国务院业务主管部门根据《中华人民共和国会计法》和国家统一会计制度制定的具体实施办法或者补充规定。

（四）各单位根据《中华人民共和国会计法》和国家统一会计制度制定的单位内部会计管理制度。

（五）各单位内部的预算、财务计划、经济计划、业务计划。

第七十五条 会计机构、会计人员应当对原始凭证进行审核和监督。对不真实、不合法的原始凭证，不予受理。对弄虚作假、严重违法的原始凭证，在不予受理的同时，应当予以扣留，并及时向单位领导人报告，请求查明原因，追究当事人的责任。对记载不明确、不完整的原始凭证，予以退回，要求经办人员更正、补充。

第七十六条 会计机构、会计人员对伪造、变造、故意毁灭会计账簿或者账外设账行为，应当制止和纠正；制止和纠正无效的，应当向上级主管单位报告，请求作出处理。

第七十七条 会计机构、会计人员应当对实物、款项进行监督，督促建立并严格执行财产清查制度。发现账簿记录与实物、款项不符时，应当按照国家有关规定进行处理。超出会计机构、会计人员职权范围的，应当立即向本单位领导报告，请求查明原因，作出处理。

第七十八条 会计机构、会计人员对指使、强令编造、篡改财务报告行为，应当制止和纠正；制止和纠正无效的，应当向上级主管单位报告，请求处理。

第七十九条 会计机构、会计人员应当对财务收支进行监督：

（一）对审批手续不全的财务收支，应当退回，要求补充、更正。

（二）对违反规定不纳入单位统一会计核算的财务收支，应当制止和纠正。

（三）对违反国家统一的财政、财务、会计制度规定的财务收支，不予办理。

（四）对认为是违反国家统一的财政、财务、会计制度规定的财务收支。应当制止和纠正；制止和纠正无效的，应当向单位领导人提出书面意见请求处理。单位领导人应当在接到书面意见起十日内作出书面决定，并对决定承担责任。

（五）对违反国家统一的财政、财务、会计制度规定的财务收支，不予制止和纠正，又不向单位领导人提出书面意见的；也应当承担责任。

（六）对严重违反国家利益和社会公众利益的财务收支，应当向主管单位或者财政、审计、税务机关报告。

第八十条 会计机构、会计人员对违反单位内部会计管理制度的经济活动，应当制止和纠正；制止和纠正无效的，向单位领导人报告，请求处理。

第八十一条 会计机构、会计人员应当对单位制定的预算、财务计划、经济计划、业务计划的执行情况进行监督。

第八十二条 各单位必须依照法律和国家有关规定接受财政、审计、税务等机关的监督，如实提供会计凭证、会计账簿、会计报表和其他会计资料以及有关情况、不得拒绝、隐匿、谎报。

第八十三条 按照法律规定应当委托注册会计师进行审计的单位，应当委托注册会计师进行审计，并配合注册会计师的工作，如实提供会计凭证、会计账簿、会计报表和其他会计资料以及有关情况，不得拒绝、隐匿、谎报；不得示意注册会计师出具不当的审计报告。

第五章 内部会计管理制度

第八十四条 各单位应当根据《中华人民共和国会计法》和国家统一会计制度的规定，结合单位类型和内容管理的需要，建立健全相应的内部会计管理制度。

第八十五条 各单位制定内部会计管理制度应当遵循下列原则：

（一）应当执行法律、法规和国家统一的财务会计制度。

（二）应当体现本单位的生产经营、业务管理的特点和要求。

（三）应当全面规范本单位的各项会计工作，建立健全会计基础，保证会计工作的有序进行。

（四）应当科学、合理，便于操作和执行。

（五）应当定期检查执行情况。

（六）应当根据管理需要和执行中的问题不断完善。

第八十六条 各单位应当建立内部会计管理体系。主要内容包括：单位领导人、总会计师对会计工作的领导职责；会计部门及其会计机构负责人、会计主管人员的职责、权限；会计部门与其他职能部门的关系；会计核算的组织形式等。

第八十七条 各单位应当建立会计人员岗位责任制度。主要内容包括：会计人员的工作岗位设置；各会计工作岗位的职责和标准；各会计工作岗位的人员和具体分工；会计工作岗位轮换办法；对各会计工作岗位的考核办法。

第八十八条 各单位应当建立账务处理程序制度。主要内容包括：会计科目及其明细科目的设置和使用；会计凭证的格式、审核要求和传递程序；会计核算方法；会计账簿的设置；编制会计报表的种类和要求；单位会计指标体系。

第八十九条 各单位应当建立内部牵制制度。主要内容包括：内部牵制制度的原则；组织分工；出纳岗位的职责和限制条件；有关岗位的职责和权限。

第九十条 各单位应当建立稽核制度。主要内容包括：稽核工作的组织形式和具体分工；稽核工作的职责、权限；审核会计凭证和复核会计账簿、会计报表的方法。

第九十一条 各单位应当建立原始记录管理制度。主要内容包括：原始记录的内容和填制方法；原始记录的格式；原始记录的审核；原始记录填制人的责任；原始记录签署；传递、汇集要求。

第九十二条 各单位应当建立定额管理制度。主要内容包括：定额管理的范围；制定和修订定额的依据、程序和方法；定额的执行；定额考核和奖惩办法等。

第九十三条 各单位应当建立计量验收制度。主要内容包括：计量检测手段和方法；计量验收管理的要求；计量验收人员的责任和奖惩办法。

第九十四条 各单位应当建立财产清查制度。主要内容包括：财产清查的范围；财产清查的组织；财产清查的期限和方法；对财产清查中发现问题的处理办法；对财产管理人员的奖惩办法。

第九十五条 各单位应当建立财务收支审批制度。主要内容包括：财务收支审批人员和审批权限；财务收支审批程序；财务收支审批人员的责任。

第九十六条 实行成本核算的单位应当建立成本核算制度。主要内容包括：成本核算的对象；成本核算的方法和程序；成本分析等。

第九十七条 各单位应当建立财务会计分析制度。主要内容包括：财务会计分析的主要内容；财务会计分析的基本要求和组织程序；财务会计分析的具体方法；财务会计分析报告的编写要求等。

第六章 附 则

第九十八条 本规范所称国家统一会计制度，是指由财政部制定或者财政部与国务院有关部门联合制定、或者经财政部审核批准的在全国范围内统一执行的会计规章、准则、办法等规范性文件。本规范所称会计主管人员，是指不设置会计机构、只在其他机构中设置专职会计人员的单位行使会计机构负责人职权的人员。本规范第三章第二节和第三节关于填制会计凭证、登记会计账簿的规定，除特别指出外，一般适用于手工记账。实行会计电算化的单位，填制会计凭证和登记会计账簿的有关要求，应当符合财政部关于会计电算化的有关规定。

第九十九条 各省、自治区、直辖市财政厅(局)、国务院各业务主管部门可以根据本规范的原则，结合本地区、本部门的具体情况，制定具体实施办法，报财政部备案。

第一百条 本规范由财政部负责解释、修改。

第一百零一条 本规范自公布之日起实施。1984 年 4 月 24 日财政部发布的《会计人员工作规则》同时废止。

附录四　会计电算化工作规范

第一章　总　　则

一、为了指导和规范基层单位会计电算化工作，推动会计电算化事业的健康发展，根据《中华人民共和国会计法》和《会计电算化管理办法》的规定，特制定本规范。

各企业、行政、事业单位(简称各单位)可根据本规范的要求，制定本单位会计电算化实施工作的具体方案，搞好会计电算化工作。各级财政部门和业务主管部门可根据本规范，对基层单位开展会计电算化工作进行指导。

二、会计电算化是会计工作的发展方向，各级领导都应当重视这一工作。大中型企业、事业单位和县级以上国家机关都应积极创造条件，尽早实现会计电算化；其他单位也应当逐步创造条件，适时开展会计电算化工作。

三、开展会计电算化工作，是促进会计基础工作规范化和提高经济效益的重要手段和有效措施。各单位要把会计电算化作为建立现代企业制度和提高会计工作质量的一项重要工作来抓。

四、会计电算化是一项系统工程，涉及单位内部各个方面，各单位负责人或总会计师应当亲自组织领导会计电算化工作，主持拟定本单位会计电算化工作规划，协调单位内各部门共同搞好会计电算化工作。

各单位的财务会计部门，是会计电算化工作的主要承担者，在各部门的配合下，财务会计部门负责和承担会计电算化的具体组织实施工作，负责提出实现本单位会计电算化的具体方案。

五、各单位开展会计电算化工作，可根据本单位具体情况，按照循序渐进、逐步提高的原则进行。例如：可先实现账务处理、报表编制、应收应付账款核算、工资核算等工作电算化，然后实现固定资产核算、存货核算、成本核算、销售核算等工作电算化，再进一步实现财务分析和财务管理工作电算化；在技术上，可先采用微机单机运行，然后逐步实现网络化。也可根据单位实际情况，先实现工作量大、重复劳动多、见效快项目的电算化，然后逐步向其他项目发展。

六、各单位要积极支持和组织本单位会计人员分期分批进行会计电算化知识培训，逐步使多数会计人员掌握会计软件的基本操作技能；具备条件的单位，使一部分会计人员能够负责会计软件的维护，并培养部分会计人员逐步掌握会计电算化系统分析和系统设计工作。对于积极钻研电算化业务、技术水平高的会计人员，应该给予物质和精神奖励。

七、开展会计电算化工作的集团企业，应当加强集团内各单位会计电算化工作的统筹规划，在各单位实现会计电算化的基础上，逐步做到报表汇总或合并报表编制工作的电算化，并逐步向集团网络化方向发展。

八、会计电算化工作应当讲求效益原则，处理好及时采用新技术和新设备与勤俭节约的关系，既不要盲目追求采用最新技术和先进设备，也不要忽视技术的发展趋势，造成设备很快陈旧过时。对于一些投资大的会计电算化项目，有关部门应当加强监督指导。

九、各级财政部门应加强对基层单位会计电算化工作的指导，在硬软件选择、建立会计电算化内部管理制度方面，积极提出建议，帮助基层单位解决工作中遇到的困难，使会计电算化工作顺利进行。

十、会计电算化工作取得一定成果的单位，要研究并逐步开展其他管理工作电算化或与其他管理信息系统联网工作，逐步建立以会计电算化为核心的单位计算机管理信息系统，做到单位内部信息资源共享，充分发挥会计电算化在单位经营管理中的作用。

第二章　配备电子计算机和会计软件

一、电子计算机和会计软件是实现会计电算化的重要物质基础，各单位可根据实际情况和今后的发展目标，投入一定的财力，以保证会计电算化工作的正常进行。

二、各单位应根据实际情况和财力状况，选择与本单位会计电算化工作规划相适应的计算机机种、机型和系统软件及有关配套设备。实行垂直领导的行业、大型企业集团，在选择计算机机种、机型和系统软件及有关配套设备时，应尽量做到统一，为实现网络化打好基础。

具备一定硬件基础和技术力量的单位，可充分利用现有的计算机设备建立计算机网络，做到信息资源共享和会计数据实时处理。客户机/服务器体系具有可扩充性强、性能/价格比高、应用软件开发周期短等特点，大中型企事业单位可逐步建立客户机/服务器网络结构；采用终端/主机结构的单位，也可根据自身情况，结合运用客户机/服务器结构。

三、由于财务会计部门处理的数据量大，数据结构复杂、处理方法要求严格和安全性要求高，各单位用于会计电算化工作的电子计算机设备，应由财务会计部门管理，硬件设备比较多的单位，财务会计部门可单独设立计算机室。

四、配套会计软件是会计电算化的基础工作，选择会计软件的好坏对会计电算化的成败起着关键性的作用。配备会计软件主要有选择通用会计软件、定点开发、通用与定点开发会计软件相结合三种方式，各单位应根据实际需要和自身的技术力量选择配备会计软件的方式。

1. 各单位开展会计电算化初期应尽量选择通用会计软件。选择通用会计软件的投资少，见效快，在软件开发或服务单位的协助下易于应用成功。选择通用会计软件应注意软件的合法性、安全性、正确性、可扩充性和满足审计要求等方面的问题，以及软件服务的便利，软件的功能应该满足本单位当前的实际需要，并考虑到今后工作发展的要求。

各单位应选择通过财政部或省、自治区、直辖市以及通过财政部批准具有商品化会计软件评审权的计划单列市财政厅(局)评审的商品化会计软件，在本行业内也可选择国务院业务主管部门推广应用的会计软件。小型企业、事业单位和行政机关的会计业务相对比较简单，应以选择投资较少的微机通用会计软件为主。

2. 定点开发会计软件包括本单位自行开发、委托其他单位开发和联合开发三种形式。大中型企业、事业单位会计业务一般都有其特殊需要，在取得一定会计电算化工作经验以后，也可根据实际工作需要选择定点开发的形式开发会计软件，以满足本单位的特殊需要。

3. 会计电算化初期选择通用会计软件，会计电算化工作深入后，通用会计软件不能完全满足其特殊需要的单位，可根据实际工作需要适时配合通用会计软件定点开发配套的会计软件，选择通用会计软件与定点开发会计软件相结合的方式。

五、配套会计软件要与计算机硬件的配置相适应，可逐步从微机单用户会计软件，向网络会计软件、客户机/服务器会计软件发展。

六、配备的会计软件应达到财政部《会计核算软件基本功能规范》的要求，满足本单位的实际工作需要。

七、会计核算电算化成功的单位，应充分利用现有数据进行会计分析和预测，除了选择通用会计分析软件或定点开发会计分析软件外，还可选择通用表处理软件对数据进行分析。

八、部分需要选用外国会计软件的外商投资企业或其他单位，可选用通过财政部评审的外国商品化会计软件。选用未通过财政部评审在我国试用的外国会计软件，应确认其符合我国会计准则、会计制度和有关规章制度，具有中文界面和操作使用手册，能够按照我国统一会计制度要求，打印输出中文会计账证表，符合我国会计人员工作习惯，其经销单位具有售后服务能力。

第三章　替代手工记账

一、采用电子计算机替代手工记账，是指应用会计软件输入会计数据，由电子计算机对会计数据进行处理,并打印输出会计账簿和报表。替代手工记账是会计电算化的目标之一。

二、替代手工记账的单位,应具备以下条件:

1. 配备了适用的会计软件和相应的计算机硬件设备;

2. 配备了相应的会计电算化工作人员;

3. 建立了严格的内部管理制度。

三、具备条件的单位应尽快采用计算机替代手工记账。替代手工记账之前,地方单位应根据当地省、自治区、直辖市、计划单列市财政厅(局)的规定,中央直属单位应根据国务院业务主管部门的规定,计算机与手工并行三个月以上(一般不超过六个月),且计算机与手工核算的数据相一致,并应接受有关部门的监督。

四、替代手工记账的过程是会计工作从手工核算向电算化核算的过渡阶段,由于计算机与手工并行工作,会计人员的工作强度比较大,各单位需要合理安排财务会计部门的工作,提高工作效率。

五、计算机与手工并行工作期间,可采用计算机打印输出的记账凭证替代手工填制的记账凭证,根据有关规定进行审核并装订成册,作为会计档案保存,并据以登记手工账簿。如果计算机与手工核算结果不一致,要由专人查明原因并向本单位领导书面报告。

六、记账凭证的类别,可以采用一种记账凭证或收、付、转三种凭证的形式;也可以在收、付、转三种凭证的基础上,按照经济业务和会计软件功能模块的划分进一步细化,以方便记账凭证的输入和保存。

七、计算机内会计数据的打印输出和保存是替代手工记账单位的重要工作,根据会计电算化的特点,各单位应注意以下问题:

1. 采用电子计算机打印输出书面会计凭证、账簿、报表的,应当符合国家统一会计制度的要求,采用中文或中外文对照,字迹清晰,作为会计档案保存,保存期限按《会计档案管理办法》的规定执行。

2. 在当期所有记账凭证数据和明细分类账数据都存储在计算机内的情况下,总分类账可以从这些数据中产生,因此可以用"总分类账户本期发生额及余额对照表"替代当期总分类账。

3. 现金日记账和银行存款日记账的打印,由于受到打印机条件的限制,可采用计算机打印输出的活页账页装订成册,要求每天登记并打印,每天业务较少、不能满页打印的,可按旬打印输出。一般账簿可以根据实际情况和工作需要按月或按季、按年打印;发生业务少的账簿,可满页打印。

4. 在保证凭证、账簿清晰的条件下,计算机打印输出的凭证、账簿中表格线可适当减少。

八、采用磁带、磁盘、光盘、微缩胶片等介质存储会计账簿、报表,作为会计档案保存的单位,应满足以下要求:

1. 采用磁带、磁盘、光盘、微缩胶片等介质存储会计数据,不再定期打印输出会计账簿,应征得同级财政部门的同意。

2. 保存期限同打印输出的书面形式的会计账簿、报表。

3. 记账凭证、总分类账、现金日记账和银行存款账日记账仍需要打印输出,还要按照有关税务、审计等管理部门的要求,及时打印输出有关账簿、报表。

4. 大中型企业应采用磁带、光盘、微缩胶片等介质存储会计数据,尽量少采用软盘存储会计档案。

九、替代手工记账后,各单位应做到当天发生业务,当天登记入账,期末及时结账并打印输出会计报表;要灵活运用计算机对数据进行综合分析,定期或不定期地向单位领导报告主要财务指标和分析结果。

第四章 建立会计电算化内部管理制度

一、开展会计电算化的单位应根据工作需要,建立、健全包括会计电算化岗位责任制、会计电算化操作管理制度、计算机硬软件和数据管理制度、电算化会计档案管理制度的会计电算化内部管理制度,保证会计电算化工作的顺利开展。

二、建立会计电算化岗位责任制,要明确各个工作岗位的职责范围,切实做到事事有人管,人人有专责,办事有要求,工作有检查。

会计电算化后的工作岗位可分为基本会计岗位和电算化会计岗位。基本会计岗位可包括:会计主管、出纳、会计核算各岗、稽核、会计档案管理等工作岗位。电算化会计岗位包括直接管理、操作、维护计算机及会计软件系统的工作岗位。

三、电算化会计岗位和工作职责一般可划分如下：

1. 电算主管:负责协调计算机及会计软件系统的运行工作,要求具备会计和计算机知识,以及相关的会计电算化组织管理的经验。电算化主管可由会计主管兼任,采用中小型计算机和计算机网络会计软件的单位,应设立此岗位。

2. 软件操作:负责输入记账凭证和原始凭证等会计数据,输出记账凭证、会计账簿、报表,进行部分会计数据处理工作,要求具备会计软件操作知识,达到会计电算化初级知识培训的水平;各单位应鼓励基本会计岗位的会计人员兼任软件操作岗位的工作。

3. 审核记账:负责对输入计算机的会计数据(记账凭证和原始凭证等)进行审核,操作会计软件登记机内账簿,对打印输出的账簿、报表进行确认;此岗要求具备会计和计算机知识,达到会计电算化初级知识培训的水平,可由主管会计兼任。

4. 电算维护:负责保证计算机硬件、软件的正常运行,管理机内会计数据;此岗要求具备计算机和会计知识,经过会计电算化中级知识培训;采用大型、小型计算机和计算机网络会计软件的单位,应设立此岗位,此岗在大中型企业中应由专职人员担任。

5. 电算审查:负责监督计算机及会计软件系统的运行,防止利用计算机进行舞弊;

要求具备会计和计算机知识,达到会计电算化中级知识培训的水平,此岗可由会计稽核人员兼任;采用大型、小型计算机和大型会计软件的单位,可设立此岗位。

6. 数据分析:负责对计算机内的会计数据进行分析,要求具备计算机和会计知识,达到会计电算化中级知识培训的水平;采用大型、小型计算机和计算机网络会计软件的单位,可设立此岗位,由主管会计兼任。

四、实施会计电算化过程中,各单位可根据内部牵制制度的要求和本单位的工作需要,参照上条对电算化会计岗位的划分进行调整和设立必要的工作岗位。基本会计岗位和电算化会计岗位,可在保证会计数据安全的前提下交叉设置,各岗位人员要保持相对稳定。由本单位人员进行会计软件开发的,还可设立软件开发岗位。小型企事业单位设立电算化会计岗位,应根据实际需要对上条给出的岗位进行适当合并。

五、建立会计电算化操作管理制度,主要内容包括：

1. 明确规定上机操作人员对会计软件的操作工作内容和权限,对操作密码要严格管理,指点专人定期更换密码,杜绝未经授权人员操作会计软件。

2. 预防已输入计算机的原始凭证和记账凭证等会计数据未经审核而登记机内账簿。

3. 操作人员离开机房前,应执行相应命令退出会计软件。

4. 根据本单位实际情况,由专人保存必要的上机操作记录,记录操作人、操作时间、操作内容、故障情况等内容。

六、建立计算机硬件、软件和数据管理制度,主要内容包括：

1. 保证机房设备安全和计算机正常运行是进行会计电算化的前提条件,要经常对有关设备进行保养,保持机房和设备的整洁,防止意外事故的发生。

2. 确保会计数据和会计软件的安全保密,防止对数据和软件的非法修改和删除;对磁性介质存放的数据要保存双备份。

3. 对正在使用的会计核算软件进行修改、对通用会计软件进行升版和计算机硬件设备进行更换等工作,要有一定的审批手续;在软件修改、升版和硬件更换过程中,要保证实际会计数据的连续和安全,并由有关人员进行监督。

4. 健全计算机硬件和软件出现故障时进行排除的管理措施,保证会计数据的完整性。

5. 健全必要的防治计算机病毒的措施。

七、建立电算化会计档案管理制度,主要内容包括：

1. 电算化会计档案,包括存储在计算机硬盘中的会计数据以其他磁性介质或光盘存储的会计数据和计算机打印出来的书面等形式的会计数据;会计数据是指记账凭证、会计账簿、会计报表(包括报表格式和计算公式）等数据。

2. 电算化会计档案管理是重要的会计基础工作，要严格按照财政部有关规定的要求对会计档案进行管理，由专人负责。

3. 对电算化会计档案管理要做好防磁、防火、防潮和防尘工作，重要会计档案应准备双份，存放在两个不同的地点。

4. 采用磁性介质保存会计档案，要定期进行检查，定期进行复制，防止由于磁性介质损坏，而使会计档案丢失。

5. 通用会计软件、定点开发会计软件、通用与定点开发相结合会计软件的全套文档资料以及会计软件程序，视同会计档案保管，保管期截止该软件停止使用或有重大更改之后的五年。

第五章　附　　则

本规范由财政部会计司负责解释，自发布之日起实施。

参 考 文 献

[1] 中华人民共和国财政部. 企业会计准则[M]. 北京:经济科学出版社,2006.

[2] 中华人民共和国财政部. 企业会计准则应用指南[M]. 北京:中国财政经济出版社,2006.

[3] 财政部会计司编写组. 企业会计准则讲解[M]. 北京:人民出版社,2008.

[4] 宋风长. 基础会计[M]. 南京:江苏人民出版社,2008.

[5] 朱小平,徐泓. 初级会计学[M]. 5版. 北京:中国人民大学出版社,2009.

[6] 梁毅刚,李素英,李静宁. 基础会计学[M]. 北京:中国铁道出版社,2010.